유아국악교육과 전래놀이

Korean traditional music education and traditional play

유아국악교육과 전래놀이

권태룡·고영희 공저

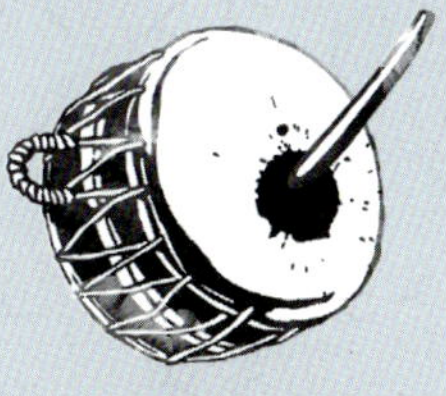

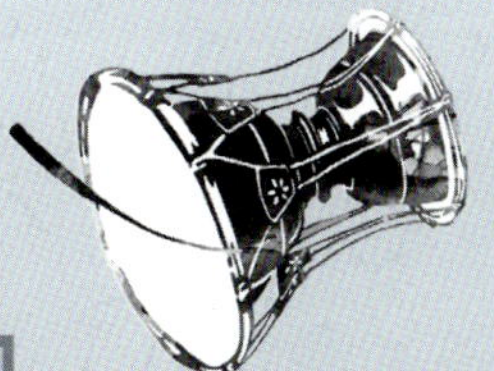

동 문 사

머리말

유아들에게 우리민족의 언어로 된 노래와 몸짓과 놀이를 교육하는 것은 우리 문화의 정체성을 확립하고 민족문화의 자긍심과 주체성을 확립해 줄 수 있다. 특히 국악과 전래놀이는 반만년의 유구한 역사와 함께 우리 조상들이 이 강토에 살아오는 동안 느낀 생활감정과 정서 속에서 생겨나고, 자라고, 다듬어져 오늘까지 이어져 온 고유한 우리의 음악이며, 놀이이며, 문화이다.

더욱이 유아기는 음악과 놀이에 대한 선호도가 결정되는 시기이므로 전통문화에 관심을 가지고 나아가 그것을 즐기는 활동을 통해 자긍심을 가질 수 있도록 하는 많은 노력들이 필요하다고 하겠다. 유아교육과정에서 추구하는 교육적 인간상 또한 우리의 전통문화를 제대로 이해하고 사랑하며 계승, 발전시켜 이를 바탕으로 새로운 가치를 창출해 가는 사람이다. 최근에는 유아국악교육과 전래놀이교육의 가치 및 중요성에 대한 연구가 활발하게 이루어지고 있으며 유아교육에서의 국악교육활동 및 전래놀이수업의 비중이 점차 확대되고 있는 실정이다.

유아국악교육과 전래놀이교육은 우리의 소리와 장단과 놀이 등을 통해 흥을 느끼며, 자연스러운 음악적 발달은 물론 지적 · 정서적 · 사회적 발달에 많은 영향을 미치는 중요한 활동이다. 그럼에도 불구하고 유아교육 현장에서의 국악이나 전래놀이 프로그램과 관련한 교재가 턱없이 부족하며, 교사들은 교수방법에 대한 부담과 교과목에 프로그램을 접목하는 데 대한 어려움을 토로하고 있다.

이러한 의미에서 저자는 국악과 전래놀이를 유아의 눈높이에 맞추어 수업할 수 있도록 다양한 국악놀이와 전래놀이 활동을 담은 프로그램을 제안해왔으며, 이에 이 책을 통하여 현장에서 활용할 수 있도록 이론과 실기 위주의 실제를 제시하였다.

제1장은 우리 음악을 쉽게 이해하고자 우리 음악의 역사와 분류를 살펴보았으며, 제2장에서는 유아국악교육의 정의와 교육방법, 배경, 필요성 등을 살펴보았고, 제3장에서는 유아장단의 실제, 제4장에서는 전래동요의 실제, 제5장에서는 국악율동의 실제, 제6장에서는 전래놀이의 실제로 구성되었다.

아무쪼록, 이 책을 통하여 예비 유아교사뿐만 아니라 국악, 음악, 전통문화 등을 전공하는 학생들과 어린이집이나 유치원, 학교 등에 근무하는 현직교사들에게 실질적인 교육의 지침서가 되었으면 하는 바람이다.

끝으로 이 교재가 출판될 수 있도록 애써주신 동문사의 모든 분들께 감사의 인사를 드린다.

2016년 한 해를 보내면서

저자 씀

차례

제 03 장 유아장단의 실제

제 04 장 전래동요의 실제

제 05 장 국악율동의 실제

제 06 장 전래놀이의 실제

제01장

우리 음악의 역사와 분류

01 우리 음악의 역사

아주 오랜 옛날 우리 조상들은 어떤 노래를 부르고 춤을 추었을까? 우리 음악은 처음에는 어떤 모습으로 나타났을까?

우리나라 음악이 언제부터 시작되었는지에 대한 자세한 기록은 없다. 하지만 상고시대(역사가 시작된 시대부터 고조선, 삼한시대로 이어지는 초기 국가시대)에 우리 조상들은 유목생활에서 차차 벗어나 부락 단위로 정착하여 농사를 짓고 살았으며, 봄에 씨앗을 뿌린 다음 풍년이 들게 해달라고 빌었고, 추수를 끝낸 가을에는 곡식을 많이 거두게 해 주어 고맙다는 뜻으로 하늘에 제사를 지냈다. 이때 실시한 제천의식 음악이 현재로선 어떤 것인지 구체적으로 파악할 수 없지만 백성을 통치하는 수단으로 시작되었던 것이 분명해 보인다. 또한, 이 시대의 음악은 흥겨운 춤과 노래가 한데 어우러지는 축제 형식의 공동놀이였으며, 사람들은 이러한 음악을 통해 공동체 의식을 갖게 되었을 것이다.

상고시대 국가	제천의식	시 기
부여(夫餘)	영고(迎鼓, 마지굿)	은정월(殷正月, 음력 11월)
고구려(高句麗)	동맹(東盟, 새밝춤)	음력 10월
예(濊)	무천(舞天, 하늘춤)	음력 10월
삼한(三韓) -변한, 진한, 마한	기풍제(祈豊祭) 추수감사제(秋收感謝祭)	음력 5월 음력 10월

삼국시대(고구려, 백제, 신라)에는 제각기 남다른 국가체제를 마련하였으며 나름대로의 독특한 문화를 형성해 나갔다. 음악도 물론 그러했으며, 외국과의 왕래가 빈번하여 외국으로부터 새로운 악기를 받아들이고, 그것을 우리 것으로 만들어 우리 음악을 더욱 풍부하게 발전시킨 시기였으며, 당시 우리 음악의 우수성을 일본, 수나라, 당나라 등에 널리 보급하기도 했다.

삼국시대 국가	내 용
고구려	왕산악이 거문고를 제작함
백제	일본에 가장 먼저 음악을 전해 준 나라(미마지가 기악(伎樂)을 일본에 전함)
신라	우륵이 가야금을 제작함. 서민들이 부르는 노래(향가)가 발달함

삼국을 통일한 통일신라시대에는 원래의 한민족(고구려, 백제, 신라)의 음악이었던 향악을 더욱 발전시켰으며, 아울러 외국음악인 당악을 받아들였다. 이때부터 우리나라 음악을 〈향악〉과 〈당악〉의 두 갈래로 나누었다. 또한 왕을 비롯하여 백성에 이르기까지 폭넓게 사랑받던 불교의 영향으로, 당나라에서 들어온 〈범패〉라고 불리는 불교음악도 우리 음악의 새로운 장을 열었다.

고려시대에는 〈아악〉(중국 송나라에서 쓰던 정악)이 들어와 향악, 당악과 함께 발전하였다. 이러한 아악, 향악, 당악이라는 궁중음악의 갈래는 조선시대까지 이어졌다. 송나라에서 들어온 음악은 주로 궁중을 중심으로 이루어졌는데, 일반

백성들은 나라의 큰 축제였던 〈연등회〉나 〈팔관회〉의 행사를 통해 궁중음악을 접할 수 있었다.

조선시대의 음악은 세종, 세조, 성종의 3대에 걸쳐 찬란한 업적을 이루었으며, 이전의 나라에서는 불교문화와 밀접한 음악이었다면, 조선시대의 음악은 유교적 이념을 담은 것이 많았다. 조선 전기에는 유학자들이었던 궁중의 양반과 귀족층이 즐기는 음악이 크게 발달하였으며, 조선 후기에는 일반백성들의 음악인 민속음악이 성장·발전하여 화려하게 꽃을 피우기 시작하였다. 이때 발전한 민속음악의 종류로는 판소리, 잡가, 민요 등의 노래곡과 산조, 시나위, 풍물놀이 등의 기악곡을 들 수 있다.

조선시대	내 용
<u>조선 초기</u>	궁중의 양반과 귀족층이 즐기는 음악이 크게 발달함
세종	악기도감을 설치하고 악기 개량 및 제작에 힘을 쏟았으며 음악 정리 사업을 실시함. 정간보와 같은 기보법도 새로 만듦. 박연이 편경을 제작함
세조	영산회상(靈山會相)을 만듦
성종	우리 음악사의 소중한 도서인 <악학궤범>을 편찬함
연산군	궁중음악에 농현법(弄絃法)을 도입함
<u>조선 후기</u>	일반 백성들이 즐기던 민속음악이 크게 발달함
숙종	판소리 음악이 크게 대두되면서 발전함
영조	악재 제정, 악기 제작, 악보 간행 등의 전통적 음악부흥에 힘씀

근세의 음악은 일제시대를 거치면서 수난을 맞았다. 1910년 한일합방으로 주권을 빼앗아간 일본은 우리 문화 말살 정책을 실시함에 따라 우리 음악은 학교 교과목에서 제외되어 명맥을 유지하기 힘들어지면서 서양 음악의 비중이 점점 커졌다. 해방 후에야 비로소 우리 음악을 찾기 위한 움직임이 활발히 진행되었지만, 그것도 민족의 비극인 6.25전쟁으로 인해 다시 주춤해지고 말았다.

02 우리 음악의 분류

국악(우리 음악)에 대한 분류와 명칭은 시대에 따라 약간 다르게 분류되거나, 분류자에 의해 조금씩 다른 뜻으로 사용되기도 한다.

<table>
<tr><th colspan="2">향유층에 따른 분류</th><th>음악사적 분류</th><th>국립국악원 분류</th><th>오늘날의 분류</th></tr>
<tr><td colspan="2">궁정음악
(제례악, 연례악, 군례악 등)</td><td>아악, 당악,
향악</td><td rowspan="2">정악(또는 아악)</td><td rowspan="4">전통 음악</td></tr>
<tr><td rowspan="3">민간
(민속)
음악</td><td colspan="2">선비음악(가곡, 가사, 시조)</td></tr>
<tr><td colspan="2">민속음악(민요, 판소리, 잡가, 산조,
시나위, 풍물놀이)</td><td>민속(향토)음악</td></tr>
<tr><td colspan="2">종교음악(무속음악, 범패음악)</td><td>종교음악</td></tr>
<tr><td colspan="4">없음</td><td>창작 음악(국악)
(국악동요, 국악창작곡,
국악 퓨전 곡 등)</td></tr>
</table>

1) 기악곡의 분류

① 정악

민속악과 구별되는 개념으로 사용되며, 고상하고 바르고 큰 음악이란 뜻이다. 선비들이 즐겨 쓰던 음악을 말하며, 도가 지나친 즐거움이나 슬픔과 같은 감정을 솔직히 표현하기보다는 감정의 절제와 품위를 우선으로 하는 것이 특징이다. 속도도 민속악에 비해 대체로 느리고 잔잔한 물처럼 담담한 느낌을 준다. 그래서 처음 접하게 되는 우리 어린이들의 경우 그 장단이 구분도 안 되고 지겨움을 느낄지도 모른다. 정악을 너무 어렵게만 생각하지 말고, 처음 감상할 때는 마음을 편하고 차분하게 감상하여야만 고고하고 담백한, 정악만의 독특한 멋을 느낄 수 있을 것이다.

■ 제례악

국가의 제사 때 연주되는 음악을 말한다. 종묘제례악, 문묘제례악, 경모궁제례악이 있다. 〈종묘제례악〉은 중요무형문화재 1호이며, 조선의 역대 임금들의 신위(혼)가 모셔져 있는 종묘에서, 제사를 지낼 때 사용되는 음악을 통틀어 말하는 것으로 최근 세계문화유산으로 지정되어 보존되고 있다.

〈문묘제례악〉은 공자를 비롯한 그의 제자들과 우리나라 덕망 높은 학자들의 신위(혼)를 모셔놓은 문묘에서 제사를 지낼 때 사용되는 음악을 말한다. 마지막으로 〈경모궁제례악〉은 정조가 그의 아버지인 사도세자(장헌세자)의 억울한 죽음을 달래기 위해 지은 경모궁에서 제사를 지낼 때 사용되는 음악을 말한다.

■ 연례악

궁중의 조회나 연회(잔치) 때 연주되던 음악을 말한다. 즉 왕이 외국 사신을 맞이할 때 베푸는 연회나 종친을 위해 베푸는 연회, 군신을 위해 베푸는 연회가 있다. 대표적인 곡으로는 여민락, 영산회상, 수제천 등이 있다.

〈여민락〉은 세종 때 용비어천가를 가사로 하여 만든 곡으로, '백성과 더불어 즐긴다'라는 뜻을 지니고 있지만, 실제로는 백성들은 즐기지 못하고 궁중의 연회에서만 사용되었다. 〈영산회상〉은 석가여래가 설법하던 '영산회상불보살(靈山會上佛菩薩)'이란 7자를 노래하던 불교의 노래곡이었으나, 지금은 가사가 없어져 기악곡으로만 남아 있다. 〈수제천〉은 한국음악의 대표작으로 손꼽힐 만큼 아름다운 가락과 불규칙한 장단의 결합으로 이루어진, 장중하고 힘차고 화려한 곡이다. 고려시대의 가요인 정읍사를 노래하던 곡으로 지금은 기악곡으로만 남아 있다.

■ 군례악

군대의식에서 연주되었던 모든 음악을 말하며, 임금님의 행차 때 연주되었던 군악계통의 음악도 포함하고 있다. 임금님의 행렬이나 행진에 쓰이던 음악인 〈대취타(무령지곡)〉와 대취타를 실내에서 연주하도록 만든 음악인 〈취타〉가 대표적이다.

<table>
<tr><td rowspan="4">정악</td><td colspan="2">제례악-제사의 종류에 따른 악곡</td><td>종묘제례악
문묘제례악
경모궁제례악</td></tr>
<tr><td rowspan="2">연례악-악기 편성에 따른 악곡</td><td>관현합주</td><td>거문고 중심의 합주(영산회상, 별곡, 현악보허자)</td></tr>
<tr><td>관악합주</td><td>향피리 중심의 합주(여민락, 평조회상)</td></tr>
<tr><td colspan="2">군례악</td><td>대취타(무령지곡)</td></tr>
</table>

② 민속악

정악에 대비되는 음악을 말하며, 궁중이 아닌 민간에서 생겨나고, 양반과 같은 상류계층이 아닌 백성들에 의해 만들어지고 연주되어 대대로 전승되어 온 음악을 말한다. 즉 백성들에 의해서 생겨나고 계승, 발전되어 왔기 때문에 민속악은 자연스럽게 농경생활이나 세시풍속, 민간신앙, 관혼상제와 같은 백성들의 기본적인 생활과 밀착되어 있다.

■ 무속음악

흔히 굿이라고 불리는 무속의식에 사용되는 음악을 말하며 무악이라고도 한다. 굿의 종류는 굿의 목적, 규모, 성격, 지방 등에 따라 구분할 수 있으며, 굿하는 목적에 따라서는 크게 국가와 궁중에서 지냈던 〈나라 굿〉과 마을의 풍요와 안녕을 비는 〈마을 굿〉, 그리고 집안의 안녕과 가정의 풍성한 행복을 기원하는 〈집굿〉, 무당이 모시는 신을 위한 〈무신제〉 등으로 나눌 수 있다.

굿의 순서	내 용
준비 과정	청신과정(신을 부르는 과정)
본 과정	거리과정(신께 대접하고 기원하는 과정)
종결 과정	송신과정(춤과 노래로 신을 기쁘게 한 후 돌려보내는 과정)

무속음악은 민속악에서 상당한 위치를 차지하고 있으며, 원래의 목적인 무속

신앙뿐만 아니라 오락적인 요소를 가지고 있었기 때문에 시나위, 산조, 판소리, 민요, 풍물놀이와 같은 다른 민속악에 많은 영향을 끼쳤으며, 현재 민속악을 발전시키고 보전하는 데 큰 역할을 했다.

■ 산조

기악 반주자가 장구반주에 맞춰 혼자서 연주하는 독주음악을 말하며, 무속문화와 관련이 있는 시나위와 판소리의 가락을 장단이라는 틀에 넣어 연주하는 즉흥성을 띤 음악이다. 가장 먼저 생긴 산조는 가야금 산조로, 1885년(고종 22년) 경에 연주되기 시작했으며, 이어서 거문고 산조, 대금 산조, 퉁소 산조, 피리 산조, 아쟁 산조 등이 생겼다. 옛날 민속음악은 악보 없이 입에서 입으로 전해 내려왔기 때문에 산조를 가르쳐준 스승과 지역적인 특성, 또 각 연주자의 연주법의 차이에 따라 음악적인 맛이 달랐으며, 이러한 것의 특성에 의해 각각의 유파가 생겨나기도 했다.

■ 시나위

민속악 중에서 유일한 기악 합주곡이며, 호남지방의 무악에서 발달된 타악기와 관악기 중심의 음악을 지칭한다. 궁중 음악처럼 일정한 짜임새가 없고, 연주가가 가락과 각 악기의 기교를 최대한으로 발휘하여 즉흥적으로 연주하는 것이 일반적이다. 따라서 여러 종류의 악기가 제각기 다른 선율을 연주하기 때문에 불협화음적인 느낌을 주면서도 자연스럽게 조화를 이루어 내는 것이 특징이다.

■ 풍물놀이(농악)

풍물놀이는 춤과 음악과 연극의 형태가 섞여 있는 민속종합예술이다. 마당에서 펼쳐지는 풍물놀이는 심장의 고동과 맥박을 꿈틀거리게 하는 놀라운 힘과 흥겨움을 가지고 있다. 이 때문에 사람들은 풍물 소리를 들으면 몸과 마음이 풀리고 아무 거리낌 없이 풍물놀이판에 뛰어들어 남녀노소 모두가 한마음, 한 뜻으로 신명나게 춤추는 마을의 축제판을 이루게 된다.

꽹과리를 잡고, 북을 메고, 장구를 치며, 징을 두드리다 보면 농사일에 지친 사람들의 얼굴 어디서 그런 힘이 나오는지 모를 정도로 생기가 돌고 의젓하고 당당한 모습으로 바뀌게 된다.

정월 초에는 액을 몰아내고 복을 맞이하는 마을제나 지신밟기를 하여 한 해의 운수를 빌고, 농사일이 바쁜 철에는 일터에서 두렛일을 하면서 풍물로 피로를 푼다. 백중날에는 농사의 장원(농사일을 으뜸으로 지은 사람)을 뽑고 풍물놀이로 하루를 즐기며, 한가위에는 풍물이 전국 곳곳에 메아리치는 가운데 그해의 풍년을 축복한다.

비단 세시풍속 놀이로서만이 아니라 집을 지을 때는 성주풀이를 하고 또 새로 이사 온 사람은 집들이로 풍물을 치며 술과 음식을 대접하기도 한다. 옛날에는 사냥을 할 때나 적과 싸울 때도 풍물이 쓰였고, 줄다리기나 씨름판을 벌일 때도 풍물을 쳤다. 또 마을의 공공기금을 마련할 때나 장례 때에도 풍물놀이가 쓰였다. 이렇듯 우리 겨레는 일 년 열두 달 풍물놀이와 더불어 살아왔으며, 우리 겨레의 삶과 밀접하게 연관되어 오늘날의 문화를 이루어 왔다.

풍물놀이는 다섯 악기(쇠, 징, 장구, 북, 소고)를 주로 치며, 소고를 들고 다양한 춤을 추는 기능과 극적 짜임을 맡는 잡색 놀이 등을 포함하는 공동체적인 놀이 형태를 말한다. 이는 가장 오랜 전통을 가진 종교적 놀이요, 집단의식에서 싹튼 놀이 양식으로서 농경 생활이 시작되면서부터 발달한 문화의 한 양식이다. 풍물놀이의 악기는 원래 신을 부르는 악기였고 잡귀를 몰아내는 악기였기에, 사람의 기운을 북돋아 주는 주술적인 기능을 가지고 있다. 즉, 춤과 놀이를 통해 외로움과 아픔을 풀어 기쁨으로 끌어올리는 가운데 신명이 나온다. 농민들은 활기 있는 노동 생활을 위하여 풍물놀이에서 신명을 얻어내려고 하였다. 이렇게 볼 때 풍물놀이는 본질적으로 공동체적 염원을 모으려는 진취적인 행위, 신명으로 고통을 이겨내는 재생과 생존의 놀이라 할 수 있다.

	웃다리농악	호남농악		영남농악	영동농악
		좌도농악	우도농악		
전승지역	경기, 강원도 영서, 충청도 북부	전라 동부지역인 산간과 내륙	전라 서부지역인 평야	경상도 지역	강원도 지역
대표가락	길군악 칠채	영산가락 짝드름	오채질굿	호호딱딱	길놀이 가락
대표농악	평택농악 이천농악	필봉농악 한천농악	이리농악 김제농악	차산농악 고산농악	강릉농악 홍제농악

2) 노래곡의 분류

① 정악

■ 가곡

시조를 가사로 하여, 관현악으로 구성된 악기 반주에 맞춰 부르는 노래형식을 말한다. 다른 이름으로 〈만년장환지곡〉이라고도 하며, 조선시대 영·정조 때부터 지식층과 양반 계층의 사람들에게 많은 사랑을 받아온 예술적 가치가 높은 음악이지만 오늘날에는 전문가들에 의해서만 불려지고 있다.

	우 조	계면조	반우반계
남창 가곡	초수대엽, 이수대엽, 중거, 평거, 두거, 삼수대엽, 소용, 우롱, 우락, 언락, 우편 (11곡)	초수대엽, 이수대엽, 중거, 평거, 두거, 삼수대엽, 소용, 언롱, 평롱, 계락, 편수대엽, 언편, 태평가 (13곡)	반엽, 편락 (2곡)
여창 가곡	이수대엽, 중거, 평거, 두거 (4곡)	이수대엽, 중거, 평거, 두거, 평롱, 우락, 계락, 편수대엽, 태평가 (9곡)	반엽, 환계락 (2곡)

■ 가사

가사체의 긴 사설을 일정한 장단에 맞춰 혼자 부르는 노래곡으로, 조선 중엽 이후부터 불렸으며 지금은 주로 가곡과 함께 전문가들에 의해서만 전수되고 있다. 원래는 청구영언에 17곡이 실려 있었는데 지금은 그중 12개만 불리고 있으며, 이를 12가사라고 한다.

곡 명	내 용
백구사(白鷗詞)	속세를 잊고 자연의 넉넉함과 한가로움을 노래
황계사(黃鷄詞)	이별의 아픔을 노래
죽지사(竹枝詞)	경치·인정·풍속 등을 노래. 일명 건곤가(乾坤歌)라고도 함
춘면곡(春眠曲)	넉넉하고 넓은 마음으로 희망과 푸르름, 그리고 봄의 아름다운 정경을 노래
어부사(漁夫詞)	벼슬을 버리고 한가하게 강호에 묻혀 사는 선비의 멋을 어부에 빗대어 노래
상사별곡(相思別曲)	남녀의 애달픈 이별을 노래
권주가(勸酒歌)	서로에게 술을 권하면서 부르는 노래
수양산가(首陽山歌)	수양산에 얽힌 백이(伯夷)·숙제(叔齊)의 고사(故事), 이태백의 달에 얽힌 고사를 노래
처사가(處士歌)	세상의 공명을 버리고 강산을 벗삼아 조용하고 평화롭게 지내는 생활을 노래
양양가(襄陽歌)	이태백이 중국의 양양에 머물 때 지은 시를 노랫말로 사용한, 술을 찬양하는 내용의 노래
매화가(梅花歌)	늙은 기생(老妓) 매화의 슬픈 사랑을 노래
길군악	놀이를 끝내고 돌아오면서 부르는 노래, 다소 상스러운 노랫말로 이루어짐

■ 시조

시(詩)의 일종인 시조에다 가락을 붙여서 선비들이 즐겨 부르던 우리 고유의 노래로 〈시조창〉, 〈시절가〉라고도 한다.

가곡과 가사를 전문가의 노래라고 한다면 시조는 누구나 부를 수 있는 대중화된 노래이다.

시조는 각 지방마다 다른 특징을 지니고 있다. 서울 지방에서 불리는 시조를 〈경제〉, 그 밖에 여러 지방에서 불리는 시조를 〈향제〉라고 한다.

지역에 따라		내 용
경제(京制)		서울에서 불렸던 시조. 굴곡이 분명한 느낌을 준다.
향제(鄕制)	완제(完制)	전라도, 즉 전주 지방을 중심으로 퍼져 나간 시조. 부드러운 느낌을 준다.
	내포제(內浦制)	충청도 지방을 중심으로 퍼져 나간 시조. 온화하고 점잖은 느낌을 준다.
	영제(嶺制)	경상도 지방을 중심으로 퍼져 나간 시조. 굳센 느낌을 준다.

창법에 따라서는 평시조, 중허리 시조, 지름시조 등으로 나눌 수 있다.

창법에 따라	내 용
평시조	시조의 원형. 높지도 낮지도 않게 평평하게 부른다.
중허리 시조	가운데(초장 세 번째 장단의 첫 박) 부분을 강조하여 부른다.
지름시조	초장 앞부분을 소리 지르듯 높게 부르며, 중장 이하는 평시조와 같다.

② 민속악

■ 판소리

부채를 든 한 사람의 창자(소리꾼)가 북 치는 사람(고수)의 북장단에 맞추어, 창(소리), 아니리(말), 너름새(몸짓)를 섞어 가며 긴 이야기를 엮어가는 극적인 음악이라고 정의할 수 있다. 판놀음으로 연행되는 소리라는 뜻으로 우리 전통예술의 특징인 자유분방함과 임의성(任意性), 즉흥성이 잘 나타난다.

애초에 있었던 판소리 열두 마당은 춘향가, 심청가, 흥보가(박타령), 수궁가(토끼타령, 별주부가), 적벽가(화용도), 배비장타령, 변강쇠타령(가루지기타령, 송장가), 옹고집타령, 장끼타령, 강릉매화타령, 무숙이타령(왈자타령), 가짜신선타령이며, 가짜신선타령 대신에 숙영낭자전을 넣기도 한다. 이 중에서 춘향가, 심청가, 흥보가, 수궁가, 적벽가 다섯 마당은 현재까지 잘 전승이 되고 있어 판소리 다섯 마당이라고 불리며, 나머지 일곱 마당은 19세기에서 20세기로 넘어오는 시기에 전승에서 탈락했다. 가짜신선타령 외에는 소설로 된 것이 남아 있어서 내용은 다 확인할 수 있다.

판소리 12마당	내 용
춘향가	양반 자제 이몽룡과 기생 월매의 딸 성춘향의 사랑이 중심을 이루고 있으며, 정절을 노래한 내용으로 춘향이 신관 사또 변학도에게 항거하는 부분이나, 암행어사 출두를 통하여 변학도를 벌하는 부분 등은 봉건적 지배체제에 항거하는 의식을 드러내고 있다는 평가를 받기도 한다.
심청가	심학규라는 맹인의 무남독녀인 심청이는 아버지의 눈을 뜨게 하려고 공양미 삼백 석에 몸을 팔아 인당수에 빠진다. 그러나 심청이의 착한 마음씨에 감동한 용왕의 도움으로 심청이는 다시 살아나 왕후가 되고, 아버지는 소원대로 눈을 뜬다는 내용이다.
흥보가	마음씨 고운 흥보는 제비 다리를 고쳐 준 대가로 박씨를 심어 금은 보화를 얻고, 심술궂은 부자 형 놀보는 일부러 제비 다리를 부러뜨린 벌로 재산을 빼앗기고 벌을 받는다는 내용이다.
수궁가	병이 난 용왕은 별주부인 자라에게 토끼의 간을 구해 오라고 명한다. 물 밖으로 나온 자라는 토끼를 꾀어 데려오는데는 성공하지만 곧 토끼의 꾐에 넘어가 놓치고 만다는 내용이다.
적벽가	삼국지의 적벽대전을 중심으로 한 부분을 차용하고 있는데, 유비와 관우, 장비가 도원결의를 하고 공명을 모시러 삼고초려를 하는 대목부터, 적벽대전에서 공명이 동남풍을 빌어 조조의 군사를 대파하고, 마침내 관우가 조조를 사로잡았다가 놓아주는 대목까지이다.

판소리 12마당	내 용
배비장 타령	서울의 김경이라는 양반이 제주 목사가 되어 부임하는 길에, 배비장을 데리고 간다. 배비장은 도덕군자인 체하는 사람으로, 제주에 도착하여 주색을 멀리하고 도도하게 지내는데, 제주 목사의 명을 받은 애랑의 유혹을 받고 알몸으로 뒤주 속에 갇힌 채 바다에 버려진다. 배비장이 버려진 곳은 바다가 아니라 사실은 감영의 뜰이었는데, 배비장은 이를 모르고 헤엄쳐 나오다가 둘러선 사람들에게 망신을 당한다는 내용이다.
옹고집 타령	옹고집은 욕심 많고 심술궂어, 매사를 옹고집으로 처리한다. 옹고집은 또 불도(佛道)를 멸시하여, 동냥 온 중들에게 행패를 부리다가 도승의 노여움을 사게 된다. 도승은 도술을 부려, 짚으로 만든 허수아비로 또 하나의 옹고집을 만든다. 허수아비로 만든 가짜 옹고집은 옹고집의 집을 찾아가 진짜 옹고집을 내쫓고, 그의 아내와 같이 산다. 진짜 옹고집은 가짜에게 쫓겨난 후, 갖은 고생 끝에 개과천선(改過遷善)하고, 도사의 용서를 받은 다음, 다시 집에 돌아와 살게 된다는 내용이다.
변강쇠 타령	남도에 사는 천하 양골 변강쇠와 황해도에 사는 천하 음녀 옹녀의 이야기이다.
장끼 타령	장끼가 까투리의 말을 듣지 않고 콩을 주워 먹다가, 차위(짐승을 잡는 틀)에 치어 죽자, 까투리는 여러 새들의 청혼을 받게 되나, 결국 문상 온 홀아비 장끼에게 시집가서 잘살았다는 이야기이다.
강릉 매화 타령	강릉의 일등 명기 매화가 자신의 아름다움을 이용하여 지조가 굳다는 강릉 부사의 책방 골생원을 유혹하여, 온갖 망신을 당하게 한다는 내용이다.
무숙이 타령	난봉꾼들이 모여 술과 노래로 호협을 다투고, 자기가 좋아하는 기생의 환심을 사려 하는 내용이다.
가짜 신선 타령	사설이나 소리가 전하고 있지 않기 때문에 자세한 내용은 알 수 없으나, 신선이 되려고 금강산에 들어가 노승에게 신선이 먹는다는 복숭아와 술을 구해 먹었으나, 속고 만 이야기라는 정도의 윤곽만을 짐작할 수 있을 뿐이다.

■ 창극

창극은 연극처럼 여러 명의 인물이 등장하여, 각기 배역에 따라 연기를 하면서 판소리를 부르는 연극적 판소리이다. 서양의 오페라와 비슷한 성격이라고 보면 될 것이다. 최초의 창극은 1902년 가을 고종의 즉위 40년을 경축하는 행사를 거행하기 위하여, 지금의 광화문 새문안교회 터에 신식 극장인 원각사를 설립하고, 그 경축 행사 준비의 칙명을 받은 김창환이 전국의 남녀 명창을 불러들여

준비한 〈춘향전〉이라고 한다.

해방 이후의 창극계는 여성이 주도하게 되었는데, 여성으로만 조직된 여성 단체가 난립하는 가운데, 공연 작품도 전통 판소리를 벗어나 설화나 야사, 야화 등으로 확대되었다. 레퍼토리가 전통 판소리를 벗어나면서 명칭도 〈국극〉으로 바뀌게 된다.

■ 민요

민요란 오래 전부터 일반 백성들 사이에서 입에서 입으로 전해져 내려오는 전통적이고 소박한 노래이다. 민요는 글자 그대로 국민의 노래이며, 널리 불리는 대중음악이라고 할 수 있다. 양반사회에서 불리던 가곡, 가사, 시조와 다르게 속도에 변화가 있고, 흥겹고 구성진 가락을 지녔으며, 민족의 사상과 생활, 정서를 그대로 반영하고 있다.

민요는 쓰임새에 따라 일할 때 부르는 노래(노동요), 잔치나 사랑방 놀음이나 산과 들에서 즐겨 불렀던 노래(유희요, 오락요), 남녀의 사랑을 노래한 사랑노래(연정요), 의식에 관련된 노래(의식요), 백성들의 정치의식을 담은 정치노래(정치요) 등이 있다.

민요는 전문성에 따라 통속민요(유행민요, 창민요)와 토속민요로 구분되며, 요즘 널리 알려진 민요들은 대부분 통속민요이며, 토속민요란 각 지방마다 불려지는 매우 소박하고 향토적인 노래를 말하며, 일노래나 부녀자의 노래, 어린이들의 전래동요가 여기에 속한다.

또한 우리나라 민요는 각 지방마다 서로 다른 특징을 가지고 있는데, 대체로 비슷한 특징끼리 묶어 5개의 민요권으로 분류하고 있다.

지역에 따른 분류	내 용
서도민요권	평안도, 황해도에서 불려지던 민요. 애수적이고 감성적인 노래가 많으며, 콧소리를 섞어 부르며, 기악반주를 하지 않는 것이 특징이다. (자진난봉가, 산염불, 수심가, 해주 아리랑, 몽금포타령 등)
경기민요권	서울, 경기, 충청 서부 지방에서 불려지던 민요. 맑고 자연스러운 발성으로 깨끗한 느낌이 나게 노래하는 것이 특징이다. (창부타령, 경복궁타령, 방아타령, 사발가, 매화타령 등)
남도민요권	전라도를 중심으로 충청도 일부와 경상남도 서남부 일대에서 불려지던 민요. 극적이며 소리를 떨고 꺾고 하는 특이한 발성으로 표현이 구성진 것이 특징이다. (육자배기, 농부가, 남원산성, 진도아리랑, 강강술래 등)
동부민요권	태백산맥 동쪽의 경상도, 강원도, 함경도 지방에서 불려지던 민요. 경상도 민요는 빠른 장단이 많이 쓰여 흥겹고 시원스럽고 경쾌하며, 강원도, 함경도 민요는 탄식 또는 애원하는 것이 특징이다. (신고산타령, 한오백년, 정선아리랑, 밀양아리랑, 쾌지나칭칭나네 등)
제주민요권	육지와 떨어져 있어서인지 강한 사투리와 억양 때문에 가락의 흐름이 특이하다. (오돌또기(둥그래당실), 이야홍타령, 해녀노래 등)

■ 잡가

글자 그대로 풀이하면 잡다한 노래라는 뜻이다. 도시의 소시민층 중 전문 소리꾼들에 의해 불렸던 노래로, 긴 사설의 가사를 선율에 얹어 부르던 세속적인 노래로 민요에 비해 훨씬 세련되어 있다.

<table>
<tr><td rowspan="3">경기 잡가</td><td rowspan="3">서울, 경기 지방에서 불리는 잡가</td><td rowspan="2">12잡가</td><td>팔잡가 (긴잡가)</td><td>유산가, 적벽가, 제비가, 소춘향가, 선유가, 집장가, 형장가, 평양가</td></tr>
<tr><td>잡잡가</td><td>달거리, 십장가, 방물가, 출인가</td></tr>
<tr><td>휘모리 잡가</td><td colspan="2">곰보타령, 생매잡아, 만학천봉, 육칠월 흐린 날, 한잔 부어라, 병정타령, 순검타령, 기생타령, 바위타령, 비단타령, 맹꽁이타령 등</td></tr>
<tr><td>서도 잡가</td><td colspan="2">황해도, 평안도 지방에서 불리는 잡가</td><td colspan="2">공명가, 초한가, 재전, 적벽부, 관동팔경, 사설공명가, 배다래기, 자진 배다래기, 별조공명가, 추풍감별곡, 장한몽, 뱅인덕담경, 파경, 영변가 등</td></tr>
<tr><td>남도 잡가</td><td colspan="2">전라도를 비롯한 남도지방에서 불리는 잡가</td><td colspan="2">보렴, 새타령, 화초사거리, 육자배기, 흥타령, 개구리타령, 산타령 등</td></tr>
</table>

■ 병창

병창은 악기를 연주하면서 판소리의 특정 대목을 부르는 것인데, 가야금 병창과 거문고 병창이 있다.

병창은 악기를 연주하면서 소리를 해야 하기 때문에, 너름새나 발림(동작)을 할 수 없고, 발성의 기교를 제대로 다 발휘할 수 없다는 단점이 있으나 화려한 것이 특징이다.

③ 기타

■ 범패

범패는 절에서 재를 올릴 때 부르는 의식 노래로 석가여래의 공덕을 찬양하는 불교음악이다. 일정한 장단과 화성이 없는 단선율로 이루어져 있으며, 범패승이 독창이나 합창을 부르는 전문적인 음악이다. 가곡, 판소리와 함께 우리나라 3대 성악곡에 들어간다.

■ 창작 노래곡

현대에 작곡된 노래곡을 말한다.

제 02 장

유아국악교육의 의의

01 유아국악교육의 배경

최근 조기교육의 붐과 함께 유아들의 전반적인 발달에 맞는 교육과정 및 그 방법에 관한 관심과 중요성이 그 어느 때보다 강조되고 있는 실정이다. 이러한 현상은 국가 경쟁력, 개인능력의 신장이라는 차원에서 학력이 중시되고 있는 우리의 경우만 아니라 전 세계적인 추세이고 해가 거듭할수록 그 중요성은 더해 가고 있다. 이렇게 조기교육의 중요성이 강조되면서 영·유아기의 발달적 특성을 고려해 볼 때 유아 시기는 음악적 능력을 형성하는 가장 기초적이고 중요한 시기로 음악 감수성이 매우 빠르게 발전하는 시기라는 연구 결과들이 나오고 있다. 조기 음악 경험을 통하여 유아들은 지적·신체적·언어적 발달을 쉽게 도모할 수 있기 때문에 음악 활동의 대부분이 유아 시기에 시작되어야 하며 유아의 풍부한 음악적 경험은 일생동안 음악적 삶에 필요한 자양분이 된다. 또한 신경생리학과 뇌 과학에 관한 연구물들을 살펴보더라도 출생 이후 유아 시기는 일생 중에서 두뇌 발달이 가장 활발한 시기로서 지능 발달의 결정적 시기이기도 하지만 전두엽의 발달이 집중적으로 이루어지기 때문에 지·덕·체의 전체적인 조화, 사회성 및 도덕성 발달, 기본 생활습관 등이 철저히 이루어질 수 있는 방향으로 교육적인 환경과 자극이 제공되어야 한다. 이러한 연구 결과들을 감안해 볼 때 유아들에게 있어서 음악 교육은 음악적 발달은 물론 지적·정서적·사회적 발달에 많은 영향을 미친다고 볼 수 있다. 특히 특정 모국어를 사용하는 문화권의 유아들은 타 언어를 모국어로 사용하는 문화권의 유아들보다 민족음악의 음악적 요소에 더욱 친근함을 느낄 수 있다. 이러한 주장은 비록 국악 환경에 관한 소극적인 관점일 수는 있겠으나 모국어에 그 민족음악의 음악적 특성이 포함된 점을 간과할 수는 없을 것으로 보인다.

즉, 모국어의 언어적 특성을 통하여 이와 유사한 민족음악의 음악적 특성에 이미 친숙하게 되었다는 것이다. 우리나라도 특정 모국어를 사용하는 나라로 유아들에게 국악 교육은 서양 음악을 가르치는 것보다 교육적 효과가 클 것으로 보인다. 국악은 단순한 음악적 요소뿐만 아니라 신체 표현, 극놀이 등 음악과 함께 다양한 활동을 통한 통합적 교육이 이루어지며 흥미를 일으킬 수 있는 요소가 가미되어 집중 시간이 짧은 유아들에게 음악적 동기 유발과 창의적인 음악 향상을 기대할 수 있다. 또한 이러한 국악교육을 통해 유아들에게 민족의 자긍심을 고취시키고 우리 민족 고유의 정서를 이해시킬 수 있을 것이다.

02 유아국악교육의 정의와 방법

국악이란 무슨 의미일까? 국악은 한자 뜻 그대로 國樂. 즉 '한국음악'을 뜻한다. 백과사전을 찾아보면 한국음악이란, 한국에서 연주되는 모든 음악을 지칭하는 것이 아니라, 이미 한국에 뿌리를 내린 음악 또는 한국적 토양에서 발생한 음악을 지칭하는 말이다. 그렇다면 유아국악이란 한국에 뿌리 내린 음악 또는 한국적 토양에서 나온 음악 중에서 유아들에게 어울리는 음악만을 지칭하는 것일까? 분명히 말하지만 단순히 그러한 범주는 아닐 것이다.

그렇다면 유아국악은 무엇이며 어떻게 교육을 하는 것이 바람직한 것일까?

유아국악교육은 단순히 한국적 음악만을 강조하는 것이 아니라, 다양하고 세부적인 국악 활동주제영역인 악기 다루기, 노래 부르기, 국악 및 전통문화 이론, 듣기와 탐색, 동작으로 표현하기 등이 혼합되고 통합되면서 국악적 놀이라는 독창적인 방법으로 표현되며, 그 표현되는 놀이교육의 방법이 서로 독립되어 있는 것이 아니라 서로 연관되어 있고 상호 보완적인 관계로 표현되는 것이 특징이다. 따라서 국악을 보다 쉽고 재미있게 지도하기 위해서는 유아들 눈높이에 맞추어 수업할 수 있는 교수 방법 및 그 교육의 범위를 찾는 것이 중요하며, 특히 국악의 특징인 흥겨운 노래와 춤, 놀이, 장단 등을 바탕으로 소리·형태·움직임 등을 탐색하고 표현하며 창의적인 탐구력을 기르게 하는 통합적 국악교육 방법이 좋을 것이다. 즉 기존음악 교육 방법의 하나인 가창 위주와 악기 익히기 위주의 교육에서 완전히 탈피하여 다양한 통합적 국악교육 방법을 통하여 유아가 우리 문화의 맛과 멋을 알게 하고, 일상생활 속에서도 표현하고 즐길 수 있도록 지도하는 것이 바람직하다.

놀이 → 학습 → 현장 활용의 순서로 단계별로 적용되는 유아국악교육 5개 활동주제영역(악기 다루기, 노래 부르기, 국악 및 전통문화 이론, 듣기와 탐색, 동작으로 표현하기)의 교육방법은 다음과 같다.

1) 악기 다루기

효율적인 악기 다루기는 악기 사용법, 악기 연주법, 악기 구음, 악기 타법 등의 악기 예절과 기초 다지기부터 중점을 두어 시작하며, 연령별, 수준별로 차등을 두어 지도하는 것이 바람직하다. 악기 지도의 단계는 먼저 악기로 소리를 만들어 보고, 악기 소리를 탐색하며, 악기를 직접 다루며 즐길 수 있는 활동의 순으로 지도하여야 하며, 장단지도를 위한 연주법 익히기를 강조하거나 장단발표를 위한 반복적인 악기연습은 가급적 피해야 한다. 악기 다루기는 창의적인 국악놀이를 통해 접근할 수 있으며, 이는 유아들의 이해력을 높여 보다 빠르고 쉽고 즐겁게 악기 연주가 가능하게 할 것이다.

2) 노래 부르기

대부분 유아들은 자발적으로 노래 부르기에 동참하며, 친구들이 부르는 노래에도 관심을 기울이며 매우 즐거워한다. 노래 부르기 지도는 보통 전래동요, 국악동요, 전래민요 등 크게 3가지로 나누어 지도할 수 있으며, 기타 지도할 수 있는 노래로는 시조, 판소리 등이 있다. 유아 시기에 중요한 역할을 하는 노래 부르기 지도는 스토리보드에 의한 이야기 들려주기와 노래 따라 부르기로 접근하여 노래 부르며 율동하기, 악기 다루기, 놀이하기 등으로 표현과 창작으로까지 유도할 수 있어야 한다.

3) 국악 및 전통문화 이론

교육의 본래 기능은 문화유산의 전승과 재창조에 있기 때문에 과거의 문화유산은 유아교육의 기초가 된다. 특히 본질주의 교육철학에서조차 조상들이 이룩해 놓은 음악(국악)과 전통문화유산이 무엇보다도 중요하므로 이를 조직적이고 체계적으로 가르쳐야 한다고 지적하고 있다.

대부분의 국악과 전통문화 이야기는 특정한 개인의 작품이 아니며, 오랜 시간 전해지는 동안 부족한 것은 덧붙이고 덜어낼 것은 덜어내면서 수많은 사람들의 마음을 담아 온 것이 대부분이다. 우리나라 사람들의 삶의 온갖 것들, 즉 고통과 슬픔, 땀과 눈물, 탄식과 웃음, 희망과 기쁨, 슬기와 용기, 눈물 등을 고스란히 담고 있는 것이다. 즉, 유아는 국악과 전통문화를 접해 봄으로써 우리 사회의 지식, 개념, 가치, 행동양식을 터득하고, 민족문화에 대한 정체감을 형성할 수 있다. 따라서 유아들에게 국악과 전통문화를 접할 수 있는 다양한 이론(국악기 종류, 전통예절, 전통문화유산, 전통음식 등)도 아울러 제공되어야 한다. 이는 유아들의 일상생활과 삶의 질적 향상에도 도움을 줄 것임에 틀림없다.

4) 듣기와 탐색

국악감상(듣기와 탐색)이란 국악 곡에 주의를 집중하고 국악 곡을 들으며 감정을 느끼고 심미적으로 반응하는 일체의 행위를 말한다. 일반적인 음률 교육 활동 중 노래 부르기나 악기 다루기에 비해 음악 감상 활동은 매우 소홀하게 다루어지는 것이 일반적이다. 그러나 음악 감상 활동은 모든 음악적 능력 발달의 기초를 제공하는 의미 있는 활동으로 다양한 형태와 양식의 국악을 듣고 탐색하는 것은 유아들에게 국악 듣기 능력 발달뿐만 아니라 국악에 대한 흥미·선호의 증진에 매우 유익한 활동이다. 더욱이, 아직 특정 음악에 대한 고정 관념이 생기기 이전의 소리 듣기와 탐색활동은 국악의 참 맛을 알고 이를 가까이 하는 기초가 된다.

국악감상은 전통음악에서부터 점차 창작 국악곡으로 확대·발전시켜 나가야 한다. 또한 쉬운 전래동요나 국악동요, 민요 등의 성악곡과 여러 악기의 독주곡이나 기악합주곡, 국악 퓨전 곡 등을 골고루 들려주는 것이 바람직하다. 물론, 단순히 음악 감상에서 끝내기보다는 곡의 느낌에 대하여 이야기를 나누거나, 다음 날 다시 반복하여 다른 영역의 활동과 통합·확장하여 실시하는 것이 바람직하다. 이는 이전 활동이 다음 활동에 기초가 되거나 중요한 사전 경험이 되기도 하는데, 약간 복잡한 형태로의 놀이 활동으로 확장하거나 변형하여 지속적이고 순환적으로 진행되게 하는 것이 좋겠다. 예를 들면 음악을 듣고 느낌을 그림으로 표현하거나, 음악을 듣고 동작으로 표현하기, 나아가서는 작곡자에게 편지 쓰기, 동시 지어보기 등의 다양한 놀이 확장을 계획할 수 있다.

5) 동작으로 표현하기

유아의 생활을 관찰해 보면 이 시기만큼 쉴 새 없이 움직이고 표현하며 탐색하고 즐기는 시기도 없을 것이다. 이 시기의 유아는 누가 가르쳐 주지 않아도 흥얼거리면서 자연스럽게 음악에 맞추어 몸을 흔든다. 이에 유아들은 교사가 제시한 방법(노래나 연주를 듣고 단순히 떠오르는 동작을 스스로 표현하게 하거나, 노랫말의 가사 그대로 동작을 표현하게 하거나, 노래나 연주를 듣고 교사가 이미 일정한 동작을 정해 따라 하게 하는 등)대로 흉내 내며 표현하고 그것을 묘사하거나 그것을 창의적인 상태로 만들어가는 일련의 과정을 좋아한다.

03 유아국악교육의 필요성

유아국악교육의 필요성을 여러 가지 이유에서 살펴보자.

첫째, 유아 시기는 인지적·사회적·신체적 발달이 일생 가장 빠르게 일어나는 시기이다. 유아국악교육은 모든 생활 영역이 통합적으로 이루어지기 때문에 민감하고 섬세한 유아들에게 호기심을 자극하고 흥미를 유발하는 데 충분한 교육의 요소가 될 수 있다. 유아국악교육은 주로 장단, 노래, 놀이, 춤, 감상 등의 활동이 통합적으로 이루어지며, 이러한 활동들은 주로 대·소그룹으로 이루어지는 경우가 많기 때문에 유아들의 사회성 발달에 많은 도움을 준다. 또한 신체표현, 국악율동, 춤 등을 통해 건강한 신체 발달에 도움을 주며, 전래놀이, 민속놀이 역시 활동적인 놀이들이 많기 때문에 신체발달을 도모할 수 있다. 즉 전래동요(또는 국악동요, 민요 등)를 부르며, 전래놀이(또는 민속놀이 등)를 즐기며, 국악을 감상하고, 장단을 치면서 유아들에게 올바른 박자 감각과 음감을 가질 수 있도록 유도할 수 있으며, 유아 시기의 이런 올바른 음악적 감각과 박자 감각 등의 형성은 평생의 음악적 사고를 좌우할 만큼 중요하다.

둘째, 새로운 교육과정으로 개정, 고시되면서 전통교육이 점차 강조되고 있기 때문이다. 다문화 사회로의 변화는 점점 세계를 지구촌이라는 이름하에 하나로 통일시키고 있다. 또한 급격하게 변화되는 사회에서는 유아들에게 한 사회의 구성원으로 자라나기 위해 전통교육에서 얻어야 할 덕목과 기본 생활 습관 등을 습득하는데 어려움을 겪게 하고 있다. 그러한 이유로 새 교육과정이 개정되면서 우리나라 전통교육의 중요성이 대두되었고, 그로 인해 전통교육이 과거 그 어느 때보다 강조되고 있는 실정이다. 즉 유아국악교육은 올바른 기본 생활을 익히고 사회성을 기르면서 우리 민족의 정신과 얼을 자연스럽게 알아가게 된다. 그렇기 때문에 전통교육을 실현하는 데 있어 가장 바람직한 방법은 국악교육이라 할 수 있다. 이에 전통교육을 강조하는 새 교육과정에서 국악교육은 빠질 수 없는 것이라 할 수 있고, 이러한 이유에서 유아국악교육은 꼭 필요한 과목이라고 한다.

셋째, 유아국악교육은 놀이 위주의 교육이기 때문에 그 교육적 효과가 매우 크다는 것이다. 유아들은 모든 것을 놀면서 배운다 해도 과언이 아니다. 유아국악교육에서 가장 중요한 것은 유아들이 얼마나 그 주제에 대해서 흥미를 가지고, 몰입을 하느냐 하는 것이다. 유아들이 어떠한 주제에 흥미를 가지기 위해서는 동기 유발이 충분히 이루어져야 하는데, 이러한 동기 유발을 위해서는 아이들이 평소에 접할 수 있는 놀이를 통해서 활동을 연계하는 것이 가장 효과적이라 할 수 있다. 그만큼 의미 있는 놀이의 교육적 효과는 그 어떤 교육보다 훨씬 뛰어나다고 할 수 있다. 유아국악교육 또한 대부분이 놀이를 통해 이루어지며, 놀이가 아니더라도 놀이와 연계되어 이어지는 활동이 많으므로 유아교육의 조건을 충족시키고 있다. 그렇기 때문에 유아국악교육을 통해서 유아들에게 놀이 위주의 효과적인 교육을 제공할 수 있게 되는 것이다.

04 유아국악교육 지도목표

우선, 유아국악교육의 그 교육적 효과를 인정하고 수용해야 할 것이다. 또한 유아국악교육을 지도할 때 유아들의 시각에 맞추어 유아들에게 적합한 교수-학습방법을 선택·지도하여야 한다는 것이다.

유아 시기의 음악교육의 중요성이 강조되면서 유아국악교육에 대한 관심도 높아지고 있다. 하지만 우리나라의 경우 음악교육은 오랫동안 서양음악에 의존해 왔으므로 유아가 성장하면서 접하게 되는 대부분의 음악적 요소들은 국악보다는 오히려 서양음악에 편중되어 있으며 이를 무의식적으로 감상하게 됨으로써 우리 민족 고유의 전통예술에 대한 관심과 잠재적 능력이 자연스럽게 소멸되어 왔다고 할 수 있다. 이러한 이유로 국악음악이 서양음악에 가려 점점 설 자리를 잃고 있는 실정이다. 또한 전통음악에 대한 이해 부족으로 많은 유아들이 우리 음악을 접하지 못하고 있으며, 실시하고 있는 전통음악 교육 대부분이 단순히 알고 있는 노래를 따라 부르게 하는 수준이고, 장단교육 프로그램은 물론 일정한 체계적 프로그램이 없는 상태의 유아교육기관이 대부분임을 알 수 있다. 특히나 유이들은 성인과는 다르게 유아 시기에 반드시 학습해야 할 신뢰감과 자율성, 주도성, 언어능력 등을 적기에 학습해야 하며 유아 시기의 이러한 경험은 성인이 되어 지능이나 성격, 사회적 관계를 형성할 수 있는 능력을 갖출 기회를 제공한다. 이러한 유아 시기의 발달은 유기체가 지니고 있는 내적 요소와 유기체에 영향을 미치는 외적 요소인 환경과의 능동적이고 자발적인 과정을 통해서 이루어진다. 그렇기 때문에 이러한 발달적 특성에 맞는 교수 방법 및 교육 프로그램을 진행해야 한다. 진정한 교육이 되기 위한 가장 중요한 요소는 배우는 사람에 맞는 적절한 내용을 선택하고 이를 효과적인 방법으로 지도하는 일일 것이다. 즉 유아국악교육의 영역에 포함되는 교육내용 역시 현재 전승되고 있는 수많은 전통문화와 국악 주제 중에서 아이들 시기에 가장 적절하고 가장 의미 있는 것들이 우선 선택되어지고 그것들을 아이들의 눈에 맞게 창의적이며 통합적으로 재창조되어야 바람직한 교육이 될 수 있다. 그렇기 때문에 적절한 유아국악교육은 국악 전문 지식을 포함할 뿐만 아니라 여러 발달 과정에 있는 유아들에게 각 영역의 발달 과업 수행을 돕고 발달지연과 이상 발달을 중재하여 조화된 인격체로서 건강하게 성장하도록 도울 수 있어야 한다.

제 03 장

유아장단의 실제

01 우리나라 악기의 분류와 종류

우리나라 역사 속에 나타났던 악기를 전부 합하면, 그 종류나 숫자가 무척 많다. 현재까지 전해지는 것만 해도 약 60여 종에 달하며(실제 연주에 사용되는 30여 종을 제외한 나머지는 연주법이 전해지지 않거나 실제 연주에 도움이 되지 않는 악기임), 이러한 악기들 중에는 가야금, 거문고와 같이 우리나라에서 처음 제작된 악기가 있는 반면, 중국이나 서역 등지에서 들어와 사용된 악기도 있다. 이렇게 외국에서 들어온 악기들은 대부분 본래의 형태를 유지하고 있지만, 그 연주방법이나 조율방법 등은 우리 음악을 연주하는 데 적합한 형태로 바뀌어 오늘날에 이르게 된다.

1) 음악의 계통에 의한 악기 분류와 종류

조선 성종 때 편찬된 〈악학궤범〉에 표기된 악기 분류법으로, 현재는 구분이 불분명한 악기가 많아 사용하기가 불편하다. 예를 들어 해금, 장구, 박은 조선시대 이전부터 향악에 편성된 데도 불구하고, 원래 당악기라는 이유만으로 당악기에 포함시킨 점이나, 오늘날 많이 사용되는 단소, 양금 같은 악기는 〈악학궤범〉 시대에는 없었기 때문에 포함되지 못한 점 등이다.

분 류	악기 종류
아악기	편종, 편경, 특종, 특경, 약, 적, 축, 어, 훈, 부, 금, 슬, 건고, 삭고, 응고, 뇌고, 영고, 노고, 노도, 영도, 절고 등
당악기	당피리, 당적, 당비파, 해금, 아쟁, 대쟁, 태평소, 박, 방향, 장구, 월금, 교방고 등
향악기	향피리, 세피리, 대금, 가야금, 거문고, 향비파, 초적 등

2) 악기의 주요 재료에 의한 악기 분류와 종류

조선 영조·정조 시대를 거쳐 고종 대에 이르는 140여 년의 기간에 걸쳐 편찬된 〈증보문헌비고〉에 의한 분류법으로, 악기를 만드는 데 필요한 중요한 여덟 가지 재료를 "팔음(八音)"이라고 하며, 팔음에 의한 분류법은 우리 유아들이 재료만 알면 구분하기 쉬운 국악기 분류법이다.

팔음에 의한 분류(제작 재료에 의한 분류)		악기 종류
금부(金部)악기	쇠붙이로 만든 악기	편종, 특종, 방향, 징, 꽹과리, 나발 등
석부(石部)악기	돌을 깎아 만든 악기	편경, 특경
사부(絲部)악기	명주실을 꼬아서 만든 줄을 통에 얹은 악기	가야금, 거문고, 해금, 아쟁, 비파 등
죽부(竹部)악기	대나무로 만든 악기	피리, 대금, 중금, 소금, 단소, 퉁소 등
포부(匏部)악기	바가지로 만든 악기	생황
토부(土部)악기	흙을 구워 만든 악기	훈, 부 등
혁부(革部)악기	통에 가죽을 씌어 만든 악기	장구, 소고, 좌고, 절고 같은 북 종류
목부(木部)악기	나무로 만든 악기	박, 축, 어, 태평소 등

3) 연주법에 의한 악기 분류와 종류

최근에 가장 많이 쓰이는 분류법이며 보통 현악기(줄 진동악기), 관악기(공기 진

동악기), 타악기(몸체나 막 진동악기)로 나눈다. 이는 우리 어린이들이 서양악기와 함께 국악기를 구분할 때 사용될 수 있는 국악기 분류법이다.

① 현악기

현악기는 줄을 뜯거나 퉁겨서 소리를 내는 발현 악기와 줄을 활로 문질러서 소리는 내는 찰현 악기, 작은 채로 쳐서 소리를 내는 타현 악기로 구분한다.

발현 악기	손으로 퉁겨서 타는 악기	가야금, 금, 슬, 비파, 공후, 월금 등
	술대로 줄을 뜯는 악기	거문고
찰현 악기	활로 줄을 문질러서 소리 내는 악기	아쟁, 해금, 대쟁
타현 악기	작은 채로 쳐서 소리 내는 악기	양금

■ 가야금

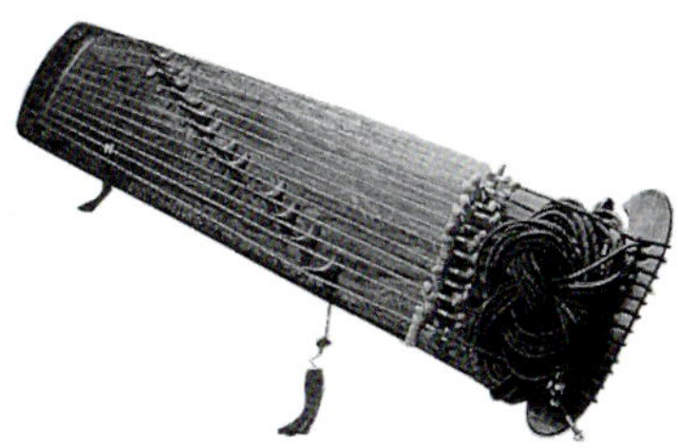

가얏고라고도 한다. 오동나무 공명반에 명주실을 꼬아서 만든 12줄을 세로로 매어 각 줄마다 안족(雁足, 기러기발)을 받쳐놓고 손가락으로 뜯어서 소리를 낸다. 한국음악 전반에 걸쳐 사용되고 있다. 청아하고 부드러운 음색으로 오늘날 가장 대중적인 국악기이다. 가야금은 12줄이 보통이지만 최근에는 줄이 많은 가야금도 사용되고 있다.

〈삼국사기〉에는 가야국의 가실왕이 당나라의 악기를 보고 만들었다고 전한다. 또한, 이보다는 앞선 시기인 신라 자비왕 때 백결 선생이 금(琴)을 쳤다는 기록이 있고, 〈삼국유사〉에는 신라 내해왕 때 물계자가 금을 쳤다는 기록도 있다. 신라시대의 토우(土偶)에 가야금과 같은 모양의 악기를 연주하는 것이 발견되었다.

신라 진흥왕 때 가야금 명인 우륵이 가야국이 망하자 신라로 망명하여, 그 우륵에 의해 가야금은 신라 음악에 있어 독특하고 귀중한 현악기로 자리 잡게 된다.

■ 거문고

〈삼국사기〉의 기록에 의하면 고구려의 왕산악에 의해 만들어진 6줄의 현악기이며, 현금(玄琴)이라고도 한다. 오동나무와 밤나무를 붙여서 만든 울림통 위에 명주실을 꼬아서 만든 6줄을 매고 술대로 쳐서 소리 낸다. 소리가 깊고 장중하여 예로부터 '백악지장(百樂之丈)'이라 일컬어졌으며, 학문과 덕을 쌓은 선비들 사이에서 숭상되었다.

■ 해금

작은 공명통에다 수직으로 대(입죽)을 세워 연결한 두 줄 사이에다 활대를 끼워서 소리 내는 악기이다. 혜금(嵇琴)으로 쓰기도 하며 속칭 깡깡이, 깽깽이라고도 한다. 원래 중앙아시아 계통의 악기였는데, 중국을 거쳐 우리나라에 들어와 고려시대부터 쓰이기 시작했다. 해금엔 일정한 음자리가 없이 줄을 잡는 손의 위치와 줄을 당기는 강약에 따라 음높이가 정해지는 특이한 악기이다.

■ 아쟁

가야금보다 굵은 7개의 줄을 안쪽에 받쳐 세워 놓고, 활대를 이용해 줄을 마찰시켜 연주하는 현악기이다. 악기를 연주할 때 오른쪽 머리 부분을 초상이라는 받침대에 올려놓고 왼쪽 반대편은 바닥에 놓아 경사지게 연주한다. 우리나라 악기 중 드물게 저음으로 정악 아쟁은 7줄, 산조 아쟁은 8줄, 요즈음은 음넓이를 키우기 위해 9줄 아쟁도 사용한다.

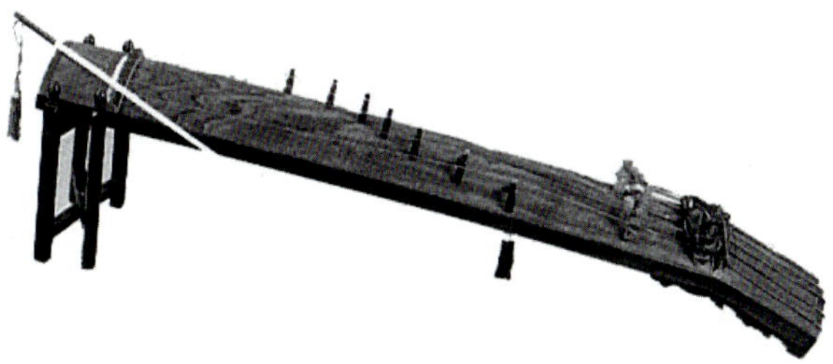

■ 양금

사다리꼴 모양의 4각의 나무판에 철로 된 현(絃)을 얹은 악기로, 이 철현(鐵絃)을 대나무 껍질로 만든 작은 채로 쳐서 소리를 낸다. 본래 중동지방의 악기로 중세 유럽에 퍼져 덜시머, 첌발로 등의 이름으로 불리었는데, 우리나라에는 조선 영조 때 청나라에서 들어왔다. 문헌에는 구라철사금(區邏鐵絲琴) 또는 구라철현금으로 기록되었으나 서양에서 들어온 금(琴)이라 해서 양금이란 이름이 일반화되었다.

■ 금

금(琴)은 중국에서 전래된 한국의 전통 현악기이다. 7개의 현으로 된 금이라는 뜻에서 칠현금이라 하고, 판 위에 13개의 휘가 있어 그곳을 눌러 소리를 낸다. 휘금이라고도 한다.

현재에는 연주법이 전해지지 않으나 문묘제례악(文廟祭禮樂)에 슬(瑟)과 함께 편성되기도 한다. 이렇듯 금은 슬(瑟)과 음색이 어울리기 때문에 항상 함께 편성된다는 데에서 금슬상화(琴瑟相和)라는 말이 생겨났다. '금슬상화'는 부부의 사이가 좋은 것을 표현하는 말이며, 와전되어 현재는 '금실이 좋다'고도 쓴다.

■ 슬

슬은 고려 예종 때 금과 함께 중국에서 전래된 한국의 전통 현악기이다. 모두 25개의 줄을 가지고 있으며, 몸체의 크기가 동양의 현악기 가운데 가장 크다. 악기 통의 윗면에는 구름 속을 날고 있는 두 마리의 학이 그려져 있어, 매우 화려하다. 두 손을 모두 사용하여 줄을 뜯는 탓에 농현을 사용하지는 않는다.

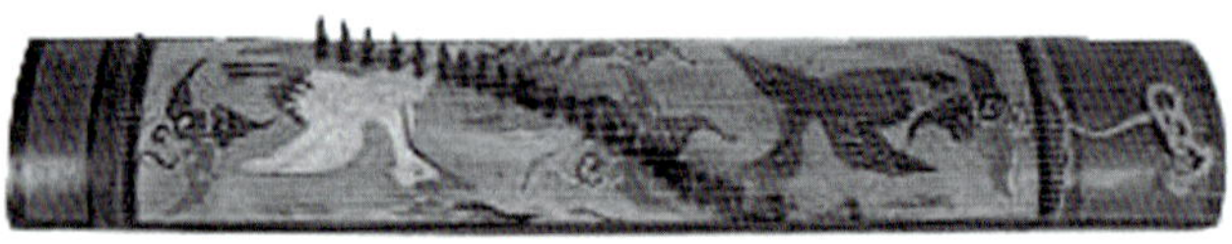

■ 비파

비파는 향비파와 당비파가 있는데 향비파는 신라 삼현삼죽(가야금, 거문고, 향비파, 대금, 중금, 소금)의 하나로 머리모양이 똑바로 되어 있으며 5개의 줄로 구성되어 있다. 당비파는 목이 구부러진 4개의 줄을 가진 현악기이다.

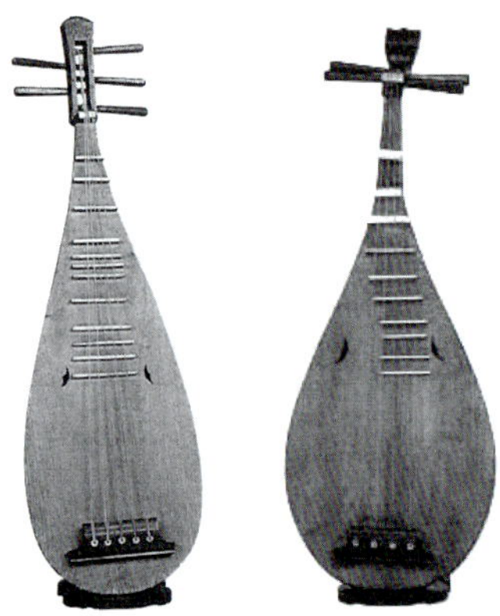

〈향비파〉 〈당비파〉

개화기의 혼란, 일제 강점기를 거치면서 연주법이 잊혀지고 잘 연주하지 않으나 근래에 들어서 간혹 쓰이곤 한다. 문헌자료에서는 향비파는 술대를 사용하고 당비파는 가조각을 손가락에 끼고 (중국 현악기 사용하듯) 연주한다. 보통 전통적인 국악기 편성에는 사용하지 않는다.

■ 공후

서양 악기인 하프와 비슷한 현악기로, 현재 전해지는 것으로는 국립국악원 박물관에 전시되고 있는 와공후, 수공후, 소공후로서 1937년 북경에서 들여온 것이고, 고구려 때 이 악기를 사용했다는 기록은 있으나, 그 후로는 쓰인 기록이 없기 때문에 이들 악기가 우리나라 음악에서 어떻게 사용되었는지는 불분명하다.

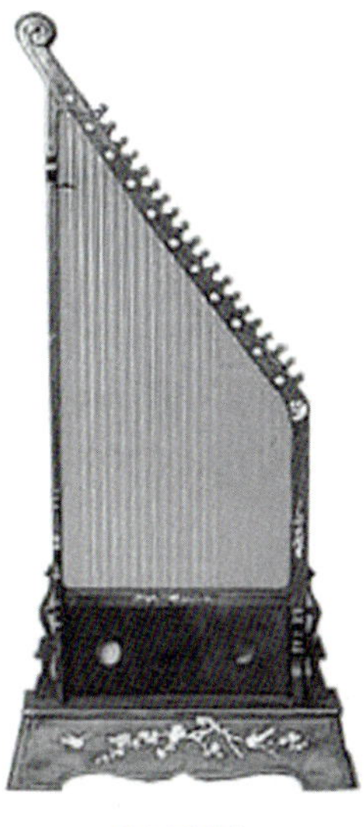

〈수공후〉

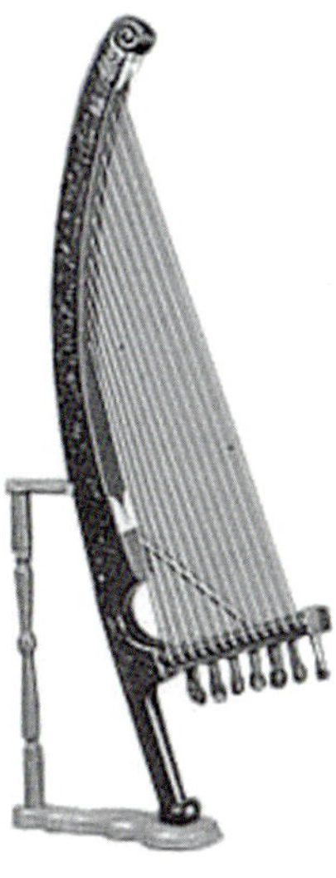

〈소공후〉

〈와공후〉

② 관악기

관악기는 가로로 부는 악기와 세로로 부는 악기로 나눌 수 있다.

가로로 부는 악기	대금, 중금, 소금	
세로로 부는 악기	무서	약, 적, 소, 단소, 퉁소
	홑서	생황
	겹서	향피리, 당피리, 세피리, 태평소
기타 관악기	훈, 나각, 나발 등	

■ 대금

대금(大琴 또는 大笒)은 한국음악에서 널리 사용되는 관악기이다. 젓대라고도 부르며, 관대 하나에 취구(吹口)와 청공(淸孔), 6개의 지공(指孔), 칠성공(七星孔)으로 이루어져 있다. 대나무로 만들며 옆으로 부는 형태이다. 왼쪽 어깨에 얹어서 연주하기 때문에 연주자는 고개를 왼쪽으로 틀어야 한다. 동서양을 통틀어 이런 형태로 연주되는 유일한 악기이다. 통일 신라말기, 즉 9세기 이후에 만들어진 삼죽(대금, 중금, 소금)의 하나이다.

■ 소

서양의 팬플룻(Pan flute)과 비슷한 관악기로 중국 고대의 악기에 속하며 우리나라에는 고려 때 송나라에서 전해진 것으로 알려져 있다. 그러나 4세기 무렵의 고구려 고분 벽화에도 이 악기의 모습이 보이고 있어 오래 전부터 쓰여 온 듯하다.

길이가 서로 다른 16개의 대나무관의 밑 부분을 막고 윗 부분에는 단소처럼 U자 모양의 취구를 판 다음 길이대로 배열하며, 관을 꽂는 몸체는 봉황의 꼬리 모양으로 조각되어 있어 이를 봉소(鳳簫)라고도 한다. 음색은 맑고 고운 편이나 음량이 작고 빠른 선율의 연주가 불가능하여 현재는 문묘제례악에만 쓰이고 있다.

■ 피리

대나무를 얇게 깎아서 만든 겹서를 대나무 관대에 꽂아, 세로로 부는 악기이다. 고구려가 서역으로부터 받아들인 관악기로 지공은 뒷면에 1개, 앞면에 7개로 모두 8개이며 연주형태에 따라 향피리, 당피리, 세피리 중 골라서 사용한다.

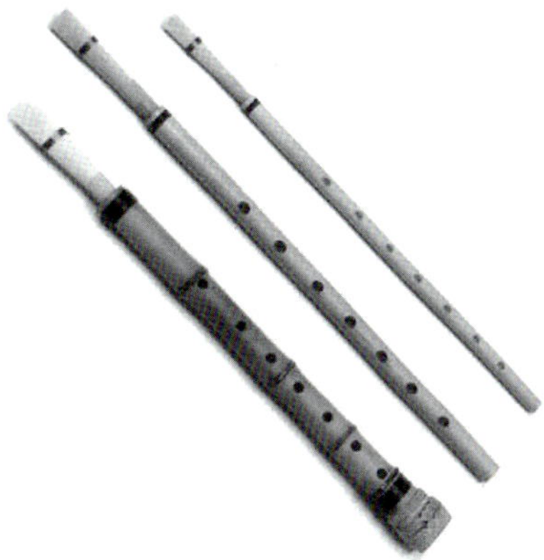

〈여러 종류의 피리〉

■ 단소

짧은 취악기란 뜻으로, 지공은 뒤에 1개, 앞에 4개가 있어 모두 5개이며, 취구는 U자 모양으로 몸체의 길이가 40cm 정도이다. 악기의 소리는 크지 않으나 그 음색이 맑고 깨끗하여 독주악기로서 많이 애용되며, 요즘의 초등학생들은 학교 정규 교육과정으로 단소를 배우고 있다.

〈여러 종류의 단소〉

■ 태평소

호적(胡笛), 쇄납(瑣吶), 날라리 등으로 불리며, 나무로 만든 긴 관에 서(reed)를 꽂아서 부는 세로악기로 화려하고 강렬한 음색을 지녔다. 국악기 중 가장 음량이 큰 선율악기인데, 소리는 거칠지만 장쾌하고, 때로는 애처로운 느낌마저 들게 한다.

악기는 유자나무, 대추나무, 뽕나무 등 단단한 나무의 속을 파서 만든 원추형의 나무관(길이 약 35cm)으로 되었으며 앞에 7개, 뒤에 1개의 지공(指孔)이 있다.

■ 생황

박통 옆에 달린 취구로 입김을 넣거나 들이마셔서 소리를 내는 악기이다. 국악기 중에서 유일하게 여러 음을 한꺼번에 내며 화음을 다룰 수 있다. 바가지(요즈음은 나무통)로 통을 짜고 거기에 대나무관을 세우는데, 요즘은 관수가 17개이다. 관 아래 붙어 있는 철로 만든 서(쇠청)가 진동하여 17개의 대나무관을 공명시켜서 소리를 낸다. 음색은 하모니카와 비슷하며, 요성(소리를 떨어 주는 것)이 불가능하고, 오늘날에는 〈생소병주〉라 하여 단소와의 이중주(병주)로 널리 연주된다.

■ 훈

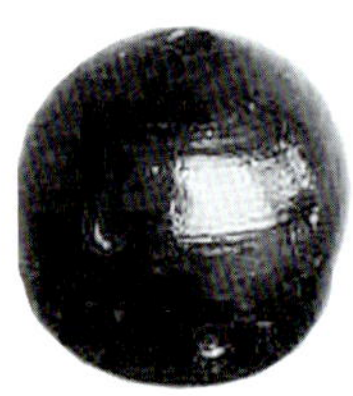

기와흙을 구워 만들거나, 황토에 솜을 섞어 속이 비어 있는 저울추 모양으로 만든 관악기이다. 요즘은 큰 복숭아 모양으로 만드는데, 밑을 편평하게 하고, 겉은 검은 칠을 한다. 윗부분에 취구가 있어 여기에 대고 입김을 불어서 소리를 낸다. 서양의 오카리나와 같은 악기로 음색은 어둡고 낮으면서도 부드럽다.

■ 나각

실제로 큰 소라 껍질을 이용하여 만든 악기이다. 뾰족한 소라 껍질 끝에 취구를 만들어 소리를 낸다.

■ 나발

나발(喇叭)은 놋쇠로 만든 우리나라에서 하나밖에 없는 금관악기이다. 한 가지 음만 낼 수 있으며, 대각(大角)이란 이름으로 쓰여지기도 한다. 취구 쪽은 가늘며 끝부분으로 갈수록 굵어지는 원추형 악기이다. 군대의 신호용, 대취타, 풍물놀이 등에 사용된다.

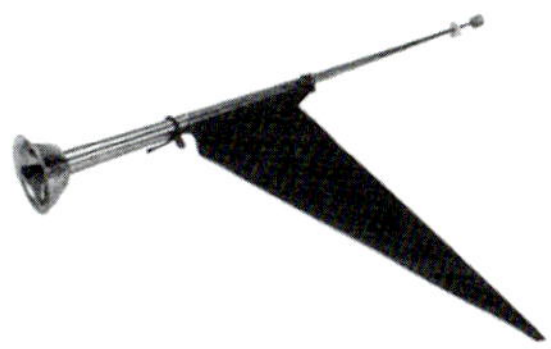

③ 타악기

타악기는 국악기 중에서 가장 많은 악기이다. 전부 30여 종 정도이고, 이 가운데 북 종류만도 18종류이다. 타악기는 그 기능에 따라 일정한 음정을 가진 〈유율악기〉와 일정한 음정을 갖지 않는 〈무율악기〉로 구분한다.

유율악기	금부악기	편종, 특종, 방향, 운라
	석부악기	편경, 특경
무율악기	금부악기	꽹과리, 바라, 징
	목부악기	박, 축, 어
	토부악기	부
	혁부악기	갈고, 절고 등의 북 종류

■ 편종

두 개의 방대(方臺) 위에 목사자(木獅子) 한 쌍을 앉히고 그 위에 종을 달 나무

틀(架子)을 세워 양편에 용두(龍頭)를 조각하고 틀 꼭대기에는 다섯 마리의 목공작(木孔雀)을 세워 장식하였다. 이 틀에 16개의 종을 상, 하 2단으로 8개씩 나누어 매달고 각퇴(角槌)라는 쇠뿔로 된 망치로 쳐서 소리를 내는 악기이다.

■ 특종

커다란 종을 하나만 따로 매달아 놓고 연주하는 악기이다.

■ 방향

철향(鐵響)이라고도 하며, 16개의 철편(鐵片)을 틀의 상단과 하단에 각각 8개씩 매어 놓고 각퇴(角槌)로 쳐서 소리를 내는 악기이다.

■ 편경

ㄱ자 모양의 돌 16개를 틀에 엮어 달고, 각퇴로 때려서 소리를 내는 악기이다.

■ 특경

ㄱ자 모양의 돌 1개를 매달아 각퇴로 때려서 소리를 내는 악기이다. 연주를 끝낼 때 보통 한 번 치는데, 〈문묘제례악〉에서 사용된다.

■ 운라

쇠붙이로 만든 접시 모양의 작은 징 10개를 틀에 매달아 나무망치로 때려서 소리를 내는 악기이다.

■ 바라

불교의 의식무용이나 무악, 전통춤 등에 널리 사용되고 제금이라고도 부른다. 얇은 놋쇠로 된 2개의 원반을 양손에 들고 이것을 맞부딪쳐서 소리 내는 악기로 서양의 심벌즈와 같은 악기이다.

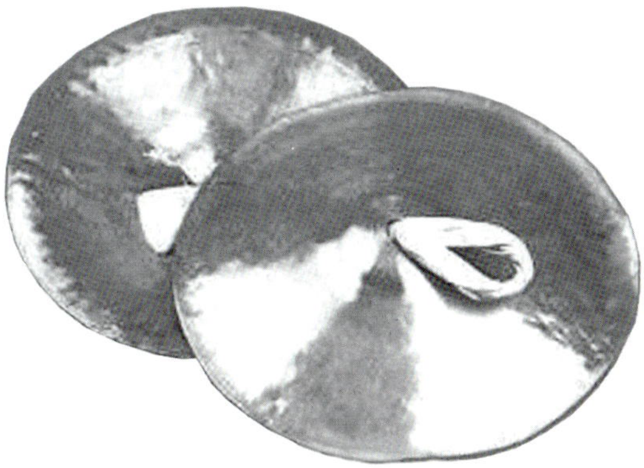

■ 징

놋쇠로 만든 둥근 쟁반 모양의 악기로, 왼손에 들거나 틀에 매달아 놓고, 솜 망치로 된 채를 들고 치며, 주로 장단의 강박에 친다.

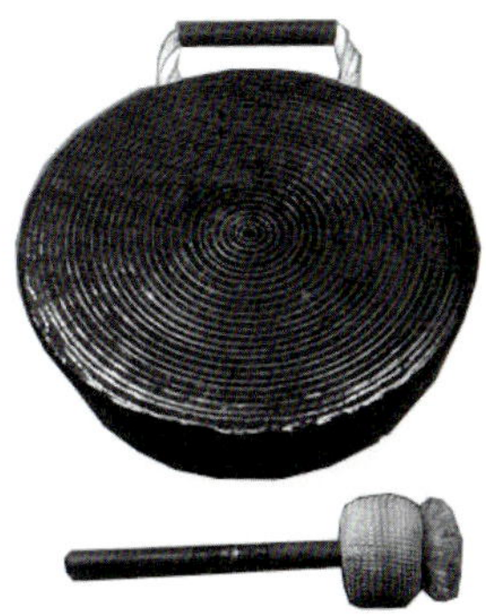

■ 박(박판)

박달나무 여섯 조각을 한쪽에 구멍을 뚫은 후 한데 묶어서, 부채를 펴는 것처럼 벌렸다가 닫으면서 치면 크고 단아한 소리가 난다. 대부분의 궁중음악에 편성되는 이 악기는 음악의 시작과 끝, 그리고 음악상의

중요한 변화가 있을 때 치는데 음악을 시작할 때나 중요한 변화를 알릴 때는 한 번, 끝날 때는 세 번 친다.

■ 축

속이 빈 나무 상자에 구멍을 뚫고 그 구멍 속에 방망이를 넣어 상자 밑바닥을 치는 악기로 고려 예종 때 중국 송나라로부터 들여왔다.

축은 음악의 시작을 알리는 악기로 동쪽에 주로 놓았으며, 악기는 정육면체이면서 위쪽이 좀 더 넓은 모양이고 윗면에는 구름을, 옆 사면에는 산수화를 각각 그려 넣는다.

■ 어

엎드린 호랑이의 등에 나무를 깎아 27개의 톱니를 세운 모양이다. 어는 음악의 끝남을 알리는 악기로 서쪽에 놓으며, 연주방법은 9조각으로 갈라진 견죽(대나무 채)으로 머리를 세 번 치고 등의 톱니를 한번 긁는 것을 3번 반복한다.

■ 부

흙을 구워서 만든 질화로 모양의 타악기로, 우리말로는 질 장구라고 한다. 견죽을 가지고 부의 위쪽 가장자리를 쳐서 소리를 낸다.

■ 꽹과리

꽹과리는 쇠, 매구, 깽매기, 깽쇠, 광쇠, 꽝쇠, 소금(小金), 동고, 쟁 따위로 불리며 흔히 꽹과리를 치는 사람을 쇠치는 사람(쇠치배)이라고 부른다. 앞 치배들 가운데 맨 앞에서 쇠를 치는 사람을 '상쇠'라 하는데, 상쇠는 풍물놀이에서 매우 중요한 리더의 위치를 차지한다.

쇠는 놋쇠를 원료로 만드는데, 요즈음에는 금이나 은을 섞어 쓰기도 한다. 꽹과리의 크기는 지름이 대략 21cm(7치), 둘레 부분은 높이가 3.6cm(1치 2푼) 정도이지만, 최근 어린이 교육용으로 작은 것도 최근 제작되고 있다. 연주방법은 쇠채로 쇠의 가운데와 전두리(쇠의 테두리) 사이를 친다.

꽹과리는 장구와 아울러 율동악기로써 으뜸인데 옛날에는 군악이나 정악, 무악, 풍물굿 등 두루 쓰였으며, 풍물놀이에서는 자극적이고 충동적인 가락으로 사람의 감정을 고조시키고 흥을 돋우는데 중요한 역할을 한다.

■ 소고

보통 작은 북, 매구북, 법고(法鼓), 벅구(버꾸) 등으로 불린다.

소고는 오래된 악기의 하나로 다양하게 발달되어 왔다. 예전의 소고는 현재의 소고처럼 일정한 모양새를 갖추고 있었던 것이 아니라, 마을에서 직접 제작하여 사용하다 보니 크기와 모양새가 다 달랐다고 한다.

소고의 크기는 지역에 따라 다르지만 보통 지름 20cm 내외, 폭 4~5cm 정도가 된다. 보통 소고에는 자루 손잡이가 달려 있어 이를 왼손으로 쥐고 오른손에 잡은 작은 채로 북통의 중앙을 친다. 소고춤, 상모놀이 등에서는 이 북을 맵시를 위해 소도구로 이용하고, 사당패, 선소리패, 두레패 등에서는 판소고라고 하여 소고를 치면서 판놀음을 하였다. 즉, 소고는 악기의 기능보다 춤-놀이로서 기능이 컸음을 알 수 있다. 춤과 놀이의 기능이 크다 보니 현재 교육현장에서도 소고(악기)는 악기, 춤, 놀이의 기능이 혼합되어 주로 사용된다.

02 장구에 대하여

1) 장구의 구조, 명칭, 유래, 쓰임새

장구는 가죽 타악기의 하나로 양편 머리가 크고 그 허리가 가늘다 하여 세요고(細要鼓)라고도 한다. 이름에 대해 여러 의견이 있으나, 한자로 지팡이 장(杖)과 북고(鼓)를 쓰면 장고가 맞고, 노루장(獐)과 개구(狗)를 쓰면 장구도 맞다. 풍물의 현장을 조사하는 가운데, 전북 진안 김봉열 선생과 강원도 강릉 박기하 선생도 옛날부터 어른들께서 장구의 가죽을 노루가죽과 개가죽으로 썼다 하여 장구가 맞다고 한다. 사람들 사이에서도 보통 장구라고 많이 부른다.

왼쪽(북편, 궁편)은 말가죽이나 소가죽, 노루가죽을 대어 가죽이 좀 두껍고 소리가 낮으며, 오른쪽(채편, 열편)은 보통 말가죽이나 개가죽을 대어 가죽이 얇고 높은 소리를 낸다. 가죽으로는 개가죽이 소리도 크고 제일 좋다.

장구의 통은 사기, 기와, 쇠, 나무, 바가지, 양철 따위를 쓰는데, 보통 미루나무와 오동나무를 많이 쓰고, 오동나무가 가벼우며 소리도 좋다.

장구통의 궁통과 채통 사이를 조롱목(요)이라 하는데, 조롱목이 너무 넓으면 소리가 헤프고, 조롱목이 너무 좁으면 소리가 되바라진다. 장구통을 만드는 방법에 따라 통째로 깎아 만든 통장구와 나무 조각을 깎아서 보통 두쪽 내지 세 쪽으로 맞춘 쪽장구가 있다. 철테(원철) 둘레에 8개의 고리(쇠고리, 쇠갈고리, 구철)를 걸어 무명을 꼬아 만든 줄(숫바, 홍진사, 축승)로 얽어매고, 조이개(죔줄, 조임줄, 축수, 부전)을 좌우로 움직여 소리를 조절한다.

장구에 대한 가장 오래된 기록은 고려 문종 30년(1076년)에 대악관현방(大樂管絃房)을 정할 때 장고업사(杖鼓業師 : 장구 연주자라는 뜻)가 있었다고 한다. 지금의 장구보다 작은 크기의 장구를 요고(腰鼓)라 하고 인도에서 만들어져 중국 남북조 시대를 거쳐 우리나라에 들어왔다고 한다. 고구려 집안현 제4호 무덤벽화와 신라 상원사 동종의 아래쪽에 그려진 주악도, 그리고 감은사지 청동제 사리기 기단에 그려진 그림(통일신라 신문왕 2년 682년)에서 볼 수 있다.

장구가 요즘에 쓰이는 형태로 크기가 커진 것은 고려 때로 추측되며, 장구가 중국에서 만들어져 우리나라로 전해진 것에 대하여는 두 가지 설이 있다. 하나는 중국 한 무제 때 만들어져 고려 예종왕 9년 송나라에서 새로운 악기가 들어올 때 장고이십면(杖鼓二十面)이 포함된 기록이 있고, 또 다른 하나는 중국 당나라 때부터 쓰여 고려 때 들어왔다는 견해가 있다.

『고려사악지』의 「당악기조」, 「향악기조」에 각각 장고가 들어 있고, 조선 세종 때 악학궤범에 의하면 장구(장고라 쓰였지만 여기서는 장구로 통일함)가 당악과 향악에 어울려 쓴다는 기록으로 미루어 장구는 처음에 당악(당에서 들어온 음악), 향악(옛날부터 내려오는 우리의 음악)에 쓰였으며 지금은 정악, 산조, 잡가, 민요, 풍물굿, 무악 등 거의 쓰이지 않는 곳이 없을 정도이다. 그리고 장구의 옛날 꼴로 생각되는 물장구, 모래장구도 있었다고 한다.

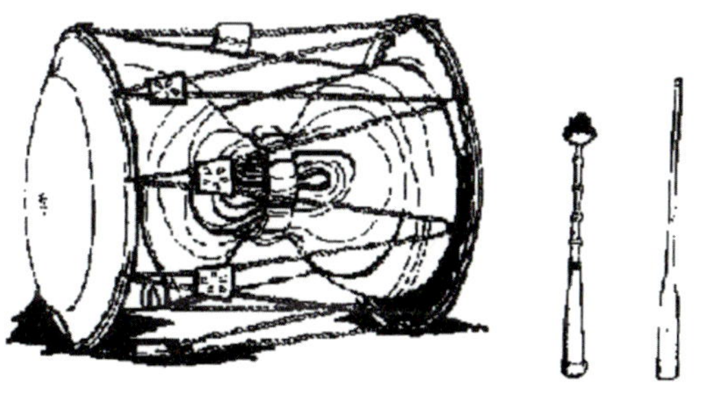

장구의 채로는 궁채(궁굴채)와 열채(가락채)가 있는데, 궁채는 대나무 뿌리를 잘 삶아서 똑바로 편 다음, 끝부분에 박달나무와 같이 단단한 나무 또는 뿔을 끼워서 만들고, 열채는 대나무를 깎아서 만든다. 두 손으로 치기 때문에 가장 다양한 소리를 내 어깨춤이 절로 나게 만든다. 분위기를 흐드러지게 하고 풍성하게 만드는 데 없어서는 안 될 악기이며, 민요나 춤 장단을 칠 때는 궁편을 손으로 치기도 한다. 장구를 메는 방법도 지역이나 사람마다 다르고, 그 나름의 맛을 제각기 갖고 있다.

2) 장구와 장구채 세부 명칭

(1) 장구

- 장구통(장고통, 통, 울음통) – 조롱목(졸목, 요, 장구 허리)
  - 북통(궁통)
  - 채통(열통)
- 궁편(궁굴편, 궁글편, 굴글리편, 북편, 고면)
- 채편(열편, 편, 편면, 채면)
- 장구줄(줄, 조임줄, 죄는줄, 숫바, 숙바, 진홍사, 홍진사, 축승)
- 부전(조이개, 조리개, 축수, 굴레, 새굴레)
- 장구테(원철, 테, 테두리, 마구리테, 철테, 텟쇠)
- 고리(깍쇠, 쇠갈고리, 갈고리쇠, 구철, 걸갱이, 걸겅쇠)

(2) 장구채

- 궁채(궁굴채, 궁구리채, 궁굴이채, 궁글채)
- 열채(활채, 가락채, 채)

03 장구놀이

1) 교구와 자료를 통한 놀이

(1) 〈장구 구조와 명칭 익히기〉 교구

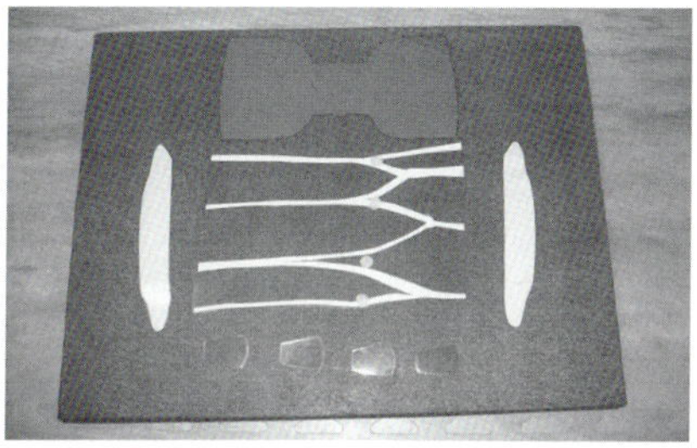

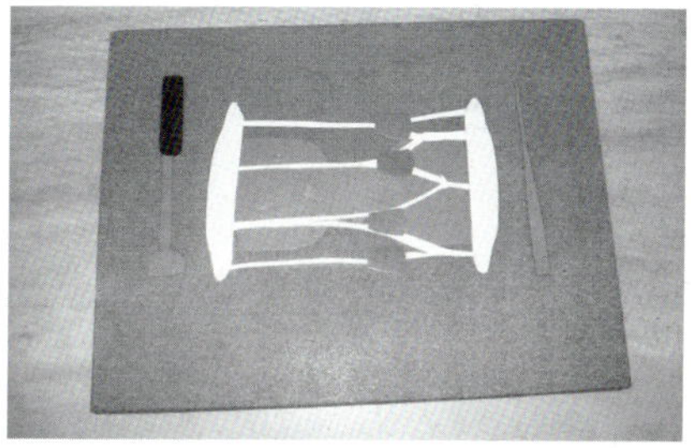

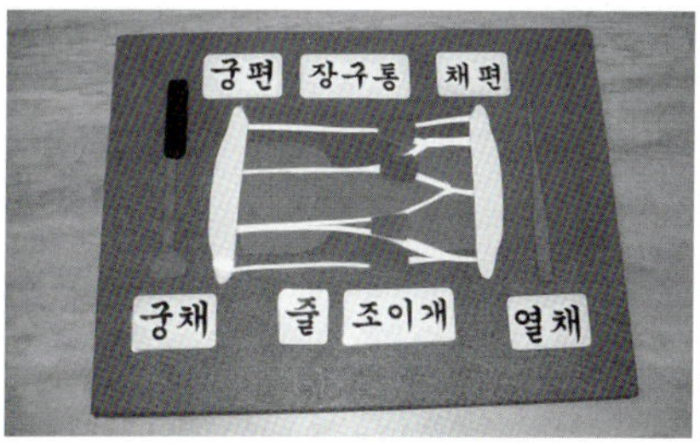

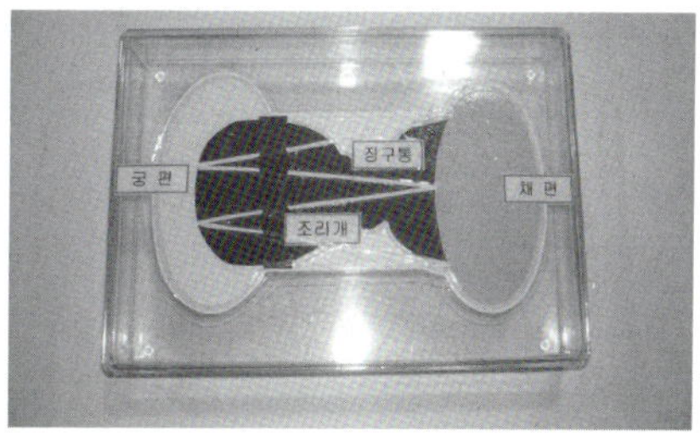

(2) 〈발판 장단 익히기〉 교구

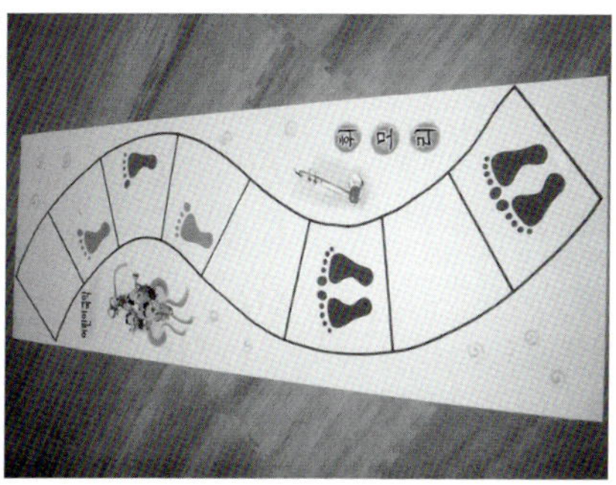

(3) 〈부호 정간보 익히기〉 교구

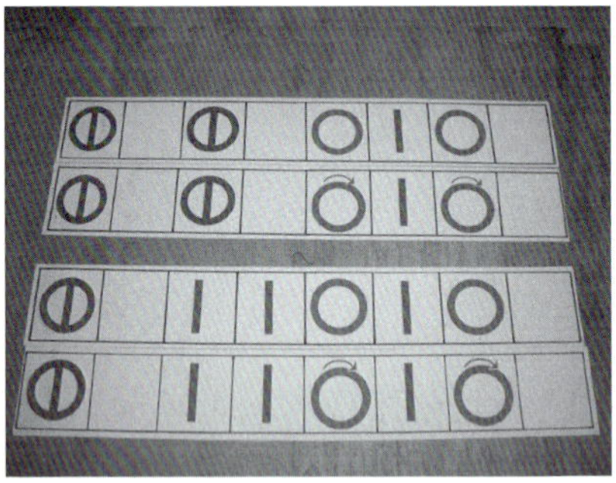

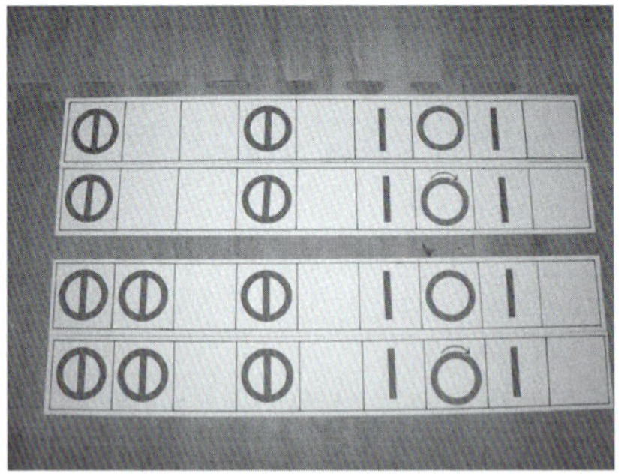

(4) 〈장구 예절 익히기〉 교구

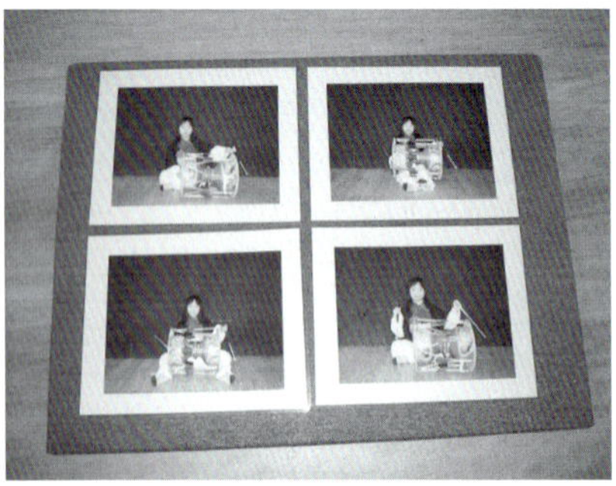

2) 노래와 율동을 통한 놀이

(1) 장구 속에는(손 율동)

장구 속에는 어떤 이름이 있나?

생각주머니를 열어 봅시다

장구통 궁편(북편) 채편(열편) 조이개 있고

조이개는 궁편(북편)에서 채편(열편)으로 조여주세요

(2) 장구놀이(채 율동)

따따따(덕덕덕) 따따따(덕덕덕) 채편(열편)을 쳐요

궁궁궁(쿵쿵쿵) 궁궁궁(쿵쿵쿵) 궁편(북편)을 쳐요

덩- 덩- 장구(양편, 양쪽)를 쳐요

즐-거운 장구놀이 (야!)

(3) 장구는 우리 친구죠(손 율동)

장구는 우리 친구죠

살살 소중하게 다뤄요

흔들 흔들 흔들 흔들 굴리지 마요

장구친구 화내요 뿡-

(4) 오른손 왼손 올려(채 율동)

오른손 올려 예쁘게 올려 따따따따(덕덕덕덕) 채편(열편)을 치고

왼손 올려 궁편(북편)을 치자 궁궁궁궁궁 궁(쿵쿵쿵쿵쿵 쿵)

양손 올려 예쁘게 올려 덩덩덩덩 양편(장구, 양쪽)을 치고

왼손 올려 오른쪽으로 궁궁궁궁궁 궁 얼씨구

(5) 신나게 해봐요(채 율동)

따따따따(덕덕덕덕) 채편입니다 궁궁궁궁(쿵쿵쿵쿵) 궁편(북편)입니다

덩덩덩덩 양편(장구, 양쪽)입니다 궁궁궁궁 넘겨칩니다

얼씨구 좋-다 함께 쳐봐요

(즉흥 연주 – 궁덕궁덕궁덕궁덕 덩덩덩) 야!

덩덩덩덩 장구입니다 갱갱갱갱 꽹과립니다
둥둥둥둥 북소립니다 징징징징 징소립니다
얼씨구 좋-다 함께 쳐봐요
사물놀이 신나게 해봐요
(즉흥 연주 – 직접 사물악기로 만들어 보세요)
야!

(6) 장구친구 사랑해(채 울동, 손 울동)

궁채 궁채 궁궁궁(쿵쿵쿵) 열채 열채 따따따(덕덕덕)
양손 양손 덩덩덩(함께해) 넘겨치기 ㉠㉠㉠

소중하게 다뤄요 당기거나 밀면 안돼요
떼구르르 구르면 잉잉 장구친구 사랑해
I LOVE YOU ~

3) 이야기를 통한 장단 놀이

(1) 방구 이야기

방구 이야기

권태룡 작곡 / 권태룡 작사

옛날 옛날에 뽕나무, 대나무, 참나무가 살았어요

어느 날, 뽕나무가 '뽀옹……'하고 방귀를 뀌었지요.

옆에 있던 대나무가 "이놈 이놈, 대끼 놈 대끼 놈!"

하고 야단을 쳤어요.

그러자 참나무가 "참아라 참아라 참아 참아 참아라."

하고 말했대요.

교사 질문(1)

: 옛날에 누가 살고 있었나요?

아이들 답변을 들은 후

: 뽕-뽕 뽕나무(덩-덩-궁덕궁-)
대-대 대나무(덩-덩-궁덕궁-)
참-참-참나무(덩-덩-궁덕궁-) 가 살았대

덩		덩		궁	덕	궁	

교사 질문(2)

: 그런데 무슨 일이 일어났나요?

아이들 답변을 들은 후

: 뽕~~~~~~~(난타 연주)

교사 질문(3)

: 대나무가 뽕나무에게 뭐라고 나무랬지요?

아이들 답변을 들은 후

: 이놈 이놈 대끼 놈 대끼 놈(덕-궁-덕-궁-/덕구궁-덕구궁-)

덕		궁		덕		궁	
덕	구	궁		덕	구	궁	

교사 질문(4)

: 참나무가 대나무에게 뭐라고 했나요?

아이들 답변을 들은 후

: 참아라 참아라 참아 참아 참아라

(궁덕궁-궁덕궁-/궁덕궁덕궁덕궁-)

(궁덕㉿-궁덕㉿-/궁덕㉿덕궁덕㉿-)

(더더덩-더더덩-/더더더더더더덩-)

(더더덩-더더덩-/더더더더궁덕궁-)

궁	덕	궁		궁	덕	궁	
궁	덕	궁	덕	궁	덕	궁	

궁	덕	㉿		궁	덕	㉿	
궁	덕	㉿	덕	궁	덕	㉿	

더	더	덩		더	더	덩	
더	더	더	더	더	더	덩	

더	더	덩		더	더	덩	
더	더	더	더	궁	덕	궁	

(2) 꼬부랑 꼬리 아기 돼지

아기 돼지가 동물원에 놀러갔어요,

나는 나는 꿀꿀 돼지

덩		덕	덩		덕	덩		덕	궁	덕	

덩		덕	덩		덕	덩		덕	덩	덩	

그때 돼지는 코가 긴 코끼리를 보았어요.

나는 나는 긴 코 코끼리

덩		덕	덩		덕	덩		덕	궁	덕	덕
덩		덕	덩		덕	덩		덕	덩	덩	덩

코가 긴 코끼리는 긴 코를 구부려 과자를 먹고 있었지요.

"아이, 참 재미있겠다. 히히, 나도 코를 구부려 봐야지~"
하고 돼지는 열심히 코를 구부려 보았지만, 코는 구부러지지 않았어요.

그때, 토끼가. 큰 귀를 쫑긋쫑긋하며 오고 있었어요~

나는 나는 쫑긋 토끼

덩		덕	덩		덕	덩		덕	궁	덕	
덩		덕	덩		덕	덩		덕	덩	덩	

"안녕, 돼지야?"
"아, 토끼야 너 참 멋있다! 나도 귀를 구부려 볼까?"

아기 돼지는 이번에는 귀를 구부리려고 온몸을 비틀며 이곳저곳을 계속 움직였어요. 그러자 꼬리가 꼬부랑 꼬부랑 구부려지지 뭐예요?!
"우와 ~ 나도 구부릴 수 있어!!"

그때부터 돼지 꼬리는 꼬부랑 꼬리가 되었고, 긴 코 코끼리와 쫑긋 토끼와 꼬부랑 꼬리 돼지는 모두 친구가 되었답니다.

양손을 흔들 흔들 흔들 우리 모두 안녕~

덩		덕덕	흔들	흔들	흔들	더덩		더덩	궁	덕	

(어 깨 춤)

덩		덕덕	덩	덩	덩	더덩		더덩	덩	덩	

(3) 고양이와 쥐

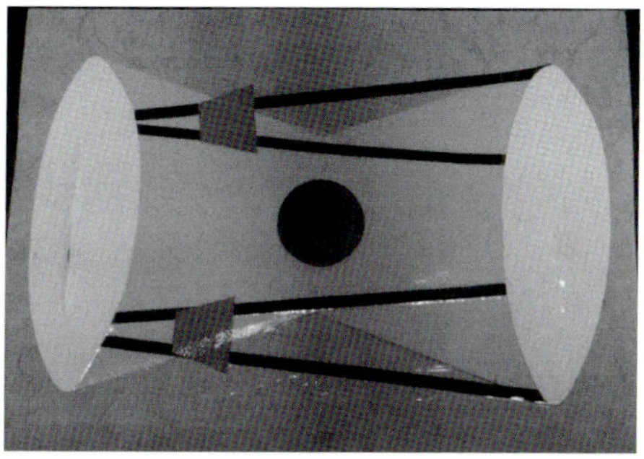

옛날 옛적에 장구나라가 있었어요. 장구나라에는 궁편 마을엔 고양이 채편 마을에 쥐가 살고 있었지요.

그런데 고양이와 쥐는 사이좋은 친구가 아니에요~

왜냐면 고양이가 쥐를 야옹~하고 괴롭히거나 잡아먹기 때문이에요~

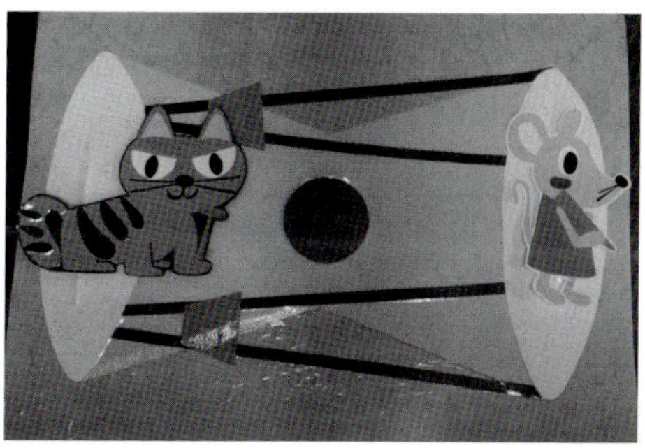

쥐 : "찍찍찍찍 난 세상에서 고양이가 제일 무서워~"

고양이 : "야옹~ 쥐야 나오기만 해봐라, 내가 콱 잡아 먹어줄테니 야옹~"

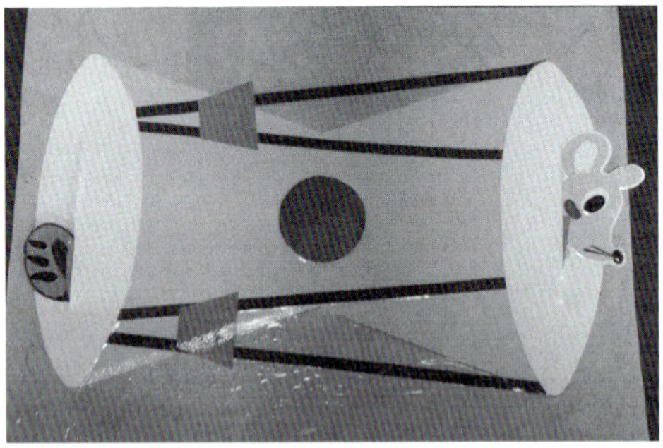

하지만 고양이가 다닐 때는 쥐가 살금살금 숨어 다녀서 장구나라는 너무나 평화로웠어요. 어느 날 쥐가 조이개를 조이기 위해 채편마을 밖으로 나왔어요.

쥐 : "룰루랄라~~ 고양이는 없겠지? 룰루랄라~"

이때 쥐가 밖으로 나온 걸 눈치 챈 고양이가 쥐를 잡아먹으려고 나타났어요.

어머, 어떻해요? 쥐가 위험에 처했어요.

그러면 어떻게 해야 할까요?

쥐는 다시 채편마을로 달리기 시작했어요.

쥐는 찍찍찍찍 찍찍찍찍 찍찍찍찍 찍찍찍찍

덩		덕		덕		덕	

도망 가자 도망 가자

덩		덩		덕		덕	

고양이는 잡아 먹자 잡아 먹자

덩		덩		덕		덕	

취가 도망간다

덩		덩		덩	덩	덕	덕

찌찌찍 찌찌찍 도망간다

더더	덩	더더	덩	덩	덩	덕	덕

이렇게 재빠르게 장단 맞추어 뛰어온 쥐는 무사히 채편 마을에 돌아오게 되었답니다.

(4) 토끼와 친구들

어느 날 숲 속에서 울음소리가 들렸어요!

지나가던 원숭이가 누구의 울음소리인지 들어보니 토끼 한 마리가 울고 있었어요.

원숭이는 다가가 이렇게 물었어요.

원숭이 : "토끼야, 왜 울고 있어?"

토　끼 : "엉~ 엉~ 난 친구가 없어서 너무 슬퍼."

원숭이 : "저기 보이는 저 고개를 넘으면 숲 속에 많은 동물친구들이 살고 있대"

토　끼 : "우와! 정말?"

원숭이 : "그래~ 저 숲 속으로 한번 가보는 건 어때?"

토　끼 : "정말 좋은 생각이다!"

토끼는 동물 친구들을 찾으러 길을 나섰어요.

덩		덩		㉿	덕	㉿	

길을 나선 지 얼마 지나지 않아 나무 위에 앉아 있는 파랑새를 보았어요.
토끼는 너무 기뻐 파랑새에게 말을 걸었어요.

토 끼 : "파랑새야~ 나의 친구가 되어줄래?"

파랑새 : "그래~ 토끼야. 나도 너와 친구가 되고 싶어."

토끼와 파랑새는 다른 친구를 찾아 함께 걸었어요.

덩		덩		㉡궁	덕	㉡궁	

연못에서 물을 마시던 사슴친구가 놀라 토끼와 파랑새를 바라보았어요.

사 슴 : "너희들은 누구니?"

토 끼 : "우린 친구를 찾아 떠나고 있어."

사 슴 : "그렇구나! 나도 너의 친구가 되고 싶어!"

토 끼 : "고마워~ 우리 다른 친구들을 만나러 가볼까?"

사 슴 : "그래."

토끼와 파랑새와 사슴은 강을 건너고 고개를 넘으며 계속해서 걸었어요.

덩		덩		㉡궁	덕	㉡궁	

산을 오르다 동굴 앞에 있는 곰아저씨를 만났어요.

곰아저씨 : "너희들은 여기 무슨 일이니?"

토 끼 : "저희들은 친구를 찾아 여기까지 왔어요."

곰아저씨 : "대단하구나, 용감한 너희들에게 내가 특별한 선물을 주고 싶구나."

토 끼 : "뭔데요?"

곰아저씨 : "자, 따라와보렴."

토끼와 파랑새와 사슴은 곰아저씨를 따라 산 꼭대기로 올라갔어요.

곰아저씨 : "자, 다 왔어~ 얘들아, '야호'라고 외쳐보렴~"

다 같 이 : "야~호~!"(모든 동물들이 차례대로 야호를 외친다)

덩		덩		㉠궁	덕	㉠궁	

토 끼 : "우와!!!!!! 곰아저씨. 고맙습니다."

토끼와 파랑새와 사슴과 곰아저씨는 '메아리' 노래를 부르며 내려왔어요.

(5) 주룩주룩 비가 내리는 날

주룩주룩 비가 내리는 날,
비를 좋아하는 초롱이는
우산을 쓰고, 장화를 신고, 밖으로 나갔어요.

밖에는 물웅덩이가 있었어요.
(양편을 손끝으로 바깥원을 그리며 쓰다듬는다)

초롱이는 신이 나서
(열채를 머리 위에서 아래로 반짝반짝 한다)

물웅덩이 위에서 참방참방 발을 굴렀어요.

덕			덕			덕		덕	덕	덕	

초롱이의 오빠도 우산을 쓰고, 장화를 신고, 밖으로 나왔어요.

오빠도 신이나서
(궁채를 머리 위에서 아래로 반짝반짝 한다)

물 웅덩이 위에서 첨벙첨벙 발을 굴렀어요.

궁			궁			궁		궁	궁	궁	

그렇게 초롱이와 오빠는

(양채를 머리 위에서 아래로 반짝반짝 한다)

참방참방 첨벙첨벙 물웅덩이 위에서 발을 굴렀어요.

덩			덩			덩		덕	궁	덕	

지켜보고 있던 강아지 또치도

(양채를 머리 양쪽 위에서 귀모양으로 앞뒤로 움직인다)

신이 나서 물웅덩이 위에서 폴짝폴짝 뛰었어요.

더	덩		더	덩		덩		덕	궁	덕	

모두들 그렇게 참방참방 첨벙첨벙 폴짝폴짝 신나게 놀았답니다.

(이야기가 끝난 후 배운 자진모리 장단을 신나게 연주해 본다)

덩			덩			덩		덕	궁	덕	
더	덩		더	덩		덩		덕	궁	덕	

(6) 덩의 탄생

어느 날 뽀로로가 너무너무 맛있는 떡볶이를 먹었어요.

떡볶이를 하나, 둘 집어먹다 보니 어느새 떡볶이 한 접시를 뚝! 딱! 해치워 버렸대요. 그래서 뽀로로는 배가 너무 불러서 배를 탁!(궁채로 궁편을 한 번 친다) 치며 소리쳤어요.

"아휴~ 더 이상은 못 먹겠다! 어? 근데 방금 이건 어디서 난 소리지?"

뽀로로는 쿵!(궁채로 궁편을 한 번 친다) 하는 큰 소리를 들었어요!

여기저기 소리가 나는 곳을 찾던 뽀로로는 금방 지쳐서 다시 자기의 배를 한 번 탁! 쳤대요. 그러자 또다시 쿵!(궁채로 궁편을 한 번 친다) 하는 큰 소리가 들렸어요.

"어? 이거 내 배에서 나는 소리잖아?"

그 커다란 소리는 떡볶이로 배가 잔뜩 부른 뽀로로의 배에서 나는 소리였대요.

"쿵쿵쿵쿵(궁채로 궁편을 네 번 친다), 우와~ 신기하다!"

자기 배에서 나는 소리가 신기해진 뽀로로는 계속해서 자기 배를 탁! 탁! 탁! (궁채로 궁편을 세 번 친다) 두드리며 놀았어요.

그런데 저쪽에서 뽀로로의 친구인 방귀대장 뿡뿡이가 걸어왔어요.

뿡뿡이는 방귀대장답게 걸으면서도 방귀를(열채로 채편을 세 번 친다) 세 번씩 뀌며 걸었답니다. 뿡뿡이의 방귀소리를 들은 뽀로로는 크게 외쳤어요!

"우와~ 뿡뿡아, 네가 방귀를 세 번 뀌니깐, 덕! 덕! 덕!(열채로 채편을 세 번 친다)하고 소리가 난다!"

그 말을 들은 뿡뿡이는

"어디, 정말?"

하며 이상하다는 듯이 방귀를 세 번 뀌자, 또다시 덕! 덕! 덕!(열채로 채편을 세 번 친다) 소리가 났어요. 신이 난 뽀로로가 뿡뿡이에게 외쳤어요.

"뿡뿡아, 내 배에서는 쿵! 쿵! 쿵!(궁채로 궁편을 세 번 친다) 하는 소리가 나는데, 너는 방귀를 뀔 때마다 덕! 덕! 덕!(열채로 채편을 세 번 친다) 하는 소리가 난다!"

뽀로로와 뿡뿡이는 너무 놀라서 동시에 배를 치고, 방귀도 뀌었어요. 그러자 이번에는 덩!(궁편, 채편 동시에 한 번 친다) 하는 큰 소리가 들렸어요.

"뿡뿡아, 뿡뿡아, 내가 배를 두드릴 때 나는 쿵! 소리와, 네가 방구를 뀔 때 나는 덕! 소리가 합쳐지니깐 덩!이라는 소리가 난다. 이거 정말 놀라운 일이야!!" (덩덩덩 양손을 동시에 쳐본다)

4) 움직임을 통한 놀이

(1) 구음과 타법 익히기

① 준비 동작

교 사			유 아		
준비	이	준비	–	–	준비
준	비	준비			준비

② 열채 올리기

교 사			유 아		
덕	덕	야	–	–	야

③ 열채 내리기

교 사			유 아		
덕	덕	허이	–	–	허이

④ 궁채 올리기

교 사			유 아		
궁	궁	야	–	–	야

⑤ 궁채 내리기

교 사			유 아		
궁	궁	허이	–	–	허이

⑥ 양채(양손) 올리기

교 사			유 아		
덩	덩	야	–	–	야

⑦ 양채(양손) 내리기

교 사			유 아		
덩	덩	허이	–	–	허이

(2) 장단 호흡 익히기(굿거리, 자진모리 예시)

① 몸동작

마시고			내쉬고			마시고			내쉬고		
하	아	나	두	우	울	세	에	엣	네	에	엣
올리고			원위치			올리고			원위치		
숙이고			원위치			숙이고			원위치		
오른쪽			원위치			왼쪽			원위치		
제끼고			원위치			제끼고			원위치		

② 팔동작

마시고			내쉬고			마시고			내쉬고		
하	아	나	두	우	울	세	에	엣	네	에	엣
조금 올리고			내리고			조금 올리고			내리고		
보통 올리고			내리고			보통 올리고			내리고		
많이 올리고			내리고			많이 올리고			내리고		
아주 많이 올리고			바깥으로 밀고			안쪽으로 들어오고			돌아서 내리고		

04 기본 장단의 이해

1) 장단의 정의

일정한 시간 동안 규칙적으로 움직이는 운동의 질서와 박자를 통틀어 가리키는 말로써, 박자, 빠르기, 강약, 형태 같은 여러 가지 요소를 지니며 음률이 복잡하고 힘찬 느낌의 움직임을 가진다.

2) 장단의 특징

(1) 우리나라의 장단

① 3박자 계통의 장단(1박자를 3등분)이 주가 됨

② 강한 박(합 장단)으로 시작, 여린 박으로 끝남

③ 장단 가락이 음악의 흐름에 따라 조여지고 풀어지는 변화를 나타내면서 반복 연주

④ 박자, 빠르기, 강약, 형태 같은 여러 가지의 복합적인 의미를 가짐

(2) 서양 음악의 리듬

① 2박자 계통의 리듬(1박자를 2등분)이 주가 됨

② 여린 박으로 시작, 강한 박으로 끝남

③ 리듬이 비교적 단순한 규칙성을 띠면서 반복

④ 소리의 크기가 형태의 중심이 됨

(예 : 4박의 경우－강 약 중강 약, 3박의 경우－강 약 약)

3) 기본 장단의 예시

■ 국악교육협의회 국악교육 내용 통일안 중 장단 통일안

(1) 세마치 장단(♩.=72~108)

덩			덕		덕	궁	덕	

(2) 굿거리 장단(♩.=60~72)

덩	기	덕	궁	더르	르르	궁	기	덕	궁	더르	르르

(3) 중모리 장단(♩=72~108)

덩				덕		궁		덕	기	덕	덕	궁		궁		덕		궁		덕	기	덕	덕

(4) 중중모리 장단(♩.=60~96)

덩		덕	궁	덕	덕	궁	궁	덕	궁		궁

(5) 자진모리 장단(♩.=90~144)

덩			궁			궁		덕	궁		

(6) 휘모리(단모리) 장단(♩=116~144)

덩		덕	덕	궁	덕	궁	

※ 이 장단들의 빠르기는 민요의 속도를 중심으로 설정된 것이지만 악곡에 따라 속도의 가감이 있을 수 있다.

4) 장단 지도 요령

다음과 같은 단계로 지도하면 매우 효과적일 것이다.

- 1단계 : 장구 정리 정돈 방법과 사용법, 운반법, 보관법
- 2단계 : 장구의 쓰임새와 구조, 부분 명칭 알기
- 3단계 : 장구 연주 자세 지도 및 인사법
- 4단계 : 구음과 타법 익히기
- 5단계 : 구음으로 장단 익히기
- 6단계 : 구음과 함께 무릎치기

- 7단계 : 구음과 함께 장구 치기
- 8단계 : 노래에 맞추어 장구 치기
- 9단계 : 노래 부르면서 장구 치기
- 10단계 : 변형장단 익히기
- 11단계 : 여러 가지 변형장단 섞어서 장구 치기
- 12단계 : 노래에 맞추어 여러 가지 변형장단 섞어서 장구 치기
- 13단계 : 노래 부르면서 여러 가지 변형장단 섞어서 장구 치기

05 기본 장단의 실제

1) 휘모리

(1) 정의

매우 빠른 장단으로 회오리 바람처럼 휘몰아치는 장단

(2) 호흡

하	아	아	나	두	우	우	울

(3) 연습

궁	덕	궁	덕	궁	덕	궁	덕
(궁)	덕	(궁)	덕	(궁)	덕	(궁)	덕
궁	덕	궁	덕	(궁)	덕	(궁)	덕
궁	덕	(궁)	덕	궁	덕	(궁)	덕
궁	덕	(궁)	덕	(궁)	덕	(궁)	덕

(4) 실습

덩		덩		**궁**	덕	**궁**	
덩		덕	덕	**궁**	덕	**궁**	
덕		궁		**궁**	덕	**궁**	
덕		궁		덕		**궁**	
덕	구	궁		덕	**구**	**궁**	
더	더	덩		**더**	**더**	**덩**	
더	더	덩		더	더	덩	
더	더	더	더	궁	덕	궁	
더	더	더	더	더	더	더	더
더	더	더	더	궁	덕	궁	
덩		덩		**궁**	덕	**궁**	

2) 동살풀이

(1) 정의

전남 무가(巫歌)에 쓰이는 장단으로 무가에서는 자진살풀이·도살풀이와 함께 살풀이에 사용되는 살풀이장단의 하나이며 안당거리에 쓰인다고 하여 안당장단이라고도 부른다. 진도에서는 흘림장단, 호남우도 농악에서는 판굿의 오방진에 사용된다 하여 오방진이라고도 한다.

(2) 호흡

하	나	두	울	세	엣	네	엣

(3) 연습

덩		덕		덕		덕	
덩		덕		덩		덕	
덩		덩		덩	덩	덕	덕
더더	덩	더더	덩	덩	덩	덕	덕
덩		덕	덕	궁	덕	궁	덕

(4) 실습

덩	기기	덕	기기	덕	기기	덕	기
덩	기기	덕	기	덩	기기	덕	기
덩	기기	덕	기	덩	덩	기	기
덩		덩		덩	덩	덕	덕
더더	덩	더더	덩	덩	덩	덕	덕
덩		덕	덕	구궁	덕	구궁	덕
궁	궁	궁	덕	궁	궁	궁	덕
궁	덕	궁	덕	궁	덕	궁	덕
궁	덕	궁	덕	덩	덩	덕	덕
더더	덩	더더	덩	덩	덩	덕	덕
덩		덩		덩	덩	덕	덕
덩		덕	덕	기기	덕	기기	덕

3) 자진모리

(1) 정의

보통 빠른 박자의 장단으로 섬세하면서도 명랑하고 차분하면서도 상쾌한 느낌의 장단

(2) 구음

땅		도	땅		도	내		땅	이	다	
조	선		땅		도	내		땅	이	다	

(3) 실습

덩			덩			덩		덕	궁	덕	
덩			더	덩		덩		덕	궁	덕	
덩		덩		덩		덩		덩		덩	
더	덩		더	덩		덩		덕	궁	덕	
덩			허 이			궁	덕	덕	궁	덕	

덩		덕	궁	덕	덕	궁	덕	덕	궁	덕	
덕	(궁)	덕	(궁)	덕	덕	(궁)	덕	덕	(궁)	덕	
덩		덕	(궁)	덕		덩		덕	(궁)	덕	
덩		덕	(궁)	덕	덕	(궁)	덕	덕	(궁)	덕	
덕	궁		덕	(궁)		덕	궁		덕	(궁)	
덩		덕	(궁)	덕	덕	(궁)	덕	덕	(궁)	덕	
덩			(궁)			덩			(궁)		
덩		덕	(궁)	덕	덕	(궁)	덕	덕	(궁)	덕	
덩		덩		덩		덩		덩		덩	
더	덩		더	덩		덩			딱		

4) 굿거리

(1) 정의

조금 느린 빠르기의 장단으로 놀이를 흥겹고 구성지게 할 때 사용되는 장단

(2) 구음

어		깨	들		썩	얼	씨	구	좋	다	
어		깨	들		썩	얼	씨	구	조	오	타
어		깨	들썩	들썩	들썩	얼	씨구	씨구	조	오	타

(3) 연습

덩		덕	궁	다르	르르	궁		덕	궁	다르	르르
덩		덕	궁	다르	르르	궁		덕	궁	덕	
덩		덕	궁		덕	궁		덕	궁	덕	
덩	덕	덕	궁	덕	덕	궁	덕	덕	궁	덕	
덩	덕덕	덕	궁	덕덕	덕	궁	덕덕	덕	궁	덕	
덩	덕덕	덕덕	궁	덕덕	덕덕	궁	덕덕	덕덕	궁	덕	

(4) 실습

궁	궁	덕	궁	궁	덕	궁	궁	덕	궁	덕	
덩			덩			덩		덩	(얼		쑤)
덩	덩		덩	덩		덩		덩	(절		쑤)
덩			(조	오	타)	덕	궁	덕	궁	덕	
덩		덕	궁	다르	르르	궁	덕	덕	궁	덕덕	덕
덩		덕	궁	다르	르르	궁	덕	덕	궁	덕	
덩	덕	덕	궁	덕	덕	궁	덕	덕	궁	덕덕	덕
덩	덕	덕	궁	덕	덕	궁	덕	덕	궁	덕	
덩		덩	덩		덩	덩	궁	덕	궁	덕	
덩		덩	덩	다르	르르	궁	궁	덕	궁	덕	

5) 인사굿

덩	덩		덩	덩		더 더	덩	덩	덩		딱
안	녕		안	녕		안 녕	하	세	요		
감	사		감	사		감 사	합	니	다		

6) 세마치

(1) 정의

조금 빠른 3박의 장단, 3분박 3박으로 나뉘므로 보통 9/8박으로 표기됨

(2) 구음

흔		들	흔		들	흔	들	

(3) 연습

덩			덩		덕	궁	덕	
덩			덕		덕	궁	덕	

(4) 실습

덩			덩		덕	궁	덕	
더	덩		덩		덕	궁	덕	
더	덩		덩		덕	궁	덕	
더	덩		덩			딱		

덩			덩		덕	궁	덕	
더	덩		덩		덕	궁	덕	
더	덩		덩		덕	궁	덕	
더	덩		덩			딱		

7) 타령

덩			덕		덕	덩		덕	궁		

06 노래 부르며 장단 익히기

1) 휘모리 장단 익히기

(1) 이 박 저 박

이 박 저 박 꼰지박 하늘에 올라 조롱박

다 따먹은 난두박 처마 끝에 대롱박

꼬부랑 막대 탁치니 꼬부랑 꼬부랑 꼬부랑 깽

이 박 저 박

권태룡 채보

(2) 밭갈이 가세 (어디만큼 강가)

(밭갈이 가세 밭갈이 가세)

어디만큼 강가 당당 멀었네

이리좌라 쟁기질 묵은 밭에 따부질

권태룡 채보

2) 동살풀이 장단 익히기

(1) 손치기 발치기

* 손치기 손치기 손으로 친다고 손치기
발치기 발치기 발로 친다고 발치기

앞산에 뒷산에 진달래 울긋불긋 피었네
진달래 꽃잎 똑 따다가 예쁜 화전 만드세

손 치기 발 치기

권태룡 채보

(2) 옹헤야

옹헤야 (옹헤야) 우리 모두 (옹헤야)
흥겨웁게 (옹헤야) 노래하세 (옹헤야)

산도 좋고 (옹헤야) 물도 좋고 (옹헤야)
살기 좋은 (옹헤야) 금수강산 (옹헤야)

아침에도 (옹헤야) 저녁에도 (옹헤야)
우리 모두 (옹헤야) 노래하세 (옹헤야)

* 에헤에헤 (옹헤야) 어절시구 (옹헤야)
잘도 논다 (옹헤야)

옹헤야

권태룡 채보

3) 자진모리 장단 익히기

(1) 실구대 소리

실구대 실구대 실구대틀이 늘어가네 앞들에 일 나간 엄마 빨리 돌아오소

꼬꾸대 꼬꾸대 꼬꾸대틀이 늘어가네 앞들에 일 나간 아빠 빨리 돌아오소

절이세 절이세 배추 김치 절이세 앞들에 일 나간 아빠 엄마 돌아오소

실구대 소리

권태룡 채보

(2) 둥개 둥개 둥개야

둥개 둥개 둥개야 두둥 둥개 둥개야
날아가는 학선아 구름 밑에 신선아
얼음 밑에 수달피 썩은 나무에 부엉이
둥개 둥개 둥개야 두둥 둥개 둥개야

둥개 둥개 둥개야

권태룡 채보

(3) 군밤타령

바람이 분다 바람이 불어(분다) 연평 바다에 어허 얼싸 돈바람(바람이) 분다

눈이 온다 눈이 온다 이 산 저 산에 어허 얼싸 흰 눈이 온다

개가 짖네 개가 짖네 눈치 없이도 어허 얼싸 함부로 짖네

* 얼싸 좋네 하 좋네 군밤이여 -에헤라 생률밤이로구나

군밤타령

권태룡 채보

(4) 통영 개타령

개야 개야 검둥개야 (개야 개야 검둥개야)

개야 개야 검둥개야 (개야 개야 검둥개야)

가랑잎만 달싹해도 짖는 개야 (가랑잎만 달싹해도 짖는 개야)

청사초롱 (청사초롱) 불 밝혀라 (불 밝혀라)

우리 님만 오시거든 (우리 님만 오시거든)

개야 개야 검둥개야 (개야 개야 검둥개야)

짖지를 마라 (짖지를 마라) 짖지를 마라 (짖지를 마라)

멍멍 (멍멍) 멍멍 (멍멍) 짖지를 마라 (짖지를 마라)

통영 개타령

권태룡 채보

(5) 호랑이와 곶감 (권태룡 곡)

* 옛날에 옛날에 갓날에 갓날 호랑이 한 마리 살았더래요

어흥 (어흥) 어흥 (어흥) 호랑이가요 (호랑이가요)

산속을 내려와 (산속을 내려와) 마을을 기웃기웃 (마을을 기웃기웃)

으앙 (으앙) 으앙 (으앙) 우는 아이 (우는 아이)

그칠 줄 모르고 (그칠 줄 모르고) 엄마는 달래보죠 (엄마는 달래보죠)

호랑이다 (호랑이다) 울어대고 (울어대고)

곶감이다 (곶감이다) 뚝 그쳤죠 (뚝 그쳤죠)

호랑이보다 더 무서운 건 맛있는 곶감이죠

* 어흥 (어흥) 어흥 (어흥) 어흥----

호랑이와 곶감

자진모리

권태룡 작곡 / 권태룡 작사

산 속 을 내 려 와
그 칠 줄 모 르 고
마 을 을 기 웃 기 웃
엄 마 는 달 래 보 죠
호 랑 이 다
울 어 대 고
곶 감 이 다
뚝 그 쳤 죠
호 랑 이 보 다
더 무 서 운 건
맛 있 는 곶 감 이 죠
어 흥
어 흥
어 흥

4) 세마치 장단 익히기

(1) 아리랑

아리랑 아리랑 아라리요 아리랑 고개로(를) 넘어간다

나를 버리고 가시는 님은 십리도 못가서 발병난다

아리랑

권태룡 채보

(2) 도라지 타령

도라지 도라지 백도라지 심심산천에 백도라지

한 두 뿌리만 캐어도 대바구니 철철철 다 넘는다

* 에헤요 에헤요 에헤-요 에야라 난다 지화자 좋다

얼씨구 좋구나 내 사랑아

도라지 타령

권태룡 채보

(3) 진도 아리랑

* 아리 아리랑 쓰리 쓰리랑 아라리가 났네

아리랑 응(음)- 아라리가 났네

문경 새재는 웬 고-갠가

구부야- 구부 구부가 눈물이 난다

진도 아리랑

권태룡 채보

(4) 밀양 아리랑

* 아리 아리랑 쓰리 쓰리랑 아라리가 났네
아리랑 고개로 날 넘겨 주소

날 좀 보소 날 좀 보소 날 좀 보소
동지 선달 꽃 본 듯이 날 좀 보소

밀양 아리랑

권태룡 채보

(5) 너영 나영

아침에 우는 새는 배가 고파 울고요
저녁에 우는 새는 임이 그리워 운다

백록담 올라갈 때 누이동생 하더니
(백록담 올라갈 때 서먹하던 친구가)
한라산 올라서니 신랑 각시가 되었네
(한라산 올라서니 다정한 친구 되었네)

* 너영 나영 두리둥실 놀고요
낮에 낮에나 밤에 밤에나 참(내) 사랑이로구나

너영나영

권태룡 채보

5) 굿거리 장단 익히기

(1) 뱃노래

* 어기야 디여-차 어기야 디여- 어기여차- 뱃놀이 가잔다

부딪히는 파도소리(에) 잠을-(단잠을) 깨우니-

들려오는- 노(젓는) 소리 처량도 하구나-

뱃 노래

권태룡 채보

(2) 천안 삼거리

천안 삼거리 흥- 능수야 버들은 흥-

제 멋에 겨워서- 축(휘) 늘어 졌구나 흥-

에루화 에루화 흥- 성화가 났구나 흥-

천안 삼거리

권태룡 채보

(3) 늴리리야

* 늴리리야 늴리리야 니나노 난실로 내가 돌아간다

* 늴- 늴리리 늴리리야

청사초롱 불 밝혀라 잊었던 그 님(낭군)이 다시 돌아왔네(온다)

늴리리야

권태룡 채보

6) 중모리 장단 익히기

(1) 상주 모심기

상주 함창 공갈 못에 연밥 따는 저 처자야
연밥 줄밥 내 따주마 우리 부모(님) 섬겨주오(모셔다오)

이빼미 저빼미 다 심어 놓고 또 한 빼미(만) 남았구나
지가야(네가야) 무슨 반달이냐 초생달이 반달이지

이 물꼬 저 물꼬 다 헐어놓고 쥔 네 양반 어디 갔나
장터 안에 첩을 두고 첩에 방에 놀러갔소

모시야 적삼에 반쯤 나온 연적 같은 젖 좀 보소
많이야 보면 병 난단다 담배씨만큼 보고 가소

상주 모심기

권태룡 채보

1.상 ㅡ주 함 ㅡ창 공 갈 ㅡ 못 ㅡ 에 ㅡ ㅡ ㅡ
연 밥 ㅡ ㅡ ㅡ 따 ㅡ 는 저 처 자 ㅡ 야
또 한 ㅡ ㅡ ㅡ 빼 ㅡ 미 남 았 구 ㅡ 나
연 밥 ㅡ ㅡ ㅡ 줄 ㅡ 밥 ㅡ ㅡ ㅡ 내 따 ㅡ 주 ㅡ 마 ㅡ ㅡ ㅡ
네 가 야 ㅡ ㅡ 무 ㅡ 슨 ㅡ ㅡ ㅡ 반 달 ㅡ 이 ㅡ 냐 ㅡ ㅡ ㅡ
우 리 ㅡ ㅡ ㅡ 부 모 님 모 셔 다 ㅡ 오
초 생 ㅡ ㅡ ㅡ 달 ㅡ 이 반 달 이 ㅡ 지
Fine
2.이 빼 ㅡ 미 저 빼 ㅡ 미 다 심 어 놓 ㅡ 고 ㅡ ㅡ ㅡ
D.S.

(2) 새야 새야

새야 새야 파랑새야 녹두밭에 앉지 마라

녹두꽃이 떨어지면 청포장수 울고 간다

새야 새야 ①

권태룡 채보

새야 새야 ②

권태룡 채보

(3) 비자나무

물팍 밑에다 골뮈 잃고서 골뮈 찾기가 난감하구나(도다)

비어리어리 비어리어리 비자나무야- 비자나무야-

비자나무에 연이 걸려- 앉네

비자나무

권태룡 채보

7) 기타 익히기

(1) 꼬마야 꼬마야

① 꼬마야 꼬마야 줄을 넘어라

꼬마야 꼬마야 뒤로(를) 돌아라

꼬마야 꼬마야 땅을 짚어라

꼬마야 꼬마야 만세를 불러라

꼬마야 꼬마야 잘 가거라

꼬마야 꼬마야

권태룡 채보

② 꼬마야 꼬마야 뒤로(를) 돌아라
돌아서 돌아서 땅을 짚어라
짚어서 짚어서 만세를 불러라
불러서 불러서 잘 가거라

③ 할머니 들어왔다 두부장수 들어왔다
색시 들어왔다 모두 들어왔다
할머니 ( ) 두부장수 ( )
색시 ( ) 모두 ( )

(2) 여우야 여우야

한고개 넘어간다 아이고 다리야
두고개 넘어간다 아이고 (　　　)
세고개 넘어간다 아이고 (　　　)

여우야 여우야 뭐하니 잠잔다 / (　　　)
여우야 여우야 뭐하니 세수한다 / (　　　)
여우야 여우야 뭐하니 밥 먹는다 / 무슨 반찬
(　　　) 반찬 / 죽었니 살았니
"살았다!" (또는 "죽었다!")

여우야 여우야

권태룡 채보

(3) 꼭꼭 숨어라

꼭꼭 숨어라
머리카락 보인다(보일라)
어디 어디 숨었니
나무 뒤에 숨었다

꼭꼭 숨어라
머리카락 보일라
어디 어디 숨었니
(　　　) 뒤에 숨었다

꼭꼭 숨어라

권태룡 채보

(4) 똑똑 누구십니까

똑똑똑 누구십니까
손님입니다 들어오세요
문 따주세요 철컥 하나 둘 셋 넷
(　　　)에 앉아라 아이구 뜨거워
(　　　)에 앉아라 아이구 차가워
(　　　)에 앉아라 아이구 엉덩이
(　　　)에 앉아라 아이구 더러워
못 앉겠어요 못앉겠음 빨리 빨리 나가주세요

똑똑 누구십니까

권태룡 채보

07 사물놀이 익히기

1) 사물놀이의 정의와 유래

사물놀이(四物놀이)는 사물(꽹과리, 징, 장구, 북)을 중심으로 연주하는 가락을 토대로 창작·발전시킨 풍물놀이 계열의 음악이다. 1978년 2월 28일 서울 원서동 공간사랑에서 창단된 사물놀이패에서 연주를 한 것이 사물놀이의 시작이다. 이들은 기존의 서서 하는(선반) 풍물놀이에 비해 앉아서(앉은반) 풍물가락을 실내 연주에 적합하게 재구성하였다. 주로 영남농악, 웃다리농악, 호남우도농악, 삼도농악, 삼도설장구, 비나리 등을 연주한다. 오늘날 사물놀이는 전통적이지만 새롭게 창안된 음악답게 관현악단과 협연하거나 재즈 밴드와 함께 공연하는 등 다양한 이색 활동을 펼치기도 한다.

2) 사물놀이와 풍물놀이의 차이점

가장 일반적인 말이 '풍물놀이'이며 최근에는 사물놀이패가 생기면서 '사물놀이'라고 불리기도 하지만, 엄연히 풍물놀이와 사물놀이의 개념은 구분되어야 할 것이다. 그리고 옛날 마을에서는 지역과 굿을 하는 목적에 따라 굿, 매구, 매구굿, 풍물, 풍장, 두레, 걸궁, 걸립 등 다양한 이름으로 불려 왔다.

이러한 여러 가지 말들이 어떻게 쓰여 왔으며 앞으로 어떻게 쓰는 것이 바람직한 것인가를 생각해 봐야 할 것이다.

	풍물놀이	사물놀이
연주 장소		
연주 형태		
연주 시간		
연주 인원		
연주 목적		
가락 특징		
관객 참여		
잡색 역할		
계획성		

3) 사물놀이의 실습 ⇒ 영남 사물놀이 가락을 중심으로

■ 별 따세 별 따세

(1) 내드름

일채 장단

(2) 휘모리

덩		덩		덩		덩	
덩		덩		㉠궁	덕	㉠궁	

(3) 인사굿

덩	덩		덩	덩		더더	덩	덩	덩		딱

(4) 군령

A : 어이 친구들

B : 예이

A : 오늘같이 좋은 날에(000원 000날을 맞이하여)

쿵그라 캥캥 쿵그라 캥캥 사물놀이만 할 것이 아니라

저 하늘에 올라가 별이나 한번 따보세

B : 거 좋지(그러세)

(5-1) 별 따세(도입 사설)

A+B : 별 따세 별 따세 하늘에 올라 별 따세

(5-2) 별 따세(본 가락)

덩		덩		(궁)	덕	(궁)	
궁	덕	(궁)	덕	(궁)	덕	(궁)	
궁	덕	(궁)		궁	덕	(궁)	
궁	덕	(궁)	덕	(궁)	덕	(궁)	

(5-3) 별 따세(본 사설 + 사잇가락)

1. 별 하나 따다가(탱자나무 걸고) (　　　) 소원 빌고

덩		덩		(궁)	덕	(궁)	
궁	덕	(궁)	덕	(궁)	덕	(궁)	

2. 별 둘 따다가(탱자나무 걸고) (　　　) 소원 빌고

덩		덩		(궁)	덕	(궁)	
궁	덕	(궁)	덕	(궁)	덕	(궁)	

3. 별 셋 따다가(탱자나무 걸고) (　　　) 소원 빌고

덩		덩		(궁)	덕	(궁)	
궁	덕	(궁)	덕	(궁)	덕	(궁)	

4. 별 넷 따다가(탱자나무 걸고) (　　　) 소원 빌자

(5-4) 별 따세 (맺음 사설 + 난타)

다 땄다

(6) 덧배기(주는 가락 + 받는 가락)

개	개	개	개	개	개	개	개	개	개	갱	

징											
궁		덕	궁		덕	궁		덕	궁	덕	
둥			둥			둥			둥		

(7-1) 자진모리(첫 번째 가락)

덩			↑딱↑			(궁)		덕	(궁)	덕	
더	덩		더	덩		덩		덕	궁	덕	

(7-2) 자진모리(두 번째 가락)

덩		덕	(궁)	덕	

(8) 휘모리

덩		덩		덩		덩	
덩		덩		(궁)	딱	(궁)	

(9) 인사굿

덩	덩		덩	덩		더더	덩	덩	덩		딱

제 04 장

전래동요의 실제

01 전래동요의 이해

1) 전래동요의 정의

전래와 동요라는 두 단어가 결합하여 하나의 복합적인 의미를 갖는 용어이다.

국어 대사전(1991)에서는 전래란 '조상 때부터 전해 내려온'으로 정의되고 있으며, 동요란 '어린이들이 부르는 구전 가요로써, 어린이들의 생활 감정이나 심리를 나타낸 정형시이며 동시보다는 율동적이고 민요적'이라고 정의하였다.

이를 정리하여 보면 전래동요란 '어린이들의 생활 감정이나 심리를 나타낸 조상 때부터 전해 내려온 어린이들의 가요'로 정의할 수 있다.

2) 전래동요의 의의

① 전래동요에는 아이들이 좋아하는 모든 것들이 소재로 등장한다.

② 전래동요에는 아이들에게 가족애, 우정, 효도, 형제애, 인간존중사상 등 우리의 전통적인 가치나 보편적 감정을 공유할 수 있는 기회를 제공해 준다.

③ 전래동요에는 놀이나 동작을 동반하는 경우가 많아 인간성이 풍부해지고 단합심, 사랑이 키워진다.

④ 전래동요를 보면 오늘날의 인위적인 교육에 비하여, 아이들 스스로 모방하고 스스로 만들어 냄으로써 창의성을 자연스럽게 이루게 해 준다.

⑤ 전래동요는 모국어와 연결되어 있다. 즉 민족의 보편적인 감정을 이해하고 공유할 수 있으며 아이들의 민족 정체감과 문화 정체감을 형성하는 데 있어 매우 중요하다.

⑥ 전래동요는 다양한 리듬, 박자, 빠르기, 강약 놀이로 되어 있어 많은 음악적 능력을 배양할 수 있다.

⑦ 전래동요는 짧고 선율적이고 외우기 쉬우므로 흥미롭고 비압력적인 상황에서 문화를 배우는 데 필요한 문자적 기술 획득의 기회를 제공한다.

⑧ 전래동요의 노랫말은 여러 가지로 나타나고 있다.

의성어, 의태어가 많이 쓰이기도 하고 한자어가 자주 등장하기도 하고, 순수 우리말만 사용되기도 한다.

그리고 노랫말은 문답형식이 오는 경우도 있고 선창, 후창 형식이 사용되기도 한다. 사실성을 가진 이야기가 자주 등장하고, 사회를 아이들의 마음으로 순수하게 풍자한 경우도 있다.

3) 전래동요의 교육적인 가치

(1) 즐거움을 준다

전래동요에는 여러 가지 유형의 반복적 특징이 있는데, 이러한 반복적 요소는 유아의 기억력과 이해력을 돕고 즐거움을 준다. 유아들은 쉬운 것을 계속 반복하는 것을 좋아하는데, 전래동요에는 이러한 요소들이 곳곳에 있으며, 이들은 즐겁게 반복하는 가운데서 전인성과 음악성이 개발될 수 있을 것이다.

(2) 언어의 발달을 돕는다

음악은 언어에 리듬과 선율이 붙게 됨으로써 만들어진다고 볼 수 있으므로,

전래동요에 내포된 언어가 바로 전래동요의 핵심이라고 볼 수 있다. 그 핵심에 피와 살이 붙은 것이 바로 전래동요라고 볼 수 있겠다. 유아들이 전래동요들을 부르는 가운데, 유아들은 어휘력이 키워질 뿐만 아니라 어휘의 개념을 파악할 수 있으며, 관련된 언어에 대한 인식이 넓혀진다고 볼 수 있다.

(3) 간접 경험의 폭을 넓혀 준다.

다양한 소재를 가진 전래동요는 생활 체험의 범위가 좁은 유아들에게 경험의 폭을 넓혀주고, 현실세계의 한계를 벗어날 수 있게 해 주며 가족애, 효심, 우정, 애국심의 신장을 도와줄 수 있다.

(4) 사회성 발달을 돕는다.

한국 전래동요 가운데에는 놀이하면서 부르는 노래를 많이 찾아볼 수 있는데, 이러한 동요는 협동심, 승부감 등을 일으켜 주기 때문에 사회성을 배가시킬 수가 있다.

(5) 신체적 발달을 돕는다.

유아들은 대근육과 소근육을 이용하여 소공간 및 대공간적 전래동요 놀이를 하는 가운데, 신중하면서도 활발한 신체적 움직임을 통하여 신체 발달을 적극적으로 도모하게 된다. 옛적에는 시간 제약을 거의 받지 않고 무척 긴 시간 동안 움직이는 놀이가 대체적으로 많은데, 이러한 놀이를 오늘날의 형세에 맞추어 변형한다면 유아들의 대공간적 신체 동작에 많은 발달을 도모할 수 있을 것이다.

(6) 음악적 경험을 제공한다

한국 전래동요가 지니고 있는 리듬과 선율은 타국의 것과 비교하여 훨씬 세련되어 있으며 예술성이 뛰어나고 차원이 높다고 자타가 인정하는 바이다.

예술가들이 특별히 다듬어 낸 것도 아닌, 평범한 서민들이 평범한 생활 속에서 자연스럽게 자신들의 서정이나 심리나 문화를 중얼거리면서 언어로 뱉어 낸 것들이 민요이며 전래동요인데, 외국인들이 감히 흉내 내기조차 어려우나, 우리들은 아주 쉽게 소화해 내며, 선율의 움직임은 그 자체가 음악 예술적 흐느낌이며, 인간 철학의 해답이다. 유아들이 한국 전래동요를 읊조리게 되면 세상에 가장 우수한 음악을 체험하게 되며 그로 인하여 훌륭한 음악적 경험을 하게 되는 것이다.

(7) 창의성을 개발할 수 있다.

우리나라 전래동요는 동시임과 더불어 동요이다. 자연 발생된 이야기와 리듬과 멜로디가 아동의 연령, 때, 장소에 따라 즉흥적으로 창조됨으로써 유머와 즐거움을 곁들인 어휘 개념의 형성에 공헌하게 된다고 본다.

또한, 동요가 어느 예술 분야보다도 독자적인 성격을 띠고 전래되어 온 것은 동요가 미완성의 상태에서 나머지 부분을 아동들이나 어른들이 즉흥적으로 꾸며서 점차 완성시켜 나감으로써 독창성을 길러주었기 때문이다. 전래동요의 속성이 곧 즉흥적으로 만들어지는 것이며, 자연스럽게 만들어지는 것이며, 어느 누구가 미완성으로 두었더라도 다른 사람이 덧붙여 완성해 나가며 완성된 것을 또다시 시대나 상황에 따라 변천시켜 나가는 것이므로 창의성 그 자체이다.

유아가 개인, 또는 단체에 의한 전래동요 놀이를 하는 가운데 노랫말, 리듬, 멜로디, 놀이 형태 등에 무수한 창의성을 시도할 수 있다고 본다.

(8) 한 겨레의 고유한 정신과 문화를 계승, 발전할 수 있는 기회를 제공한다.

오늘날의 유아들이 자신의 뿌리를 찾기 위하여 혈맥을 추적해 볼 수 있도록 기회를 주는 것은 교사로서의 중요한 역할이다. 과거를 모르는 현재는 미래에 희망을 가질 수가 없다고 본다. 과거의 멋을 향유했을 때, 비로소 미래 지향적인 아이들을 기대할 수 있게 된다.

4) 전래동요 지도를 위한 교육의 전제

① 유아의 음악적 성장 발달에 맞는 자료를 선택해야 한다.
② 유아교육기관의 연간 교육계획안과 결부되어야 한다.
③ 유아들의 경험과 세계에 결부되어야 한다.
④ 전래동요의 노랫말이나 음악적 흐름이 유아들의 성향에 결부되어야 한다.
⑤ 교육적인 의미와 예술적인 가치가 있는 곡을 선택하여야 한다.
⑥ 단계적·체계적인 음악 성장이 이루어질 수 있도록 편성해야 한다.
⑦ 음악의 여러 영역과 여러 가지 방법이 동원되어야 한다.
⑧ 노래 중심에서 놀이 중심으로 知, 情, 意 중심의 전래동요로 분류해서 교대로 적절하게 안배해야 한다.
⑨ 놀이 중심의 전래동요는 소공간과 대공간, 소집단과 대집단, 소근육 발달과 대근육 발달, 실내놀이와 실외놀이 등을 고려하여 안배해야 한다.
⑩ 연간 매일의 음악 수업이 이루어지도록 하고, 매일 15~20분간의 수업이 가능하도록 계획한다.

5) 전래동요 지도 방법

(1) 가사의 지도

① 가사를 읽으면서 분위기를 느끼게 한다.
② 가사에 담긴 생활모습과 감정 등을 살펴본다.
③ 즉흥 가사를 만들어 노래해 본다.

(2) 가락(음)의 지도

① 악보에 얽매이지 말고 말하듯 자연스럽게 억양을 살려 부르게 한다.
② 의미가 담긴 중요한 부분은 강조하고 조사나 어미 부분은 가볍게 흘

려 부르게 한다.

③ 의성어·의태어는 실감나게 부른다.

④ 박자표나 조표, 계이름 등에 얽매이지 말고 지도한다.

(3) 장단의 지도

① 정확한 장단을 치기보다는 가볍게 박자치기를 할 수 있도록 지도한다.

② 박자치기가 숙달되면 기본적인 장단을 지도한다.

(4) 놀이의 지도

① 원래의 놀이모습을 재현해 준다.

② 놀이를 변형시켜 지도한다.

③ 유아들이 직접 창작하여 놀이할 수 있도록 지도한다.

6) 전래동요 지도의 유의점

① 1회에 15분~30분 이상의 지도가 되지 않도록 해야 한다.

② 한 곡의 전래동요를 가르치기 위해서 여러 가지 다양한 교재·교구 및 자료가 제시되어야 한다.

③ 반복 학습하여 즐거움을 배가시킨다.

④ 다양한 견문을 넓혀주기 위한 방편으로 사용해야 한다.

⑤ 악기 지도 시 국악기와 서양악기의 음색대비를 느끼도록 하고, 다양한 악기의 음색을 경험하게 하고, 서로 다른 악기의 만남으로 아름다운 조화를 맛보게 한다.

⑥ 올바른 듣기 교육과 가능하다면 원형의 놀이 교육을 실시한다.

⑦ 모방을 통한 창작을 할 수 있도록 해야 한다.

⑧ 놀이를 할 경우, 지나친 경쟁심을 배제하고, 즐거운 놀이 그 자체에 의미를 두도록 한다.

7) 전래동요의 이해를 위한 동요의 분류

(1) 역사적인 분류

역사적으로 볼 때, 네 가지 개념으로 이해될 수 있다.

① 고대 참요로써의 성격을 가진 동요로 예언적 기능을 가진 동요

② 순수하게 구전되어 왔던 아동의 노래로써 구전동요라고 지칭하며 일반적인 전래동요가 여기에 속한다.

③ 현대아동문학가로서 작가가 창작한 창작동요로 이는 현대아동문학의 5대 장르 중 하나로 꼽힌다.

④ 현대음악용어로서의 동요로써 가사가 어떤 것이든 아동이 부르기에 적합한 곡으로 이뤄진 것을 말한다.

(2) 형태적인 분류

전래동요와 창작동요로 크게 나눌 수 있으며, 전래동요는 구비문학의 일종이므로 구비문학의 모든 속성을 지닌다고 할 수 있다.

- 동요
  - 전래동요
    - 기재동요
      - 문헌창작동요
      - 소설삽입동요
    - 구전동요
      - 사적구전동요
      - 일반구전동요
      - 근대구전동요
  - 창작동요
    - 문헌창작동요
    - 소설삽입동요

기재동요라 함은 구전되는 과정에서 문헌에 종착, 기재된 것을 말하며, 그중 〈문헌창작동요〉는 일찍 옛 문헌에 기록된 것으로 시대상, 여론, 민심 등을 반영하는 노래로 지어져 위정자들의 관심을 끌었으며, 역사적 사실과 함께 기록에 남게 된 것을 말한다. 또 〈소설삽입동요〉는 고대소설이나 판소리 등의 내용에 삽입, 인용되어 현재까지 전해진 것을 말한다.

구전동요는 시대의 흐름에 따라 첨삭, 소멸되고 다시 발생되는 과정을 거치다가 현대에 와서야 정리된 것으로, 〈사적구전동요〉는 어떤 역사적 관련 속에서 이뤄진 동요를 말하며 "강강술래"에 등장하는 놀이노래가 그 좋은 예이다.

권태룡은 〈일반구전동요〉는 반드시 혼자 또는 둘 이상의 여럿이 함께하는 놀이를 포함하고 있으며, 그 놀이의 기능적인 부분으로 분류하면 동물요, 식물요, 놀리는요, 무언가를 바라는요, 말놀이요, 애무요, 유희요, 만들며 노는요 등으로 분류할 수 있으며, 현존하는 대부분의 전래동요가 여기에 속하며 대부분 자연친화적이라고 주장한다.

또 권태룡은 〈근대구전동요〉를 시대의 흐름에 따라 첨삭·소멸되고 다시 발생되는 과정을 거치다가 근대시기에 와서 정착되어졌거나, 또는 그 발생시기가 근대사 이후에 처음 등장한 것으로 추정되는 노래로써, 그 음악적 형식이 민속음악보다는 근대음악의 영향을 더 많이 받은 것이라고 주장한다.

창작동요란 전래동요와 다르게 어른이 어린이를 위해 창작한 동요로써 아동문학에 포함되는 한 장르이며, 동시에 아동음악의 한 부류이다.

창작동요의 초기 형태로는 문학적 의미가 다소 강한 아동예술의 형태인 문학적 동요가 대부분을 차지했으나, 자유율의 출현으로 동시창작이 많아짐으로써 그 발전이 정체되기에 이르렀고 음악적 형태를 가진 창작동요는 현대에 이르러 아동음악으로서의 음악적 동요로 정착되는 변천과정을 거치게 된다.

(3) 내용적인 분류

① 문학적인 면에서의 비교

	전래동요	창작동요
음수율	주로 4·4조에 기초한 4·3조, 3·4조, 3·3조	대부분 7·5조의 음수율을 가짐
어휘 능력 발달	단계별 어휘능력 개발을 고려함	일정연령의 아동만 가능
낱말 유추	사물의 특징과 낱말을 조화	연계성 없음
노래 형태	선창과 후창의 공동체적 노래가 많음 독창, 이중창, 집단 노래 등 다양한 형태가 존재	독창, 이중창, 돌림노래
가사의 길이	이야기식의 가사로 아주 길거나 아주 짧음	일정하며 절 구분이 뚜렷함
지방어	지방어 특성이 존재	지방어 특성이 없이 일정함 표준어 사용
표현방식	집단적인 노래가 많음	독백식의 노래가 많음

② 음악적인 면에서의 비교

	전래동요	창작동요
기초음계	완전 4도와 단3도에 기초한 5음 음계	서양음악에 기초. 5음 음계에서 7음 음계로 확대
박자	6/8, 9/8, 12/8박자 등의 리듬패턴이 존재 굿거리, 진양, 중모리, 자진모리, 휘모리 등의 전통 음악 장단을 바탕	2/4, 3/4, 4/4, 6/8 박자의 다양한 2박 계열과 3박 계열이 존재
지방별 특성	존재	존재하지 않음
곡의 유사성	거의 모든 곡이 선율과 리듬 면에서 유사	노래마다 다양한 선율과 리듬을 가짐
전파 방식	구전 (즉흥성과 창의성이 독특)	악보상에 기록
음악구조의 발달단계별 변화양상	아동의 음악 감각 발달단계에 따른 놀이노래구조의 변화를 볼 수 있음	발달 단계별 변화 없이 일괄되게 불려짐

02 전래동요의 실제

1) 근대적인 전래동요

(1) 우리 집 옆 집

우리 집 옆 집 도둑괭이가 / 연지 곤지 바르고 눈썹 그리고
속옷이 없어서 사러 갈 때에 / 한강 다리 건너가다가
사람들이 많으니까 쏙 들어 갔다네

우리 집 옆 집

권태룡 채보

(2) 황새다리 물개똥

황새다리 물개똥 / 해 넘어간다 밥 해라
업어줘도 깽깽 안아줘도 깽깽 / 알아 맞춰라

황새다리 물개똥

권태룡 채보

(3) 앞에 가는(면)

① 앞에 가는 도둑놈 / 뒤에 가는 양반 / 가에 가는 꽹새

② 앞에 가면 신하 뒤에 가면 ( ) / 앞에 가는 신하 방구 뀌지 마라
뒤에 가는 ( ) 기분 나쁘다 / 앞에 가면 양반 뒤에 가면 ( )
앞에 가는 양반 방구 뀌지 마라 / 뒤에 가는 ( ) 기분 나쁘다

③ 앞에 가면 신하 뒤에 가면 ( ) / 앞에 가면 ( ) 뒤에 가면 경찰
앞에 가면 양반 뒤에 가면 ( ) / 앞에 가면 대장 뒤에 가면 ( )

앞에 가면

권태룡 채보

(4) 돼지 붕알

엄마야 뒷집에 강께 돼지 붕알 삶드라

쫌 주드나 쫌 주드라 맛 좋드나 맛 좋드라

꾸꾸 꾸릉내 나드라 찐찐 찐내(찌릉내) 나드라

돼지붕알

권태룡 채보

(5) 춥대장 덥대장

춥다 춥다 춥대장 덥다 덥다 덥대장 / 이웃대장 놋대장 건너대장 댓대장

춥대장 덥대장

권태룡 채보

(6) 밖에 손수레

밖에 손수레 발통 누가 돌렸노
집에 와서 생각하니 내가 돌렸지

밖에 손수레

권태룡 채보

(7) 나무 장사

나무 장사 나무 얼마요 / 십 원입니다
아이고 비싸 아이고 비싸 저리 꼽쳐라

나무 장사

권태룡 채보

(8) 고바우 영감이

고고 고바우 영감이 / 고고 고개를 넘다가 / 고고 고개를 다쳐서

고고 고약을 바르니 / 고고 고대로 낫더래

고바우 영감이

권태룡 채보

(9) 개미야 개미야

개미야 개미야 / 니네 엄마 니네 엄마

허리 끊어지기 전에 / 빨리 빨리 풀어라

개미야 개미야

권태룡 채보

(10) 묵 내면 묵 내면

묵 내면 묵 내면 묵사발 / 찌 내면 찌 내면 꼬잡기(찌릉내)

빠 내면 빠 내면 빰빠대기 / 주먹뽕 가위뽕 바닥뽕(보자기뽕)

아무거나 냅시다(유리 항아리)

묵내면 묵내면

권태룡 채보

2) 일반적인 전래동요

(1) 찐득이 타령

찐득아 찐득아 쯧쯧쯧쯧 뭘 먹고 살았니 쯧쯧쯧쯧

오뉴월 염천에 쯧쯧쯧쯧 쇠다리 밑에 쯧쯧쯧쯧

대롱 대롱 쯧쯧쯧쯧 달렸다가 쯧쯧쯧쯧

비바람에 쯧쯧쯧쯧 뚝 떨어지니 쯧쯧쯧쯧

가는 행인 쯧쯧쯧쯧 오는 행인 쯧쯧쯧쯧

질겅밟아 쯧쯧쯧쯧 툭 터졌네 쯧쯧쯧쯧

시꺼먼 피가 쯧쯧쯧쯧 질겅 났네 쯧쯧쯧쯧

단개미는 쯧쯧쯧쯧 잔상 보고 쯧쯧쯧쯧
왕개미는 쯧쯧쯧쯧 상여 메고 쯧쯧쯧쯧
쉬파리는 쯧쯧쯧쯧 맏상제요 쯧쯧쯧쯧
모기란 놈 쯧쯧쯧쯧 복상제라 쯧쯧쯧쯧
덜궁덜궁 쯧쯧쯧쯧 덜궁덜궁 쯧쯧쯧쯧

(2) 문 열어라

문 열어라 밥상 드간다 문 열어라 밥상 드간다
니캉 내캉 둘이 먹자 얼싸 좋다 니캉 내캉 둘이 먹자
문 열어라 밥상 드간다 문 열어라 밥상 드간다
얼싸 좋다 니캉 내캉 둘이 먹자

문 열어라

권태룡 채보

(3) 주월 재월

주월 재월 내려오라 개똥범벅 (새똥범벅) 주마

주월 재월 내려오라 개똥범벅 허영 주마 (새똥범벅 허영주마)

주월 재월 내려오라 개똥범벅 주마

주월 재월

권태룡 채보

(4) 이촉강

이촉강 이촉강 이촉강 이촉강 맹맹 매애--

매롱 매롱 매롱 매롱 맹맹 매애--

들녘 들녘 들녘 들녘 맹맹 매애-- (뜨애애 --)

이촉강

권태룡 채보

(5) 테테 불써라

테테 불써라 / 테테 벌갱이 온나

테테 불써라 / 내(니) 눈에 온나

테테 불써라 / (   )

테테 불써라

권태룡 채보

(6) 새는 새는

새는 새는 남게 자고 쥐는 쥐는 궁게 자고
얹혀사는 딱따구리 나무 궁게 잠을 자고
납딱 납딱 송애 새끼 방구 밑에 잠을 자고
미끌 미끌 미꾸라지 꿍께 속에 잠을 자네
꼬꿀 꼬꿀 꼬꿀 할매 (   ) 품에 잠을 자고
오늘 왔는 새악(각)씨는 (   ) 품에 잠을 자고
우리 겉은 아이들은 (   ) 품에 잠을 자네

새는 새는

권태룡 채보

(7) 황새

황새야 덕새야 너- 집에 불났다
너 새끼 다 탄다 얼른 가서 불 꺼라 훠어이 훠어이 훠어이

저 산 넘어 넘어가라 훠어이 훠어이 훠어이

(8) 꼬부랑 할머니

꼬부랑 할머니가 꼬부랑 지팡이를 짚고 꼬부랑 강아지를 데리고
꼬부랑 고개를 넘어 가다가 꼬부랑 똥이 마려워 꼬부랑 뒷간에 가서
꼬부랑 똥을 누는데 꼬부랑 강아지가 들어와
꼬부랑 똥을 날름 먹어버렸지
꼬부랑 할머니가 꼬부랑 지팡이로 꼬부랑 강아지를 '딱' 때렸더니
꼬부랑 깽깽 꼬부랑 깽깽
'니 똥 먹고 천 년 사냐 내 똥 먹고 만 년 살지' 하며 달아났대요

꼬부랑 할머니

권태룡 채보

(9) 하마 하마 춤춰라

하마 하마 춤춰라 느 할애비 개똥밭에 장구치고 논다
요뿔 내고 춤춰라 조뿔 내고 춤춰라 솔솔이 나오너라
하마 하마 춤춰라 느 할애비 개똥밭에 장구치고 논다

하마 하마 춤춰라

권태룡 채보

(10) 나무 노래

가자 가자 감나무 오자 오자 옻나무 바람 솔솔 솔(소)나무

너하고 나하고 살구나무 방귀 뽕뽕 뽕나무

나무노래

권태룡 채보

(사설-방귀 뽕뽕 뽕나무)

(11) 할미 손은 약손이다

(애기, 배 아프니? 응, 할머니 배 아퍼. 내 문질러 주까?)

할머이 손은 약손이다 우리 애기 배는 똥배구 할머이 손은 약손이다

할머이 손은 약손이구 우리 애기 배는 똥배다

쑥 내려 가거라 쑥 내려 가거라

할머이 손은 약손이구 우리 애기 배는 똥배다

(쑥 내려가거라 쑥 내려가 할머이 약 손으로 하면은 뭐

우리 애기 배 아플게 어딨어 쑥 내려가거라 쑥 내려가)

(12) 라이라

라이라 리따리 / 라이라 리따리요

리띠 리띠 리릴리 / 라이라 둥둥 라리요

라이라

권태룡 채보

(13) 엉꺼꾸 엉서방

엉꺼꾸 엉서방 자네 집이 어뎅공

이 산 저 산 넘어서 (   )이 내 집일세

엉꺼꾸 엉서방

권태룡 채보

(14) 풍뎅 할멈

풍뎅 할멈 마당 씁소

잣나무 퐁퐁 버드나무 퐁퐁

풍뎅할멈

권태룡 채보

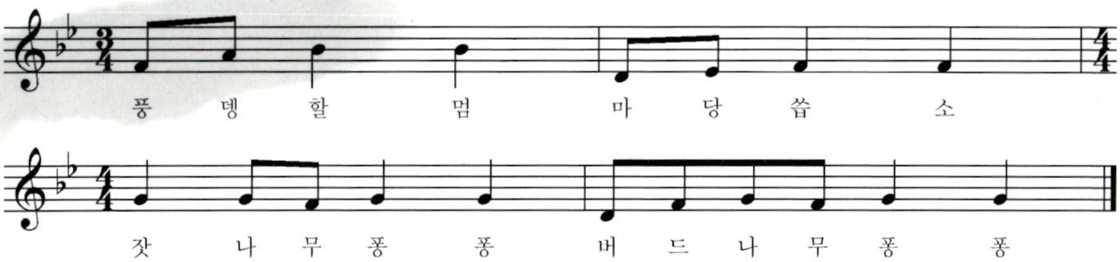

(15) 바람아 바람아 불어라 ①

바람아 바람아 불어라

대추야 대추야 떨어져라

야야 야야 주워라

어른아 어른아 말리라

할배여 할배여 야보소

(16) 바람아 바람아 불어라 ②

바람아 바람아 불어라 / 대추야 대추야 떨어져라

아가 아가 줏어라 / 친구야 친구야 뺏어라

엄마한테 일러라 (이놈 떽기 놈)

바람아 바람아 불어라

권태룡 채보

(17) 남생아 놀아라

남생아 놀아라 촐래촐래(절래절래)가 잘 논다

어화색이 저색이 곡우남생 놀아라

익사 적사 소사리가 내론다

청주 뜨자 아랑주 뜨자

철나무 초야 내 젓가락 나무접시 구갱갱

남생아 놀아라

권태룡 채보

3) 근대적인 + 일반적인 전래동요

(1) 하늘 천 따 지

하늘 천 따지 가마솥에 누렁지 박박 긁어서
오드득 오드득 씹어서 맛있게 먹자

하늘천 따지

권태룡 채보

(2) 철이뱅이 꽁꽁

철이뱅이 꽁꽁 앉을뱅이 꽁꽁
앉은 자래 앉거라 너 잡으러 내 간다
니캉 내캉 놀자
손가락도 뱅뱅 눈까리도 뱅뱅
날러가면 떨치고 달아나면 죽는다

(3) 자래야 자래야

자래야 자래야 금자래야
어떤 놈이 어른 앞에 방구를 퐁퐁 끼었노

(4) 핑딩이

핑딩아 핑딩아 마당 쓸어라 / 핑딩아 핑딩아 빙빙 돌아라

핑딩이

권태룡 채보

(5) 나비 나비 짱짱

나비 나비 짱짱 호랑나비 짱짱 / 흰 나비 짱짱 노랑나비 짱짱

나비 나비 짱짱

권태룡 채보

(6) 옛날 옛적에

옛날 옛적에 갓날 갓 적에 무자수 고려 적에
무명바지 조선 적에 나무접시 소년 적에 특수바리 영감 적에

금방댕기 처녀 적에 배고쟁이 새댁 적에 한벙거지 초립 적에
대꼬바리 두드릴 적에 헛기침 뱉을 적에 특수바리 영감 적에

집세기는 펍썩 미투리는 뽀지직 문풍지(는) 파르르
대문짝은 삐이거덕 귓부리는 쨍쨍 나막신은 딸깍

옛날 옛적에

권태룡 채보

(7) 어깨동무 ①

동무 동무 씨동무 보리가 나도록 씨동무

동무 동무 씨(개)동무 미나리 밭에 앉았다

어깨동무①

권태룡 채보

(8) 어깨동무 ②

동무 동무 어깨동무 어디든지 같이 가고
동무 동무 어깨동무 언제든지 같이 놀고

동무 동무 어깨동무 해도 달도 따라 오고
동무 동무 어깨동무 너도 나도 따라 놀고

어깨동무 ②

권태룡 채보

(9) 앞니 빠진 갈가쥐

앞니 빠진 갈가쥐 / 윗니 빠진 노장

그랑가에 가지 마라 / 파리 새끼 놀랜다

앞니 빠진 중강새

권태룡 채보

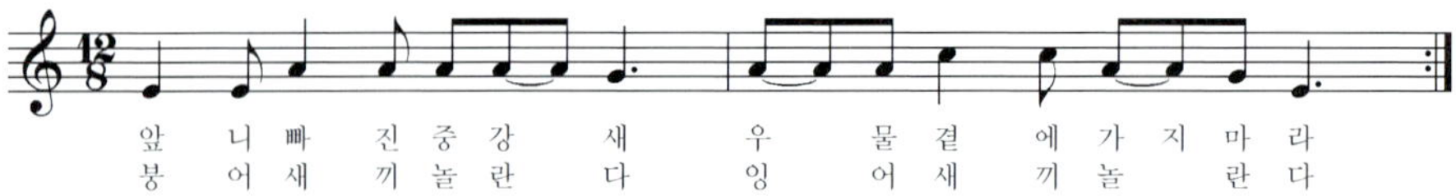

(10) 아가 딸아 문 열어라

아가 딸아 문 열어라 비단 짠다 구경 가자

들고 놓고 / 잘두 짠다 아가 딸아 문 열어라

아가 딸아 문열어라

권태룡 채보

4) 그림 그리며 즐기는 전래동요

(1) 아침 먹고 땡

아침 먹고(에도) 땡 저녁 먹고(에도) 땡 창문을 열어보니 비가 오더래

옥상에 올라가 지렁이가 세 마리 아이고 무서워 해골바가지

아침 먹고 땡

권태룡 채보

(2) 동글 동글 동그라미

동글(동그라미) 동글(동그라미) 동그라미

엄마 아빠 잘 있어요

6년 6년 36년, 6년 6년 (　　)

(3) 우그러진 냄비에

우그러진 냄비에 알사탕 세 개
아빠 두 개 엄마 한 개
66은 36, 66은 (   )

(4) 반짝 반짝 빛나는

반짝 반짝 빛나는 (   )에 갔더니
무엇을 살까 안경을 살까 오징어를 살까
돈이 없어 그냥 왔다

(5) 이씨 아줌마

이씨 아줌마 파마하세요
10원이래요 뭐라고?
6월 6일은 (   )타고
7월 7일은 (   )을 올라가요

(6) 숫자로 그림 그리기

3학년 친구가 안경을 썼는데 쪼각 쪼각 세 쪼각
(   ) 되더라
6학년 친구가 안경을 썼는데 쪼각 쪼각 세 쪼각
(   ) 되더라

5) 풀꽃놀이 전래동요

(1) 벌아 벌아 꿀 떠라

벌아 벌아 꿀 떠라
연달래 꽃 줄까
주게달래 꽃 줄까

벌아 벌아 꿀 떠라

권태룡 채보

(2) 꼬방 꼬방

꼬방 꼬방 장꼬방에 모래알로 밥을 짓고
꽃잎 따다 전 부치고 풀잎 따서 국 끓이자

꼬방 꼬방

권태룡 채보

(3) 중의 머리

중의 머리 것츨 것츨 각시머리 깡 - 깡
기름 발라 맷근 맷근 침칠해서 깡 - 깡

(4) 수박냄새 나라

수박냄새 나라 참외냄새 나라

(5) 신랑 방에 불 켜라

신랑 방에 불 켜라 각시방에 불 켜라

(6) 할마이 씨 내다오

할마이 씨 내다오
할마이 딸 시집갈 때
실꾸리 줄게 씨 내다오

제 05 장

국악율동의 실제

01 율동장구의 실제

1) 율동장구 타법 연습

(1) 연습곡 ① (굿거리 : 궁을 이용한 연습)

궁			궁			궁			궁		
(궁)			(궁)			(궁)			(궁)		
궁			(궁)			궁			(궁)		

(2)연습곡 ② (굿거리 : 궁과 덕을 이용한 연습)

덕			덕			덕			덕		
궁	덕		궁	덕		궁	덕		궁	덕	
(궁)	덕		(궁)	덕		(궁)	덕		(궁)	덕	

(3) 연습곡 ③ (굿거리 : 겹궁을 이용한 연습)

구궁			구궁			구궁			구궁		
(구)(궁)			(구)(궁)			(구)(궁)			(구)(궁)		
구궁			(구)(궁)			구궁			(구)(궁)		

2) 율동장구 연결, 맺음 연습

(1) 연습곡 ① (달아치기를 이용한 연습)

궁			(궁)			궁			(궁)		
궁			(궁)			궁			(궁)		
궁			(궁)			궁(신호)			(궁)		
궁(그만)			(궁)			궁(열)			(궁)(쑤)		

(2) 연습곡 ② (긴장과 이완을 이용한 연습)

궁		덕		궁		덕	
궁	덕	궁	덕	궁	덕	궁	덕
궁덕	궁덕	궁덕	궁덕	궁덕	궁덕	궁덕	궁덕

(3) 연습곡 ③ (인사를 이용한 연습)

덩		징		↑딱↑		징		인사	

3) 율동장구 실습

(1) 굿거리 장단(천안 삼거리)

궁			궁			궁			궁		
궁			궁			덩			↑딱↑		
(궁)			(궁)			(궁)			(궁)		
(궁)			(궁)			(궁)			(궁)		
궁			(궁)			궁			(궁)		
덩	덩		덩	덩		덩			↑딱↑		

덩		덕	궁	덕덕	덕	더르	르르	덕	더르	르르	덕
덩		덕	궁	덕덕	덕	덩		덕	궁		
덩	덩		덩	덩		(어			깨		춤)
덩	덩		덩	덩		덩		덕	궁		

(2) 세마치 장단

① 아리랑

덩			덩			덩		
더르	르르	르르	르르	르르	르르	덩		
(어				깨				춤)
덩			덩			덩		
덩			덩			허이		

덩			(궁)			덕		
더르	르르	르르	르르	르르	르르	덩		
(어				깨				춤)
덩			덩			덩		
덩			덩			허이		

② 진도 아리랑

덕			(오	른	팔	흔	들	기)
궁			(왼		팔	흔	들	기)
덩			덩			—		
⊃								
어			깨			짓		
(양팔	앞	으로	내	밀어		어	깨	춤)
덩			∨					
궁								
궁⃝			궁⃝			궁⃝		
(왼		팔		어		깨		춤)
궁			덕			덕		
궁⃝			덕			덕		
덩			덩			덩		
덩			—					

(3) 자진모리 장단 (군밤타령)

덩			덩			(어		깨		춤	)
덩			덩			↑딱↑			↑딱↑		
덩			덩			↑딱↑			↑딱↑		
덩			덩			⊂					
덩			덩			⊃					
덩			덩			–					

02 율동소고의 실제

1) 소고의 명칭

• 법고, 매구북, 매고, 작은북이라 일컫는다.

2) 율동소고 실습

(1) 굿거리 장단(천안 삼거리)

덩			덩			덩			덩		
덩			덩			덩			↑딱↑		
덩		딱	덩		딱	덩		딱	덩		딱
덩	더더	덩	덩	더더	덩	덩	덩→	덩→	덩	덩→	덩→
덩			덩			덩			↑딱↑		

(2) 세마치 장단(아리랑)

덩			덩			딱		
더	덩		덩			딱		
↑더르	르 르	르 르	르 르	르 르	르↑			
(어				깨				춤)

덩			~			~		
덩						㊐덩		
↑더르	르 르	르 르	르 르	르 르	르↑			
(어				깨				춤)

(3) 자진모리 장단(군밤타령)

덩			덩			(어		깨		춤	)
덩			덩			↑딱↑			↑딱↑		
덩			덩			↑딱↑			↑딱↑		
덩			덩			⊂					
덩			덩			⊃					
덩			덩			–					

03 국악율동의 실제

1) 국악동요를 활용한 국악율동

① 오시오 자시오 가시오(권태룡 작곡·작사)

가 사	설 명
오시오 하면	(원을 만든 상태에서 실시) 무릎 굽히면서 오른팔, 왼팔 아래로 펴기
오라는 줄	팔 흔들며 제자리 걷기
알고	손뼉 1번, 머리 1번 치기
자시오 하면	오른 손바닥, 왼 손바닥 차례로 펴기
먹으라는 줄	상대방에게 먹이는 시늉하기
알고	손뼉 1번, 머리 1번 치기
가시오 하면	오른손, 왼손 들어 안녕하기
가라는 줄	제자리 한 바퀴 돌기
아네	손뼉 1번, 머리 1번 치기
오시오	양손 펼쳐서 앞으로 이동
자시오	상대방에게 먹이는 시늉하기
가시오	안녕하면서 뒤로 물러나기

오시오 자시오 가시오

권태룡 작곡 / 권태룡 작사

② 소꿉놀이(권태룡 작곡·작사)

가 사	설 명
앞산에는	(A와 B가 서로 마주 보고 선 채로 시작) 눈 앞에 오른손 세우고, 왼손 세워서 산 만들기
빨강꽃요	A와 B는 양손으로 얼굴 밑에 턱을 받친 후, 꽃 흉내 내기
뒷산에는 노랑꽃요	앞과 동일한 동작
빨강꽃은 치마짓고	치마 잡듯이 양손을 차례로 펼치고, 가사 “고”에 앞뒤로 천천히 흔든다.
노랑꽃은 저고리 지어	오른손 가슴에 얹고 왼손 가슴에 얹고, 다시 왼손 밑으로(45°) 펼치고 오른손 밑으로 펼친다.
풀을 꺾어	허리를 숙여 풀을 꺾듯이 꺾어 들어 올린다.
머리하고	앞 친구의 머리에 씌어준다.

가 사	설 명
게등딱지	검지, 중지 손가락으로 집게 모양을 하고 양팔을 옆으로 펼친다.
솥을 걸어	비스듬히 옆으로 한 번 왔다 갔다 한다
흙가루로 밥을 짓고	손바닥이 마주 보게 위아래로 두고 모은다
솔잎일랑 국수 말아	오른손 검지, 왼손 검지를 차례로 세워 가슴 앞에서 위쪽으로 뱅글뱅글 돌린다
풀각시를	양손 가슴 앞에 나란히 놓는다
절 시키세	A는 90° 허리 숙여 절한다 B는 지켜보고 있는 상태
망건을 쓴 신랑일랑	A는 머리 숙여 절하고 있는 상태 B는 A의 옆으로 왔다가 제자리로 돌아온다
으흠	같이 무릎을 굽혔다 일어난다
꼭지 꼭지 흔들면서	오른손, 왼손 차례로 머리에 대고 엉덩이 흔든다
밥주걱에 물 마시네	AB(또는 ABAB……)가 모여 정면을 보고 서서 어깨동무를 한 채 몸을 좌우로 흔든다

소꿉놀이

굿거리

권태룡 작곡 / 권태룡 작사

③ 국악 어린이(권태룡 작곡·작사)

가 사	설 명
나는 국악 어린이	오른손 왼손 가슴에 포개어 앉았다 일어나기
나는 멋진 국악 어린이	오른손 왼손 차례로 엄지로 자신을 가리키며, 어깨를 으쓱거리기
착하고 신나고 예쁘게	턱 아래 두 손 꽃모양 만들기 → 양팔 옆구리 접은 상태에서 팔랑거리기 → 양손 검지로 두 볼에 터치하기
튼튼하고 솔직하고	양팔을 직각으로 세워서 흔들기 → 생각하는 시늉하기
남을 배려할 줄 아는	양팔을 크게 가슴 앞에서 원 만들어 움직이기
나는 국악 어린이	오른손 왼손 가슴에 포개어 앉았다 일어나기
나는 멋진 국악 어린이	오른손 왼손 차례로 엄지로 자신을 가리키며, 어깨를 으쓱거리기
착하고 신나고 예쁘게	턱 아래 두 손 꽃모양 만들기 → 양팔 옆구리 접은 상태에서 팔랑거리기 → 양손 검지로 두 볼에 터치하기

국악 어린이

자진모리 권태룡 작곡 / 권태룡 작사

④ 꼬부랑 깽 할머니(조영석 작곡·작사)

가 사	설 명
꼬부랑 깽 (×4)	오른손 검지 돌리고 찍기(×2) → 왼손 검지 돌리고 찍기(×2)
꼬부랑 할머니가	오른손 왼손 가슴에 X자 모양으로 포개기
꼬부랑 지팡이를 짚고	오른손으로 지팡이 잡는 시늉하기
꼬부랑 고개를 넘다가	오른 손등 왼 손등 턱 아래에 받쳐 목을 앞뒤로 움직이기
꼬부랑 똥이 마려워	양손을 엉덩이에 갖다 댄 후 마려운 표정 짓기
꼬부랑 뒷간에 가서	한 바퀴 돌기
꼬부랑 똥을 누는데	푸세식 변소에서 똥 누는 시늉하기
꼬부랑 강아지가 들어와	강아지처럼 네 발로 걷기

가 사	설 명
꼬부랑 지팡이로 때렸대	오른손으로 지팡이로 때리는 시늉하기
꼬부랑 깽 (× 4)	일어나면서 오른손 검지 돌리고 찍기 → 왼손 검지 돌리고 찍기 → 오른손 검지 돌리고 찍기 → 왼손 검지 돌리고 찍기 →
꼬부랑 (× 8)	자유롭게 뛰어다니면서 양손 검지로 꼬부랑 그림 그리기
꼬부랑 깽	사랑의 총 쏘기

꼬부랑 깽 할머니

조영석 작곡 / 조영석 작사

⑤ 비야 비야(권태룡 작곡·작사)

가 사	설 명
비야 비야	오른쪽 위에서 왼쪽 아래로 비 내리는 모습 1번, 왼쪽 위에서 오른쪽 아래로 비 내리는 모습 1번 (사선 방향으로 실시)
오지를 마라	왼손은 허리에 오른손은 앞으로 손바닥을 보이고 흔들며 무릎을 굽히기(반대방향으로 실시)
우리 누나	왼손은 오른쪽 어깨에, 오른손은 왼쪽 어깨에 포개기
시집 갈 때	위 상태에서 절하는 자세로 바꾸어 서로 절하기
꽃가마에 물이 새면	서로 손을 맞잡고 잡아당기듯 자리를 바꾸기
비단치마	두 손으로 치마를 살짝 들어 올리는 시늉으로 오른쪽 어깨를 맞대기
얼룩진다	두 손으로 치마를 살짝 들어 올리는 시늉으로 왼쪽 어깨를 맞대기

비야 비야

권태룡 작곡 / 권태룡 작사

굿거리

⑥ 춤추는 지팡이(권태룡 작곡·작사)

가 사	설 명
이 고운	꽃 흉내 내기
무명 길쌈	두 손을 맞잡고 물레를 돌리는 시늉하기
누구 주자고 이리하나	왼손 허리, 오른팔의 손바닥이 하늘로 향하게 펴서 중심에서 오른쪽 바깥쪽으로, 이때 오른발도 같이 중심에서 오른쪽 바깥쪽으로 콩콩콩 찍기 ⇒ 반대편 동일하게 실시
쿵쿵 절싸	왼손 허리, 오른손 주먹 쥐고 지팡이 짚는 것처럼, 왼다리 들고 오른쪽 한발로 콩콩 찍기
잘한다	두 팔 올려 바람사위 춤추기
좋은 때가	오른손 넘버원 해서 팔 앞으로 펴기 ⇒ 왼손 반대로 동일하게 실시
있으리	두 명이 만나서 허리를 끼고 정면을 향하여 하트 모양 만들기

춤추는 지팡이

권태룡 작곡 / 권태룡 작사

2) 전래동요 · 전래민요를 활용한 국악율동

① 라이라(전래동요-권태룡 채보)

가 사	설 명
라이라 리따리	손뼉 치고 오른손을 들어 어깨춤 추기
라이라 리따리요	손뼉 치고 왼손을 들어 어깨춤 추기
리띠 리띠 리릴리	양팔을 옆으로 펼쳐 어깨춤 추기
라이라 둥둥	손뼉 치고 오른손을 들어 어깨춤 추기
라리요	손뼉 치고 왼손을 들어 어깨춤 추기

② 하마 하마 춤춰라(전래동요-권태룡 채보)

가 사	설 명
하마 하마	머리에 오른쪽, 왼쪽 뿔 모양 하기
춤춰라	머리 위에서 양팔을 들고 흔들기
느 할애비	오른손 검지로 앞쪽 가리키기
개똥밭에	양손으로 바닥 2번 치기
장구치고 논다	손뼉 2번 치고 어깨춤 추기
요 뿔내고 춤춰라	머리에 뿔 모양을 한 후 왼쪽으로 뻗기
조 뿔내고 춤춰라	머리에 뿔 모양을 한 후 오른쪽으로 뻗기
솔솔이 나오너라	오른쪽으로 파도타기
하마 하마	머리에 오른쪽, 왼쪽 뿔 모양 하기
춤춰라	머리 위에서 양팔을 들고 흔들기
느 할애비	오른손 검지로 앞쪽 가리키기
개똥밭에	양손으로 바닥 2번 치기
장구치고 논다	손뼉 2번 치고 어깨춤 추기

③ 나무노래(전래동요-권태룡 채보)

가 사	설 명
가자 가자 감나무	(2인 1조로 서로 등을 댄 상태에서 실시) 앞으로 걸어가기
오자 오자 옻나무	돌아서 서로 마주 보며 만나기
바람 솔솔 솔나무	양 팔을 들어 어깨춤 추기
너하구 나하고 살구나무	오른손 왼손을 상대방 어깨에 올리기 → 고개 갸우뚱거리기
방귀 뽕뽕 뽕나무	점프하면서 몸을 돌려 엉덩이끼리 부딪치기

④ 밀양 아리랑(전래민요)

가 사	설 명
날 좀 보소 날 좀 보소	양손을 얼굴 앞에 대고 위아래로 흔들기 (우, 좌)
날 좀 보소	양손을 얼굴 앞에 대고 좌우로 흔들기
동지 섣달 꽃 본 듯이	손을 이마 높이에 놓고 양쪽 번갈아 가며 물결모양 하기
날 좀 보소	양팔을 어깨 위에서 굽혀 흔들며 한 바퀴 돌기
아리 아리랑 스리 스리랑	대각선으로 양팔을 뻗으며 손을 뿌리기
아라리가 났네	양팔을 얼굴 옆에서 흔들며 한 줄을 만들기
아리랑 고개로	양팔을 어깨 위에서 굽혀 흔들며 한 바퀴 돌기
날 넘겨주소	계단씩으로 한 줄로 앉으며 양팔을 어깨 위에서 흔들기

⑤ 아리랑(전래민요)

가 사	설 명
(전주)	꽃을 가슴에 대고 무릎을 굽힌 상태에서 실시 (한지 꽃 이용)
아리랑 아리랑 아리라요 아리랑 고개를 넘어 간다	오른팔을 옆으로 편 다음, 왼팔을 펴기 → 팔을 편 상태에서 한 바퀴 돌기
나를 버리고	팔을 편 상태에서 원을 그리며 돌기
가시는 님은	팔을 편 상태에서 원을 그리며 돌기
십리도 못 가서	팔을 편 상태에서 각자 돌며 자기 자리를 찾아가기
발병난다	양손을 동시에 모은 후 무릎을 굽히기

⑥ 천안 삼거리(전래민요)

가 사	설 명
천안 삼거리 흥 능수야 버들은 흥	한 팔은 옆으로 펴고 다른 한 팔은 어깨에 걸친 후 몸을 앞, 뒤로 흔들기(반대방향으로 실시)
제 멋에 겨워서 축 늘어졌구나 흥	두 손을 위로 올려 원을 그린 후 어깨에 걸치기
에루화 에루화 흥	덩실 덩실 어깨춤을 추기
성화가 났구나 흥	다른 친구들과 함께 한쪽 팔을 머리 위로 들어 모으고 다른 팔은 옆으로 뻗어 흔들며 한 바퀴 돌기

⑦ 바람아 바람아 불어라(전래동요–권태룡 채보)

가 사	설 명
바람아 바람아 불어라	두 손을 위로 올려 바람 부는 것처럼 어깨춤 추기
대추야 대추야 떨어져라	양손 엄지와 검지로 대추 모양을 만들어 예쁜 표정 지으면서 표현하기
아가 아가 줏어라	오른쪽 방향에서 대추를 주워 왼손에 담는 시늉하기
친구야 친구야 뺏어라	친구를 간지럼 태우기
엄마한테 일러라	2인 1조가 되어 1명은 엄마, 다른 1명은 아기 역할이 되어 귓속말로 일러주는 표현하기 ⇒ 노래가사 "라"에 뛰어서 제자리 앉기
이놈 떽기 놈	서로 노려보며 뛰어 올라 팔을 호랑이 발톱 만들기

⑧ 하늘 천 따 지(전래동요–권태룡 채보)

가사	설명
하늘 천 따지	두 팔을 올려 동그랗게 만들기
가마솥에 누룽지	양 손등을 턱에 댄 후 고개를 기웃거리기
박박 긁어서	앞사람 등 긁기
오드득 오드득 씹어서	앞사람 옆구리 간지럼 태우기
맛있게 먹자	앞사람 등 두드리기

제 06 장

전래놀이의 실제

01 놀이의 이해

1) 노동과 놀이

놀이라고 할 때 대부분 사람들이 부정적인 시각으로 바라본다. 이는 문화적인 환경이 노동을 중시하고, 그와 반대되는 개념으로 놀이를 생각하며, 놀이를 천시하였던 데에서 기인한다.

놀이에 대하여 언급한 여러 책에서는 노동과 놀이에 대한 관계를 여러 가지 방향으로 서술하고 있다. 놀이를 처음 이야기하게 될 때 항상 등장하는 주제인데, 이는 노동과 놀이를 따로 떼어서는 생각할 수 없는 관계이기 때문이라고 생각한다.

먼저, 놀이를 생산이나 노동과 떼어서는 생각할 수 없음을 놀이의 유래에서 찾아볼 수 있다.

2) 놀이의 유래

생명이 있는 모든 동물은 놀이를 한다고 한다. 의식적이든 아니든 간에 장난을 치거나 뛰어다니거나 하며 신진대사를 활발히 해야 몸속의 모든 찌꺼기가 발산되고 그래야 건강한 생명을 유지할 수 있기 때문이라는 것이다. 특히 인간은 동물과 달리 노동을 하는 존재이기 때문에 놀이를 통해 노동에서 쌓이는 모든 피로와 찌꺼기를 풀어내고, 다시 자연에 도전할 집단적 힘을 충전해가는 과정으로써 놀이를 해왔다고 할 수 있다. 이것을 그 옛날 원시인류가 처해 있던 경제적 조건과 연결해 생각해 보면, 당시 인간은 자연 속에서 의·식·주 생활에 필요한 모든 것을 얻어야 했는데, 부분적으로는 자연의 변화에 적응하고, 그 이치를 깨닫고 자연과 싸우기도 했지만 자연은 거대하고 때로는 느닷없이 생명을 위협하는 이해할 수 없는 무서운 존재이기도 했던 것이다.

그래서 그 거대한 자연을 움직이는 어떤 존재가 있을 것이란 생각을 하게 되고 그것을 신이라 생각하였다. 자연을 보다 잘 활용하기 위해서는 신이 즐거워야 한다는 생각을 하게 되면서 인간은 의식(儀式)을 시작하게 되었을 것이며 여기서 그들 나름대로 신을 즐겁게 하기 위한 춤과 노래가 벌어졌을 것이니, 이것이 바로 놀이의 기원이라 하겠다. 이때의 '의식(굿)'이 단순한 미신이 아니라 보다 원활한 생산 활동을 위해서였던 것처럼 놀이 또한 마찬가지이다.

또 거친 자연 속에서 집단 생활과 집단 노동을 하던 원시 공동체 내부에서 사람들끼리의 갈등도 있었을 것이니, 보다 생산력을 높이기 위해서는 이러한 것도 풀어내어야 했을 것이고 놀이과정은 그런 점에서도 필요했을 것이다.

노는 것과 일하는 것은 인간 행동의 본질이다. 노는 것과 일하는 것은 차이점이 있긴 하지만, 따로 분리해서 생각할 수 없는 삶의 총체이다. 오늘날 노는 것과 일하는 것의 관계에 대한 인식의 변질은 문화의 큰 문제라고 할 수 있다.

3) 놀이 이론

놀이란 무엇인가? 왜 하는가?에 대하여 많은 사람들이 이론을 펴고 있으나 인간의 놀이하는 심리를 정확하게 밝혀냈다고는 볼 수 없다. 여기서는 많은 이론들을 우리가 이해하기 쉽도록 정리하여 보고자 한다.

J.Barnard Gilmore는 [놀이-그 특별한 행동]에서 사람들이 놀이하는 이유에 관한 여러 이론들을 두 가지 범주로 분류하고 있다. 즉 고전적 놀이 이론과 역동적 놀이 이론이다.

고전적 놀이 이론은 사람들이 놀이하는 이유를 설명하려 하며, 역동적 놀이 이론은 사람들이 놀이한다는 사실을 인정하고 놀이 과정을 설명하려 하고 있다.

(1) 고전적 놀이 이론

① 잉여 에너지설-(Surplus energy theory)-Spencer & Schiler(1875)

아동의 놀이는 기본적 생존에 더 이상 필요하지 않은 에너지의 소산이며 고도의 에너지를 맹목적으로 소비하는 활동, 즉 놀이는 과잉된 생명력의 발산행위이다.

② 휴양설, 이완설(Relaxation and Recreation theory)

결핍된 자신의 에너지를 충족시키려는 수단으로 열심히 일을 한 후 골프나 테니스를 치는 것은 소멸한 자신의 에너지를 회복시키려는 욕구에서 비롯된 것이라고 본다.

③ 반복설(Recapitulation theory)-Hall(1906)

놀이는 선조들의 생존 유지 수단이었던 행동 특성을 반복하는 것으로 보았다. 모든 어린이의 놀이 활동은 종족이 지나온 문화 발전 단계에 대응해서 자기의 선조의 활동을 되풀이하고 종족의 역사를 반복한다는 것이다.

④ 생활 준비설, 유전설(Preparation theory or Inheritance theory)-Gross(1897)

놀이는 훗날의 생활을 위하여 필수적으로 유용한 활동의 수단이라고 본다.

⑤ 태도로서의 놀이–James Sully(1902)

일상생활에서 목적 없이 즐거움과 기쁨을 주는 행위이다.

⑥ 정화설(Catharsis theory)–H.A.Carr

놀이의 가치는 그것이 우리들의 일상생활에 필요가 없다고 하기보다는 오히려 해로운 것들을 발산시켜 조금이라도 해로운 것을 덜게 하는 데 있다는 것이다.

⑦ 모방 본능설

모방본능의 충족행위이다.

⑧ 표현 본능설

지배욕구와 경쟁욕구 속에서 어떤 재능을 발휘하려는 또는 천성적인 충동을 채우려는 행위이다.

(2) 역동적 놀이 이론

① 정신분석학적 놀이 이론

- Freud – 인간의 행동을 설명하면서 어떤 행동도 그 원인 없이 일어나지 않는다고 보고 있다. 따라서 아동의 놀이 활동도 저절로 일어나는 것이 아니고 그 아동의 감정과 소망에 의해서 결정된다고 하였다.
- Almy(1967) – 놀이는 경험이 가질 수 있는 즐거움을 주는 기회의 제공은 물론, 여러 가지 방법으로 경험에 의해 입는 심리적 상처를 이해할 수 있는 기회도 제공한다.
- Isaacs(1950) – 아동의 놀이나 추리 작용은 현실 세계에서 얻은 직접적이고도 즉각적인 결과가 아니라, 현실 세계에서 어떤 요소를 선별하여 변화시킨 것이다.

• Griffith(1935) – 어린 아동의 자발적인 놀이 속에서 인간 정서의 가장 기본적인 요소가 적나라하게 나타나 있다.

② 삐아제(Piaget)의 놀이 이론

아동의 인지 발달에 관한 단일 연구로써 Piaget만큼 관심의 대상이 되었던 사람도 없을 것이다.

그는 〈Play, Dreams, and Imitation in Childhood(1962)〉에서 영아기로부터 유아기 사이의 놀이에서 나타나는 아동의 사고 발달에 관해서 3세 난 자기 아들의 관찰을 통하여 자세히 설명해 주고 있다. 또한 〈The Early Growth of Logic in Child〉에서 2세 된 어린이를 피험자로 하여 유사성에 따라서 사물을 분류하는 능력을, 또 차이의 속성에 따라서 순서대로 배열하는 능력의 발달을 다루었으며, 5세 이상의 아동을 대상으로 수, 양, 공간, 시간 및 속도의 개념을 연구하였다.

③ 호이징가(Johan Huizinga)의 놀이 이론

일반적으로 놀이의 의미와 본질을 규정한 것들은 공통적으로 놀이는 놀이 자체가 아닌 어떤 다른 것을 목적으로 행해진다는 점이다. 그러나 놀이는 어떤 목적을 추구하는 수단으로써의 활동이 아니라 놀이 자체에 의미가 있고 놀이하는 그 자체에서 기쁨을 얻는 활동이다.

그러므로 놀이는 삶의 한 기능이지만 정의를 내릴 수 없고 인간을 호모사피엔스(생각하는 인간), 호모파베르(도구(노동)를 만드는 인간)와 같은 범주에 넣듯이 호모루덴스(놀이하는 인간)도 인간의 속성에 넣어야 한다.

그는 다음과 같이 놀이의 주요한 특성을 설명한다.

첫째, 모든 놀이는 자발적인 행위이다.
둘째, 놀이가 일상적인 혹은 실제의 생활이 아니라는 것이다.

셋째, 놀이는 장소와 지속성에 의해 일상적인 삶과는 구분된다.

넷째, 모든 놀이는 그 고유의 규칙을 가지고 있다.

4) 놀이의 분류와 특징

(1) 전통놀이

전통놀이는 대개 민속놀이와 동일한 뜻으로 사용되는 말이지만 엄격히 말하자면 큰 차이가 있다.

전통놀이는 놀이 생성과정에서 볼 때 원형에 해당한다. 최초로 생겨날 때 그 골격을 지닌 놀이를 일컫는다. 전통놀이에는 그 놀이가 생긴 시대적인 배경과 의식 그리고 삶의 형태가 고스란히 담겨져 있다. 전통놀이는 이러한 특징을 지닌 채 계승·변모한다.

(2) 민속놀이

민속놀이는 전통놀이가 계승 변모한 형태를 말한다. 전통놀이는 시대적 상황과 풍속에 영향을 받으며 놀이 주체들에 의해 끊임없이 수정, 보완되고 새롭게 만들어진다. 이렇게 계승 변모한 형태를 민속놀이라 한다.

『한국 민속 대관』 4권에서는 '민간에 전승되어 오는 여러 가지 놀이로써 우리 민족의 오랜 생활을 바탕으로 조상들의 문화적·정신적 업적이 깃들여 생성, 전승되어 온 놀이'라고 기술하고 있고, 『한국의 민속놀이』에서는 '우리의 어린이와 어른이 예로부터 즐겨 오던 놀이', 『한국 민속 대사전』에서는 '민간에서 발생하여 민간에 전해 내려오는 놀이'라고 기술하고 있다.

또 놀이의 분류로써의 개념이 아니라 놀이 중에 '민속'이라는 말의 특징(지역성, 민간성, 궁중의 반대 개념, 향토성)을 가진 어떤 놀이들(群)을 일컫기도 한다.

민속놀이의 성격을 살펴보면, 제의성(祭儀性), 향토성, 예술성으로 구분되며 민속놀이의 분류를 살펴보면, 놀이 주체자에 따라, 노는 사람에 따라, 노는 목적에 따라, 노는 시기에 따라, 놀이 분포에 따라 등으로 분류할 수 있겠다.

(3) 전래놀이

현대 놀이와 대립되는 개념으로 예로부터 전해 내려오는 모든 놀이(궁중 놀이, 외래 놀이 중에 우리나라화된 놀이까지 포함)를 말한다.

전래놀이는 놀이를 미시적으로 본 전통놀이와 거시적으로 본 민속놀이를 모두 일컫는 말로 사용된다.

현대 놀이도 하나의 형식으로 정착돼 일정한 시기를 거쳐 후대에도 계속 놀아진다면 전래놀이로 전환할 수 있겠다.

전래놀이의 특징을 살펴보면

① 생산 활동의 연장선에서 만들어진 놀이가 많다.

② 만든 이가 명확하지 않고 만들어진 시기는 대강 유추할 수 있다.

③ 많은 사람에 의해 점차 다듬어지고 발달한다.

④ 일정한 발달 단계를 거친다.

⑤ 놀잇감은 간단하고 구하기가 쉽다.

02 전래놀이의 실제

1) 칠교놀이

(1) 칠교놀이의 정의와 유래

아이들의 놀이 일종으로 우리나라에서는 칠교희(七巧戲), 칠교판(七巧板-7개의 교묘한 판, 7가지 조각으로 여러 교묘한 형태를 만들면서 노는 놀이, 이 놀이를 하면 지혜를 길러준다고 해서 지혜판이라고 한다)이라 하였다. 예전에 이 놀이는 흔히 집에 손님이 왔을 때 음식을 준비하는 동안이나 사람을 기다리는 시간에 접대 삼아 권하는 오락으로 이용되었기에 유객판(留客板 ; 손님을 머물게 하는 놀이)이라고도 불렀다.

오래전부터 유행되어 온 이 놀이는 정확한 시기는 알 수 없으나 중국으로부터 전래되었을 것으로 추정하고 있으며, 고대 중국의 전설에서 찾아볼 수 있다. 중국의 어느 학자가 도기로 된 전(바닥에 까는 타일과 같은 것)을 그의 가장 귀중한 보물로 여기고 있었는데, 어느 날 그만 그것을 땅에 떨어뜨리고 말았다. 이렇게 해서 전은 일곱 개의 조각으로 쪼개졌다고 한다. 이러한 전설에서도 알 수 있지만, 칠교는 고대 중국에서 만들어진 가장 오래된 기하학적 퍼즐이며, 지금은 전 세계에서 모두 즐기고 있는 놀이가 되었다.

중국에서는 청나라 시기인 1803년에 처음으로 이 놀이 내용에 대한 책이 출간되었다. 이 책을 보면, 이것의 기원은 주나라(B.C 740~330)때부터 '칠교'라는 글자가 있었음을 보아 칠교놀이가 이미 오래 전에 발명된 것이라 하였다. 한편 유럽으로 건너간 이 놀이(1805년 독일에서 칠교놀이 책이 처음 발간됨)는 많은 사람들에게 전파되어 이에 관한 연구가 활발하게 진행되었고, 이와 비슷한 종류의 것이 탄생하는 데 영향을 주었다. 19세기 초부터는 미국, 유럽 등지에서 탱그램

(Tangram)이란 이름으로도 크게 유행하였는데, 당시 유배 생활 중이던 나폴레옹이 즐겼다는 얘기가 있으며, 미국의 소설가 알렌 포는 광적으로 이 놀이를 즐겼다고 전해진다.

(2) 칠교놀이의 방법

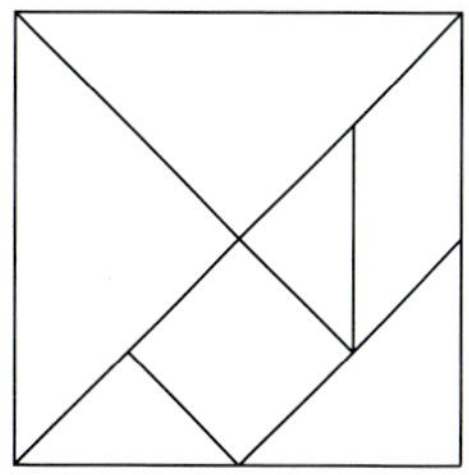

이 놀이는 먼저 사방 10cm 정도 되는 얇은 나무판을 직각삼각형 큰 것 2개, 중간 삼각형 1개, 작은 삼각형 2개, 정사각형 1개, 평행사변형 1개로 전부 7조각을 낸 것을 말한다. 나무판 재료는 보통 피나무·버드나무·살구나무·은행나무를 많이 사용했다. 이렇게 잘라낸 7개의 조각으로 여러 가지 형태, 즉 인물·동물·식물·기물·건축물·지형·글자 등의 여러 가지 모형을 만들어 그린 것으로 이 놀이의 교본(대본)인 칠교도(七巧圖)로 쓰인다.

놀이방법은 7개의 조각판을 다 이용하여 칠교도를 만들면서 노는데, 이러한 칠교도를 가지고 혼자서 놀 수도 있고 몇 사람이 모여서 경쟁을 벌이기도 한다. 혼자서 놀 때는 칠교도 그림 순서대로 차례로 만들거나 혼자 스스로 어떠한 형태를 지어내며, 각자가 만들고 싶은 것을 골라가면서 만들기도 한다. 여럿이 경쟁을 벌이는 경우는 일정한 시간에 상대방이 지정한 형태를 만들어야 하며 성공 여부와 관계없이 시간이 되면 차례를 상대방에게 넘겨주며, 조각은 반드시 7개를 모두 사용해야 한다.

칠교놀이는 남녀노소 누구나 즐길 수 있고, 때와 장소에 큰 구애를 받지 않으므로 널리 행해지고 있다. 특히 이 놀이는 아동들의 사고력, 상상력, 조직력 등을 기르는 데 도움을 주는 놀이이다. 만들 수 있는 모형은 무려 수천여 종에 이르며 어린이들의 구성놀이 중에서도 으뜸가는 놀이라 할 수 있다.

(3) 칠교놀이의 실제

① 넓이의 이해

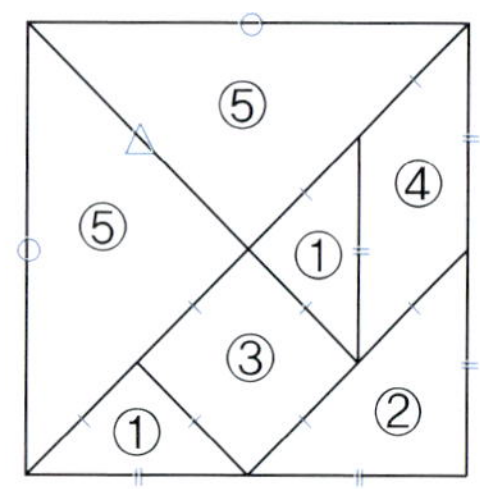

칠교는 ( ) 두 개, ( ) 한 개, ( ) 두 개, ( ) 한 개, ( ) 한 개, 이렇게 일곱 조각으로 되어 있다. 이들의 넓이를 살펴보면 중간 삼각형은 작은 삼각형의 두 배이고, 큰 삼각형은 중간 삼각형의 두 배이다. 또한 중간 삼각형과 정사각형, 평행사변형은 같은 넓이이다. 즉, ①의 두 배는 ②,③,④이고, ②,③,④의 두 배는 ⑤인 것이다.

② 도형의 원리 응용

- ① 두 개를 가지고 ②, ③, ④를 만들기 (①의 2배)

- ① 두 개에 ②, ③, ④를 각각 더하여 ⑤를 만들기 (①의 4배)

- ②에 ④를 더하여 사다리꼴 만들기 (①의 4배)

• ②, ③, ④에 각각 ①을 더하여 새로운 도형()만들기 (①의 3배)

• ②, ③, ④에 각각 ①을 두 개씩 더하여 직사각형 만들기 (①의 4배)

• ②, ③, ④에 각각 ①을 두 개씩 더하여 사다리꼴 만들기 (①의 4배)

• ① 두 개와 ② 한 개를 가지고 ①의 4배 되는 정사각형 만들기 (①의 4배)

• ⑤ 두 개로 정사각형을 만들기. 그리고 ⑤를 제외한 나머지 조각으로 같은 크기의 정사각형 만들기 (①의 8배)

• 주어진 도형 그림을 보고 똑같이 맞추어 나가는 단계이다. 처음에는 단순히 조각을 그대로 배치하는 데에도 어려움을 느끼나 차츰 칠교 조각에 익숙해지면서 능숙하게 배치할 수 있을 것이다.

〈정사각형〉

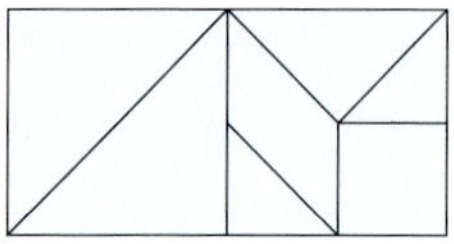
〈직사각형〉

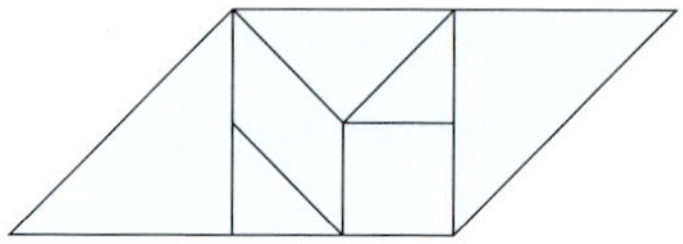
〈평행사변형〉

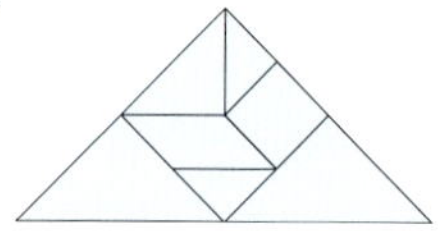
〈정삼각형〉

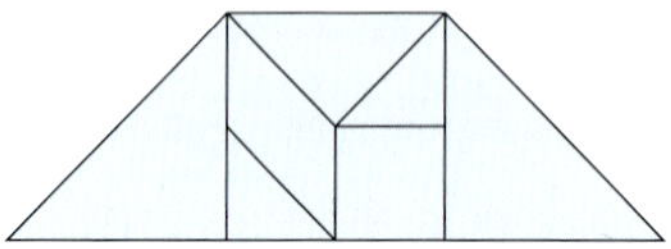
〈위가 잘린 피라미드〉

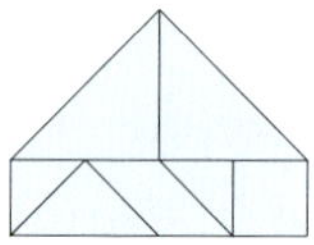
〈오각형〉

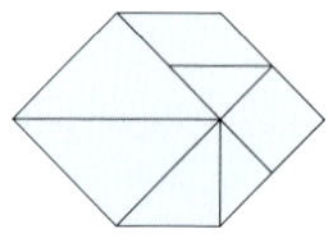
〈육각형(다이아몬드)〉

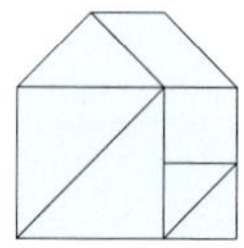
〈지붕이 편평한 집〉

③ 칠교도에 따른 여러 가지 모양 만들기

〈사람(서 있는 사람, 엉덩방아 찧는 사람, 책 읽는 사람)〉

〈포유류(강아지, 고양이, 돼지)〉

〈조류(오리, 수탉, 까마귀)〉

2) 실뜨기 놀이

(1) 실뜨기 놀이의 정의와 유래

전통생활에서 의생활은 여성의 소관이었고, 이에 따라 沈船(침선)은 여성이 익혀야 할 기본과제였다. 이에 따라 여자 아이들은 안방에서 자연스레 할머니나 어머니로부터 반짇고리(바늘, 실, 골무, 바늘꽂이 등)를 받게 되고 그 침선 기술을 전수받게 된다. 결국 여자 아이들은 본격적으로 바늘을 잡기 전에 실과 친해지는 기회를 잡게 되는데, 그것이 실뜨기 놀이라고 할 수 있다.

즉, 실의 두 끝을 매어서 양쪽 손가락에 얼기설기 얽어서 두 사람이 주고받으며 여러 가지 모양을 만드는 놀이로 아무 때 아무 곳이나 두 사람 이상의 아동들만 모이면 별다른 준비 없이 실을 이용해서 놀이를 벌일 수 있기 때문에, 자연히 아이들에게 환영받는 놀이로 널리 보급되어 온 것 같다.

우리나라의 경우 실뜨기 놀이의 유래에 대해서는 안타깝게도 정확한 문헌이나 알려진 바가 없으며, 따라서 실을 이용한 놀이가 언제부터 시작되었는지는 정확히 알 수가 없고, 인류가 실을 이용하면서부터 시작되었으리라고 추정할 뿐이다. 또한 실뜨기는 처음에는 주술적인 의미로 시작되었다가, 차츰 놀이로 발전되지 않았을까 추측된다.

외국에서는 보통 String figures(실의 모양)라고 하며, Cat's-cradle(고양이의 요람)이라고 한다. 세계적으로 실뜨기의 연구는 19세기말에 A.C.해든 등 영국의 탐험대가 오스트레일리아와 파푸아뉴기니 사이의 토러스 해협에 있는 섬들을 조사하면서 수집된 것이 최초이다. 이 놀이는 아시아형(한국, 중국, 일본), 동인도제도형, 대양주형(오스트레일리아, 뉴기니) 등의 원형이 있고, 유럽과 아시아 대륙에서는 놀이법이 많이 사라졌으나, 남북아메리카, 에스키모, 오스트레일리아, 태평양 제도에선 아직도 많은 방법이 전해 내려오고 있어, 그 실뜨기의 총수는 2000~3000여 가지가 된다.

(2) 실뜨기 놀이의 방법

주로 소녀들이 실을 손가락에 걸쳐서 여러 모양을 만들어 풀어내면서 즐기는 놀이이다. 길이가 약 1m쯤 되는 실이나 노끈의 양쪽 끝을 연결해서 실테(손가락에 감긴 실의 한 테)가 되게 한 다음 두 아이가 마주 앉아서 실테를 서로 번갈아 가면서 손가락으로 걸어 떠서 여러 가지 형태로 변형시킨다.

다른 나라의 경우에는 혼자 하는 실뜨기가 발달한데 반하여, 우리나라의 경우에는 둘이 하는 실뜨기가 주류를 이루고 있다. 실뜨기의 형태에 옷감 짜는 명칭 등이 붙어 있는 것이 특이하며, 실을 떠가는 중에 손가락을 잘못 걸거나 움직이면 실이 풀어지거나 엉켜서, 더 이상 놀이를 할 수 없게 된다. 이렇게 만든 사람이 지게 된다.

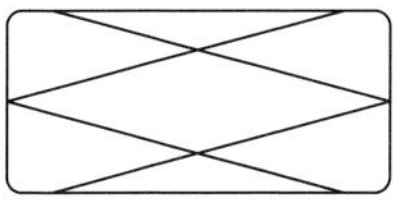
〈그림 1〉

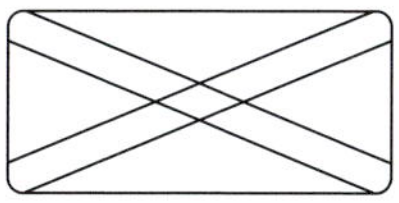
〈그림 2〉

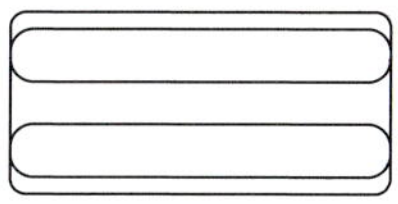
〈그림 3〉

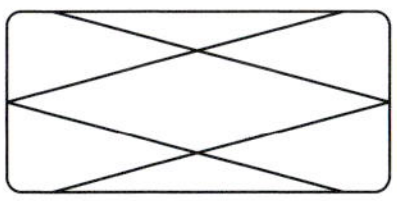
〈그림 4〉

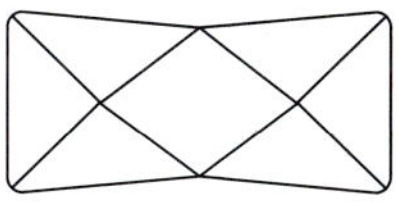
〈그림 5〉

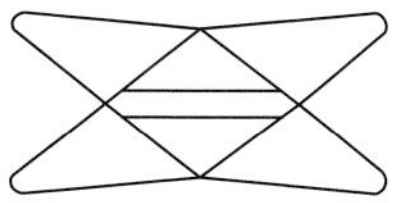
〈그림 6〉

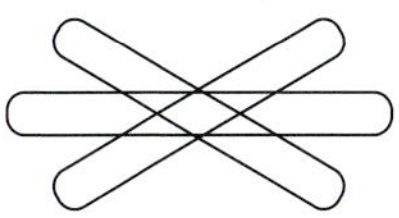
〈그림 7〉

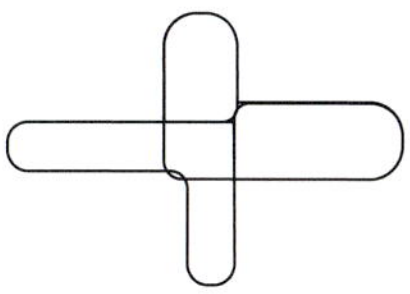
〈그림 8〉

- 양손의 손가락 둘레로 실을 감고 실을 양손에 걸어 고리를 한 번 더 만든다. 그 다음 오른손 가운데 손가락으로 왼손 바닥에 있는 실을 걸고 왼손도 오른손 같이 해서 당기면 모양은 〈그림 1〉과 같은 형태로 되는데 이를 날틀이

라고 한다. 이 모양이 실뜨기의 기본이 되는데 위에서 보면 볼록한 상태가 된다.

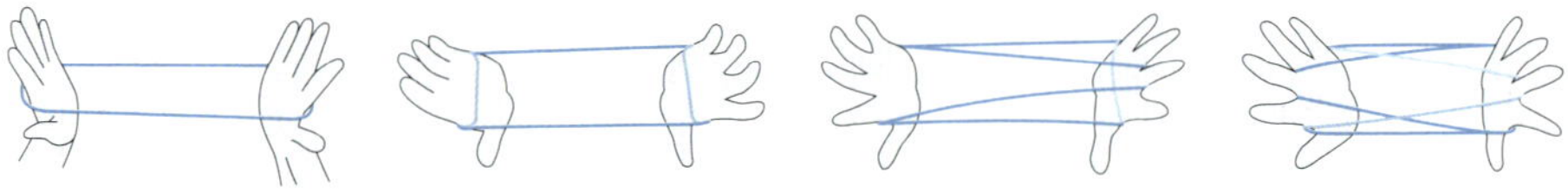

- 〈그림 1〉에서 엄지와 검지로 실이 교차하는 곳(×)을 잡은 상태에서 밖으로 잡아당긴다. 그 다음 밑에서 위로 올려 뜨고 잡고 있던 실을 놓으면 바둑판 모양이 된다. 즉 〈그림 2〉처럼 되며 이를 쟁반이라고 한다.

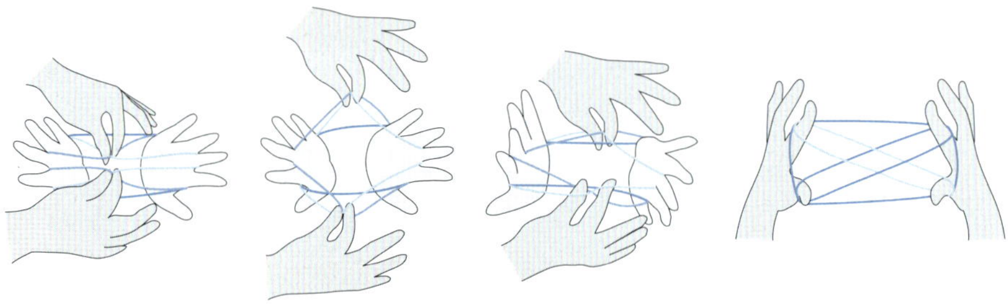

- 〈그림 2〉에서 실이 교차한 곳에 엄지와 검지를 세워 잡은 채로 위로 올려 밖으로 잡아 당겨 양손을 바깥쪽에 있는 실의 아래로 빙 돌려 가운데 비어 있는 공간으로 뜬다. 그 다음 잡고 있던 실을 놓고 양손 엄지와 검지를 벌려 양쪽으로 잡아당기면 〈그림 3〉처럼 되며 이를 젓가락이라고 한다.

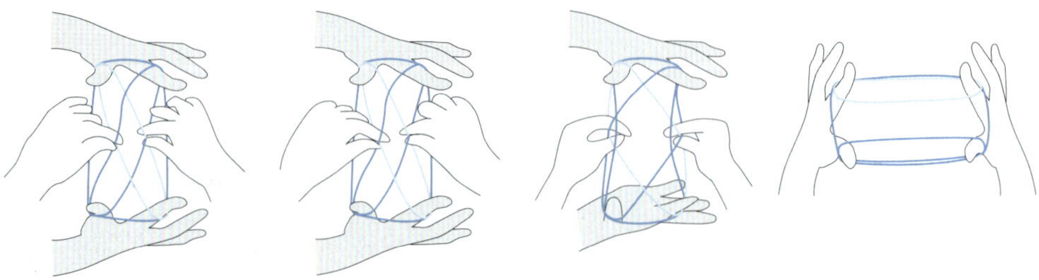

• 〈그림 3〉에서 두 새끼손가락으로 가운데의 두 줄을 걸었다가 서로 반대쪽으로 당겨서 늘인다. 그리고 엄지와 검지로 바깥 줄을 걸어서 아래로부터 가운데로 올려 뜬다. 모양은 〈그림 4〉처럼 되며 〈그림 1〉과 위 아래가 반대방향의 형태를 이룬다. (즉, 위에서 보면 오목한 상태가 된다) 이를 베틀이라고 한다. 다른 말로 절구통이라고도 한다.

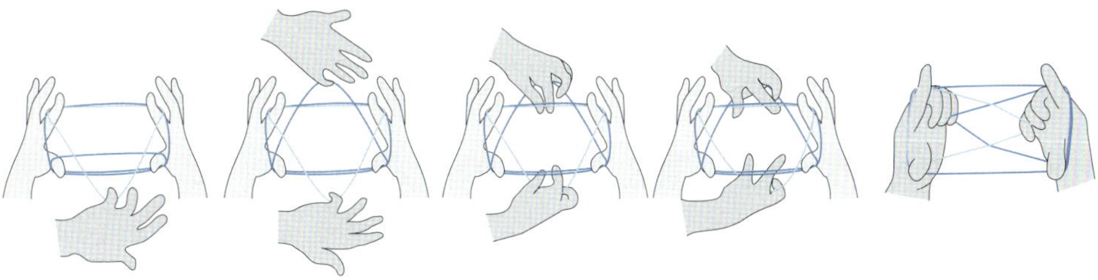

• 〈그림 4〉에서 ×자 교차점을 엄지와 집게손가락으로 잡고 실을 위쪽으로 들어 바깥쪽으로 나온 다음 바깥쪽 실을 지나 아래에서 위쪽으로 올려 뜬 다음 실을 놓으면 〈그림 5〉처럼 가운데가 마름모꼴이 되는데 이를 방석이라고 하며, 그 외에 명칭으로 소눈깔, 장구 등으로 부르기도 한다.

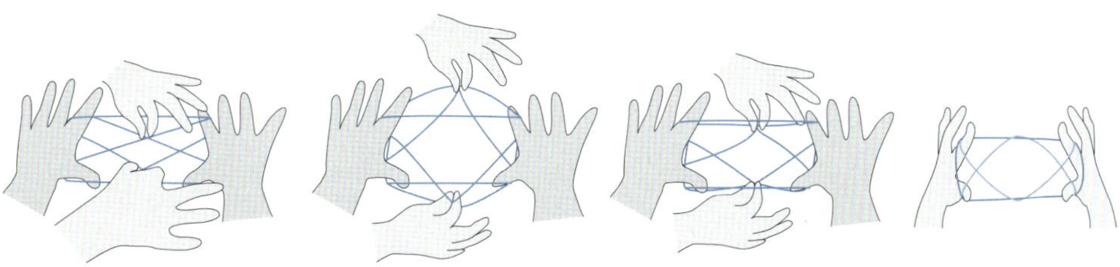

• 〈그림 5〉에서 엄지 사이의 빈 공간과 맞은 편 빈 공간으로 손가락을 집어넣은 다음 아래에서 위로 가운데를 통과해 위로 뜨면 새로운 모양이 나오는데, 〈그림 6〉처럼 되며 이를 물고기라 한다.

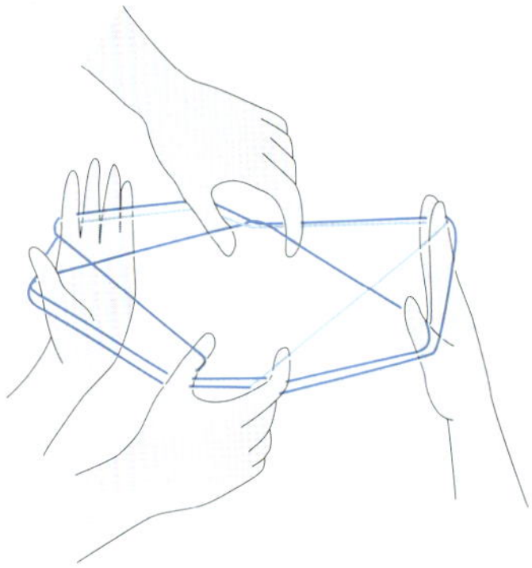

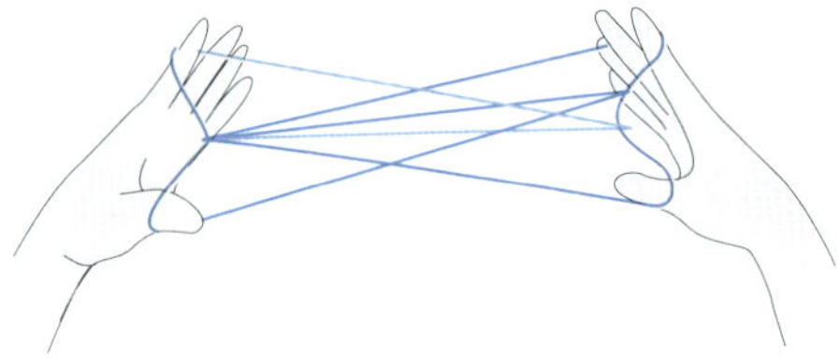

• 〈그림 6〉에서 중앙의 두 줄을 왼손과 오른손 새끼손가락으로 엇갈려 잡아 당긴 다음 가운데 넓은 구멍을 만들고 그 구멍 안쪽에서 보이는 교차점을 엄지와 검지로 넣어 위로 뜨면 〈그림 7〉처럼 되며 가위질 또는 절구공이라 한다.

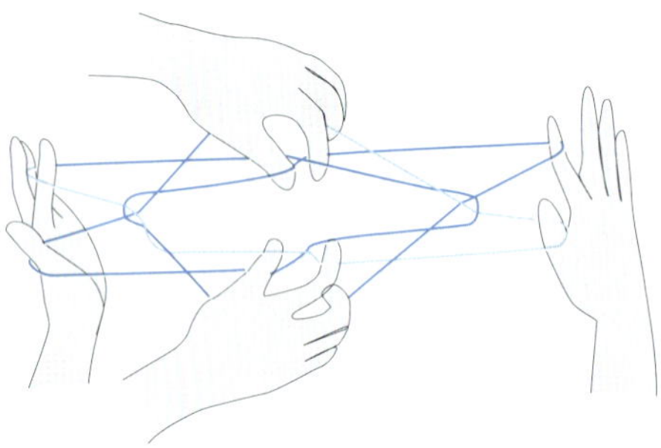

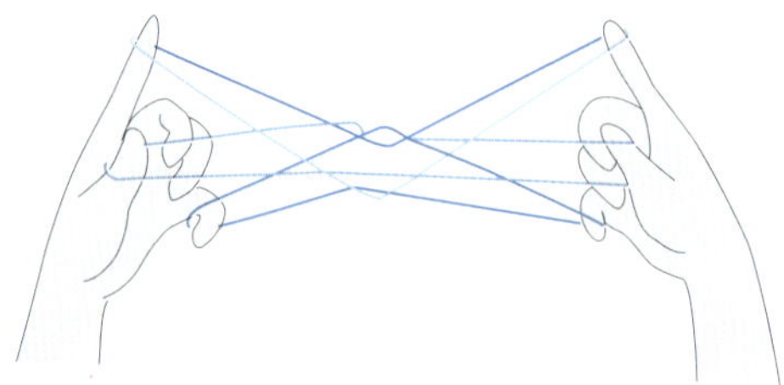

• 한편, 〈그림 8〉은 먼저 아이가 〈그림 1〉을 만들면 뒤의 아이가 가위줄 밑으로 가로 걸린 한쪽 줄을 잡고 있고, 반대쪽의 가로 걸린 줄을 입으로 물고, 가운데 손가락에 걸린 줄이 벗겨지지 않도록 조심해서 안으로 내려 뽑는다. 이때 실을 서로 이리저리 당기면 마치 톱질을 할 때와 같이 실이 엇갈려서 왔다갔다 하는데 이를 톱질뜨기라 한다.

(3) 실뜨기 놀이의 실제

- 둘이 하는 실뜨기
- 혼자 하는 실뜨기
- 함께 하는 실뜨기
- 몸으로 하는 실뜨기

3) 고누놀이

(1) 고누놀이의 정의와 유래

고누놀이의 역사는 매우 깊으나 그 유래를 전하는 기록은 찾아 볼 수 없다. 10세기 초(고려시대)의 것으로 추측되는 황해도 봉천군 원산리의 청자가마터에서 참고누판이 그려진 도자기를 만드는 데 쓰이던 갑자가 발견되었다는 것으로 미루어, 최소한 고려시대 이전부터 전승되어 왔음을 짐작할 수 있다. 또한 전라도 담양의 소쇄원의 마루에도 고누판이 그려져 있다.

놀이의 유사성으로 인해 장기와 바둑의 원초적 형태를 띠고 있어서 고대 중국의 초나라와 한나라 시절 생긴 장기놀이가 우리나라에 들어와 발전하여 재정착된 것이 아닌가 하는 견해도 있다. 어찌되었던 고누놀이는 오래전부터 서민층에서 널리 보급되고 즐겨졌던 놀이인데, 쉼의 한때를 간단하면서도 재미있게 보내는 놀이의 하나로 전승되어 왔다.

조선시대 사실주의 화가 단원 김홍도의 〈풍속도(고누놀이)〉에서도 그늘 밑에 잠시 일손을 쉬며 땅바닥에 선을 긋고 돌멩이를 주워 놀이하는 모습을 보여 주고 있다. 이 풍속도는 나무꾼이 지게에 한 짐의 나뭇단을 내려놓고 고누를 즐기며 휴식하고 있는데, 어느 여름날 더벅머리 총각들이 나무를 해 오다가 잠시 나뭇짐을 벗어 놓고 길바닥에 털퍼덕 주저앉아 고누놀이에 정신이 팔려 있다. 이 그림에서 두 사람은 구경꾼인 것 같다. 한 구경꾼 총각은 얌전하게 발을 모으고 앉아 슬며시 웃고 있는 걸로 봐서 두 사람이 무슨 수를 쓸지 훤히 알겠다는 듯한 표정이다. (참고-김홍도의 〈풍속도〉가 고누놀이가 아니라, 밤윷놀이 라는 견해도 있음)

(2) 고누놀이의 어원

이 놀이를 표준어로는 〈고누〉라 하고 한자로는 〈地碁(지기 ; 지면에서 두는 위기의 일종)〉라 쓰고 있으나, 경기 지방에서는 〈고누〉 〈고니〉 〈꼬니〉, 경남에서는 〈꼰〉, 제주도에서는 〈꼰짜〉라는 명칭이 사용되고 있다. 이 명칭들의 어원을 살펴보기 위해서 먼저 〈물보박희(物譜博戱)〉를 보면 〈우물고노〉라는 기록이 보인다. 여기서 〈우물고노〉는 오늘날 고누놀이의 우물고누(우물꼰)란 것으로 그대로 전승되어 있어서, 고누의 고어가 〈고노〉임을 쉽게 알 수가 있다.

이 고노는 또다시 〈고노다(무엇을 '뚫어지게 보다'라는 의미가 있다)〉라는 동사에서 온 것인데, 〈小學諺解(소학언해)〉를 보면 '다시 높프며 낫가옴을 고노와 막키다(고어)' 라는 기록이 있다. 그러므로 오늘날 고누의 성어과정은 '고노다 > 고노 > 고누' 내지는 '꼬누다 > 꼬누 > 꼬니 > 꼰' 인 것이다.

(3) 고누놀이의 방법

땅이나 종이에 말판을 그려 놓고 하는 놀이로 나뭇잎이나 작은 돌을 말로 삼아 양쪽에 벌여 놓고, 일정한 방법에 따라 상대방의 말을 따먹거나 잡아가두거나, 상대방 집으로 쳐들어가 집을 차지하며 승부를 겨루는 등 놀이 방법이 다양하다. 보통 고누는 선후를 정하고 말을 쓴다. 약자선수(弱者先手)라고 수가 낮은 사람부터 시작한다. 지방마다 명칭과 놀이 방법이 다양하며 보통 두 사람이 겨루는 놀이로써 보통 말판 형태에 따라 참고누, 밭고누, 우물고누, 호박고누, 사발고누, 불알고누, 곤질고누, 네줄고누, 짤고누, 장수고누, 꽂을고누, 왕고누, 포위고누 등이 있다.

그중 간단하고 놀기 쉬운 것이 밭고누와 넉줄고누이다. 밭고누는 움직일 수 있는 밭이 9군데인데, 각각 말 3~4개씩을 가지고 1번에 한 발씩 움직인다. 상대방의 말이 갈 곳이 없도록 길을 막아버리면 이기게 된다. 따라서 될 수 있는 대로 상대방의 말을 구석으로 몰아 보내도록 유도해가면서 길을 내주도록 한다. 네줄고누는 각각 4개 또는 6개의 말을 가지고 한 발씩 움직여 자기 말이 공간이 없도록 한다. 진행 중에 말 2개가 나란히 놓였을 때, 상대방의 말이 바로 옆에 하나가 있으면 상대방의 말을 뗄 수 있다. 이처럼 고누놀이는 말판형태에 따라 그 명칭도 다를뿐더러, 놀이 방법도 다양하여 보통 끼워먹기, 몰아먹기, 넘어먹기, 돌아먹기 등의 방법을 사용하고 있다.

(4) 고누놀이의 실제

① 우물고누

- 〈그림 1〉처럼 말을 놓는다.
- 선을 따라 한 번에 한 칸씩 말을 움직일 수 있다.
- 맨 처음 시작할 때는 1과 4는 움직일 수 없고, 2와 3을 움직여야 한다. 그 이유는 이 말들을 먼저 움직이면 길이 막혀 더 이상 고누놀이를 할 수 없게

되기 때문이다. 따라서 '우물고누 첫 수'(상대방을 꼼짝 못하게 할 수 있는 가장 좋은 방법을 비유적으로 이르는 말, 한 가지 방법 외에는 달리 변통할 재주가 없음을 비유적으로 이르는 말)란 속담이 생겨난 것이다.

• 번갈아 말을 움직이다가 상대방 말을 한쪽에 몰아놓고 아래 그림처럼 길을 막아버리면 이긴다. 〈그림 2〉는 흑이 이긴 것이고, 〈그림 3〉은 백이 이긴 것이다.

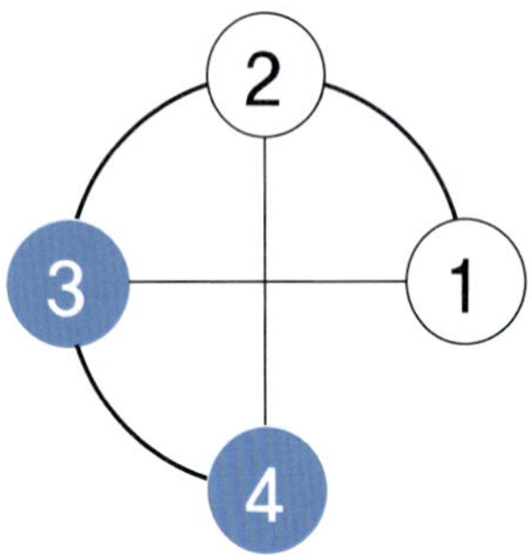

〈그림 1〉

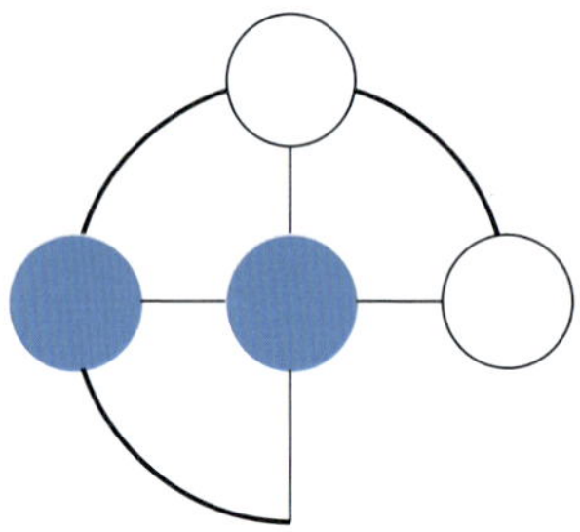
〈그림 2〉

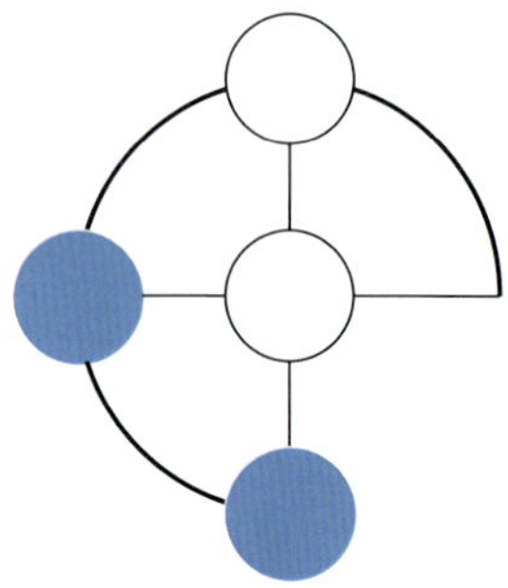
〈그림 3〉

② 호박고누

• 〈그림 1〉처럼 말을 놓는다.

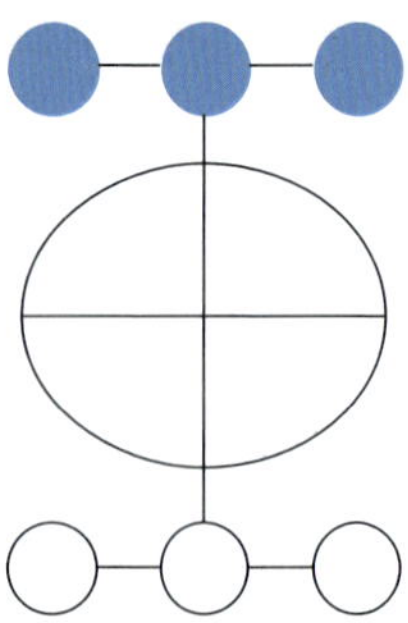
〈그림 1〉

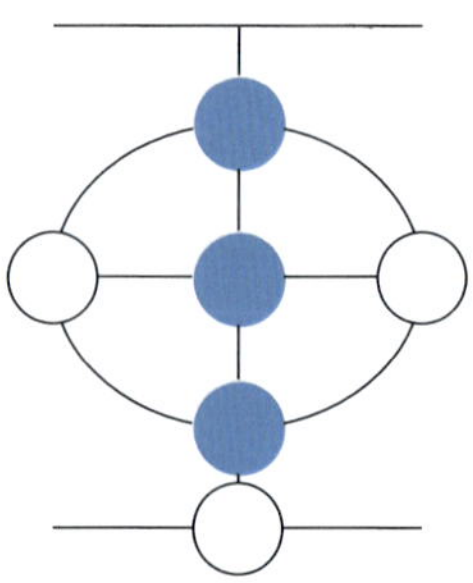
〈그림 2〉

- 선을 따라 번갈아 한 칸씩 말을 움직인다.
- 자기 집(처음 말을 놓았던 곳)에서 한 번 나온 말은 다시 돌아갈 수 없다.
- 가운데 원 부분에서는 마음대로 움직일 수 있다.
- 번갈아 두다가 〈그림 2〉와 같이 상대방 길을 막아 더 이상 움직이지 못하게 하면 이긴다. (백이 더 이상 움직일 곳이 없으므로 흑이 이긴 것이다.)

③ 넉줄고누

- 〈그림 1〉과 같이 말을 놓는다.

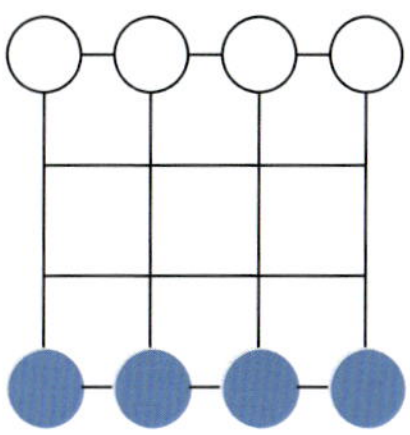

〈그림 1〉

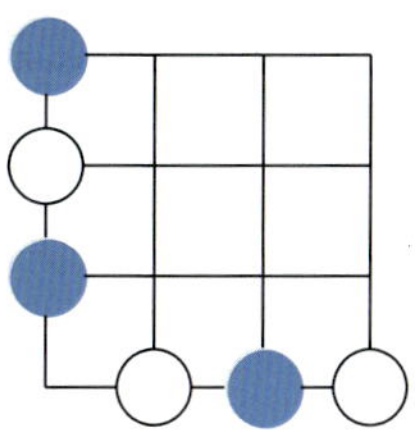

〈그림 2〉

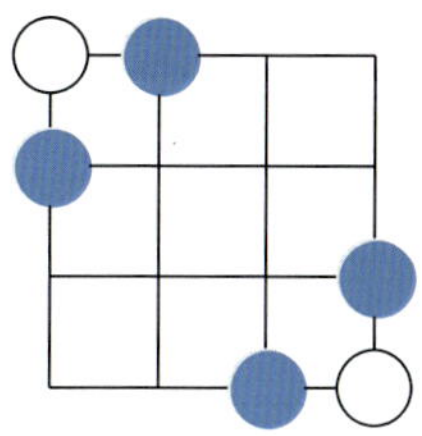

〈그림 3〉

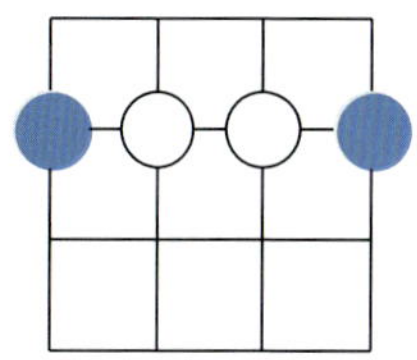

〈그림 4〉

- 번갈아 가며 길을 따라서 한 칸씩 전후좌우로 움직인다.
- 〈그림 2〉와 같이 가로나 세로로 자기 말 2개를 가지고 상대방 말을 포위하게 되면 상대방 말을 따낸다. (그러나 이미 놓여 있는 말 사이로 상대방 말이 들어가는 경우에는 따낼 수 없다)
- 모퉁이일 경우 〈그림 3〉과 같이 길을 막으면 상대방 말을 따낸다.
- 〈그림 4〉와 같이 자기 말 사이에 상대방 말이 둘 이상 들어간 경우는 상대방 말을 따낼 수 없다.
- 상대방 말이 하나 남으면 이긴다. (말 하나로는 상대방 말을 둘러쌀 수 없으므로 이미 진 것이 되는 것이다)

④ 바퀴고누(물레고누)

- 〈그림 1〉과 같이 말판을 그리고 말을 놓는다.
- 줄고누와 같이 전후좌우로 한 칸씩 번갈아 움직인다.
- 상대의 말을 잡으려면 반드시 바퀴를 돌아야 한다.
- 바퀴를 돌 때에는 상대방의 말이든 자신의 말이든 바퀴 출구에 말이 없어야 한다.
- 바퀴를 돌아 나오면 직선상으로 여러 칸을 계속 갈 수 있다.
- 직선상으로 가다가 다시 다른 바퀴의 입구를 돌아 나오면 계속해서 여러 칸을 직선으로 갈 수 있다. (멈추고 싶은 곳에서 멈춰도 됨)
- 바퀴를 돌아 나올 때 직선상에 자신의 말이 있으면 더 이상 전진하지 못하고 그 말 앞에서 멈춰야 한다.
- 〈그림 2〉와 같이 바퀴를 돌아 나올 때 직선상에 상대방의 말이 있으면 그 말을 따낼 수 있다.
- 상대방의 말을 모두 따내면 이긴다.

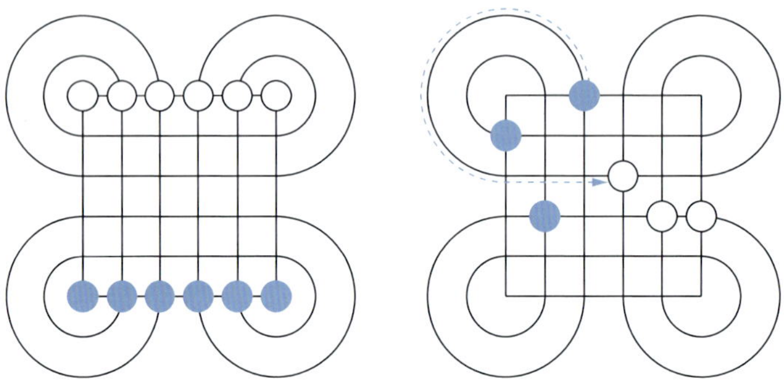

〈그림 1〉 〈그림 2〉

⑤ 포위고누

• 〈그림 1〉과 같이 말판을 그리고 각각 6개의 말을 말판에 놓는다.

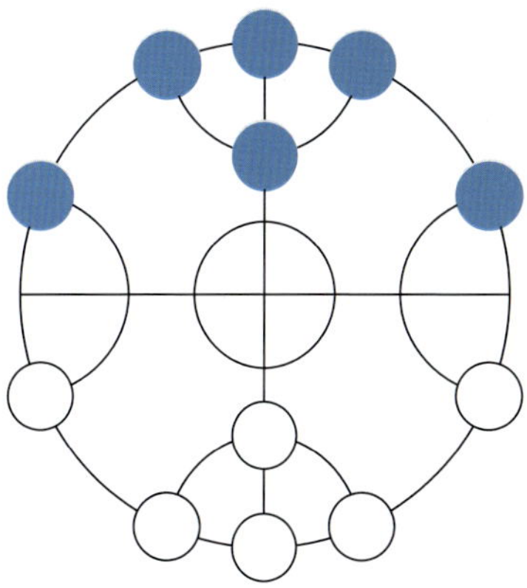

〈그림 1〉

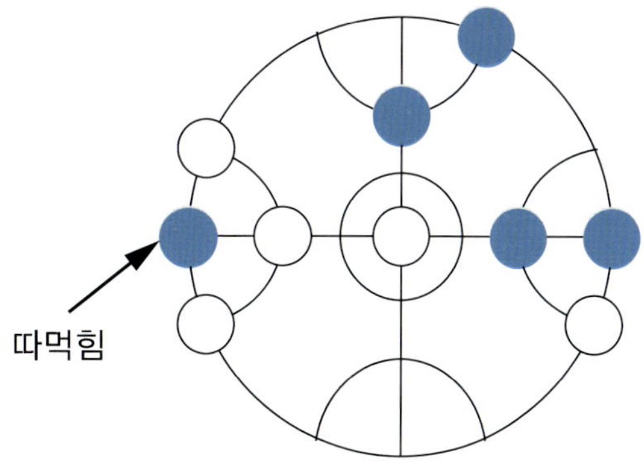

〈그림 2〉

• 순서를 정하고 길을 따라 한 칸씩 번갈아 가며 말을 둔다.
• 〈그림 2〉와 같이 상대방 말을 포위하여 움직이지 못하게 하면 그 말을 따먹는다.
• 상대방 말이 두 개 남으면 이긴다. (두 개로는 포위할 수 없으므로 이미 진 것이 되는 것이다)

4) 비석치기

(1) 비석치기의 정의와 유래

비석치기는 아이들이 상대편의 비석(돌)을 일정 선상에 세워 놓고 자신의 비석을 운반해 여러 가지 방법으로 상대 비석을 쓰러뜨려 승부를 가리는 놀이이다. 이것의 명칭은 북한의 〈현대 조선말 사전〉(과학백과사전 출판사, 1981)과 남한의 〈새 우리말 큰 사전〉(삼성출판사, 1991)에는 모주 '비사치기'라 나와 있고,

그 외에도 돌치기, 비새치기, 비껴차기, 자새차기, 마네까기, 망깨까기, 말차기, 강치기, 비사색기, 비석까기, 비석차기 등 다양하게 불리고 있다.

비석치기에 대한 옛 문헌기록은 남아 있지 않다. 따라서 많은 사람들이 '비석치기'라는 놀이의 이름에서 그 기원을 추론하고 있다. 대표적인 주장은 비석치기의 비석이 무덤 앞에 세우는 비석(碑石)이란 주장이고, 다른 하나는 돌이 날아다닌다는 비석(飛石)이란 주장이다.

전자의 주장은 예전에 권력층이나 부유층이 자기들의 조상 또는 자기의 업적을 기리기 위해 송덕비(頌德碑 ; 봉건적 관료체제의 전형적 소산물로, 다수 민중의 뜻에 의한 것이 아니고 몇몇 권력층의 자기 자랑 및 자기 과시에 불과함)라는 것을 세웠는데, 이 송덕비는 서민의 눈에 곱게 보일 까닭이 없었다. 아마, 하나의 잘 다듬어진 돌덩이 또는 달갑지 않은 수탈과 권력의 상징으로 보였을 것이다. 그래서 그 앞을 지나갈 때마다 비석에 대고 욕설을 하거나 발길질로 비석을 차면서 평소 쌓인 울분을 폭발시켰다고 한다. 이런 상황에서 시작된 비석치기는 점차 놀이화되어 어린이놀이로 자리 잡게 되었다고 하며, 비석치기의 시원(始原)을 봉건제가 시작되는 고려나 조선시대로 잡고 있다.

후자의 주장은 돌을 가지고 던져서 맞히는 놀이라는 점에서 투석(投石)놀이나 석전(石戰)놀이에서 비롯되었다는 주장이다. 원시시대에 인류는 맹수로부터 자기 보호의 수단으로 투석법(投石法)을 터득하게 되었고, 이는 부족 간의 전쟁에도 활용되었다고 한다. 따라서 이런 투석전이 삼국시대부터 고려시대, 조선시대에 이르기까지 행해졌는데, 그 유습(遺習)이 세시 풍속화되고 변형되어 비석치기란 어린이놀이가 되었다고 한다. 따라서 그 유래를 원시시대로 거슬러 올라가야 한다고 주장하고 있다. 이러한 주장은 최상수의 〈한국 민속놀이의 연구〉에서 '비석치기는 비석(碑石)치기가 아닌 돌을 날려 치는 놀이라는 뜻에서 비석(飛石)치기로 보는 것이 옳은 것 같고, 똑같은 이유에서 사기그릇 조각을 갖고 이를 날려 치기 때문에 일명 비사(飛砂)치기라는 이름이 붙게 되고, 또 돌로 치고 놀기 때문에 〈돌치기〉라 부르게 되었다'를 통해서도 잘 설명되고 있다.

이와 같은 서로 다른 주장이 있는데, 현재 후자보다 전자가 널리 알려지고 많은 사람들이 그렇게 이해하고 있다. 그러나 전자의 주장은 비석치기의 다양한 명칭을 살펴보면 인위적인 추론이 아닌가 생각된다. 즉 비석치기는 '돌 맞히기' '바사치기' '비사잭기' '돌치기'라는 순수한 우리말이 있는 것을 보면, 비석치기의 비석은 송덕비의 비석이 아니라 돌을 가지고 던져 맞히는 놀이란 뜻에서 날아다니는 돌[飛石], 후자의 주장이 더 적합하다고 여겨진다.

(2) 비석치기 놀이 방법

이 놀이는 일정하게 거리를 둔 곳에 선을 긋고, 거기에 돌을 세워 둔 다음, 단계별로 여러 가지 방법을 통해 던지는 돌(망 또는 말이라고도 한다)로 목표물을 쓰러뜨리는 놀이이다.

- 손바닥 만한 넓적한 돌이나 깨진 기왓장 조각을 가지고 말을 만든다.
- 말을 만들 때는 세우기도 좋고 나르기도 좋은 것을 골라야 한다.
- 먼저 상대편 말을 목표 지점에 세워 놓는다.
- 자기 말로 출발선에서 던지거나 신체 일부분에 의해 옮겨 쓰러뜨린다.
- 수비를 하는 팀은 상대방을 웃겨서 실수할 수 있도록 유도해도 무방하다. (경우에 따라서는 이 부분은 생략 가능하다)
- 상대편 말을 쓰러뜨리지 못하거나, 말을 옮기는 도중 말을 빠뜨리면 공격이 바뀌게 된다.
- 편을 갈라서 할 때에는 성공하지 못한 사람을 대신하여 같은 편에서 한 명이라도 성공을 하면 다음 차례로 넘어간다.
- 말을 발로 건드리거나 말을 떨어뜨리면 실격이 된다.

- 서로가 협의해서 하기로 한 모든 단계(과정)의 놀이를 통과한 사람이나 편이 이기게 된다.

(3) 비석치기 놀이 실제

- 선채로 그냥 던지기
- 한발 뛰어 차기, 두발 뛰어 차기, 세발 뛰어 차기
- 한발 뛰어 던지기, 두발 뛰어 던지기, 세발 뛰어 던지기
- 도끼치기(상대방의 말을 모로 세워놓고서 넘어뜨리기를 한다)
- 일반적인 비석치기는 막치기(상대방의 말을 옆으로 세워놓고서 넘어뜨리기를 한다)에 해당된다.
- 도둑발(돌을 발등 위에 올려놓고 비석가까이 가서 망을 쓰러뜨린다. 오른발, 왼발 순으로 실시한다)
- 토끼뜀(돌을 발목 사이에 끼워 놓고 뛰어간다. 비석 가까이 가서 돌을 비석 위에 떨어뜨려 쓰러뜨린다)
- 오줌싸개(걸음마 뛰기, 돌을 무릎 사이에 끼우고 걸어가서 쓰러뜨린다)
- 똥꼬(가랑이, 자지치기, 돌을 가랑이 사이에 끼우고 걸어가서 쓰러뜨린다)
- 배사장(똥배, 돌을 배위에 올려놓고 걸어가서 쓰러뜨린다)
- 군고구마(두 손에 돌을 계속 번갈아 주고받으며 '아이 뜨거워'라고 외치며 빨리 뛰어가서 돌을 쓰러뜨린다)
- 술병 쥐기(커피 잔, 술병을 쥔 자세(또는 커피 잔을 올려놓은 자세)로 손에 쥐고 가거나 또는 손등에 올려놓고 걸어가서 넘어뜨리기를 한다. 오른손 왼손 순으로 실시한다)
- 비행기(양팔을 수평으로 벌려 손등에 올려놓고, 비행기 소리를 내며 다가가서 쓰러뜨린다. 오른손 왼손 순으로 실시한다)
- 신문팔이(돌을 겨드랑이에 끼우고 가서 쓰러뜨린다)
- 턱 치기(턱까기, 목걸이, 말을 턱과 목 사이에 끼고 걸어가서 넘어뜨리기를 한다)

- 훈장(장군, 어깨위에 망을 올려놓고 가서 쓰러뜨린다. 오른 어깨, 왼 어깨 순으로 실시한다)
- 떡장수(인사, 안녕하세요, 머리위에 돌을 올려놓고 가서 쓰러뜨린다)
- 똥차(뒷걸음질 하면서 다가가서 넘어뜨리기를 한다)
- 장님(돌을 던져 놓고 눈을 감은 상태에서 걸어가, 망을 더듬거리며 찾은 후 던져 쓰러뜨린다)

5) 제기차기

(1) 제기차기의 정의와 유래

제기란 엽전(葉錢)이나 구멍이 뚫린 주화(鑄貨)를 얇고 질긴 한지나 비단에 접어서 싼 다음 양 끝을 구멍에 꿰고 그 끝을 여러 갈래로 찢어서 너풀거리게 한 것인데, 주로 겨울에서 정초에 걸쳐 즐기는 어린이 전래놀이이다. 또 가죽조각을 엽전만큼씩 크게 오려서 엽전 밑에 받치고 다른 오라기를 가죽 밑으로부터 구멍에 꿴 뒤에 다시 닭이나 꿩의 깃을 꽂아서 매어 만들기도 하였다. 이와 같이 종이나 비단으로 술을 만들거나 새 깃을 붙이는 것은 발로 차올린 제기가 천천히 떨어져서 발에 잘 맞도록 하기 위한 것이다.

제기차기의 유래에 대해서는 정확히 알 수 없으나 고대 중국에서 무술을 연마하기 위하여 고안된 공차기의 일종으로 축국(蹴鞠)놀이에서 연유한다고 하며, 그 시기를 중국의 전설적인 왕 황제(黃帝) 때로 보는 견해가 있다. 축국은 넓은 마당에 높은 장대를 여러 개 세워 그 위에 망을 치고, 털로 싼 가죽공을 여러 사람이 다투어 차서 공을 망 위에 얹는 결과로 승패를 짓던 것이었다. 뒷날 공에 바람을 넣어 사용하게 되어 이름도 축구(蹴毬) 또는 타구(打毬)로 바뀌었다는 견해도 있다.

〈구당서(舊唐書)〉에 고구려 사람들이 축국을 잘하였다는 기록이 있는데, 신라의 김유신(金庾信)이 축국을 빙자하여 김춘추(金春秋)의 옷고름을 밟아 떼어 누이인 문희(文姬)에게 달게 함으로써 두 사람의 인연을 맺게 하였다는 이야기가 〈삼국유사〉에 실려 있다. 또한 〈隋書(수서)〉의 〈동이전(東夷傳) 백제조〉를 보면 백제에서도 축국놀이를 했다는 기록이 있다. 그리고 고려시대 이규보(李奎報)의 시(바람이 들어가면 공은 불룩하나 / 발길에 쳐야 쭈그러드네 / 바람이 빠지면 사람들도 흩어지고 / 공은 어느덧 빈주머니처럼 되네)에 이에 관한 것이 있고, 조선 말엽의 홍석모(洪錫謨)가 쓴 〈동국세시기(東國歲時記)〉에도 '장년과 소년들이 축국놀이를 하는데 공이 탄환만하여 위에는 꿩털을 꽂았다. 두 사람이 상대하여 서로 마주 차는데 계속하여 떨어뜨리지 않는 것이 훌륭한 기술이다.'라는 기록이 있다.

이와 같이 이 놀이가 삼국시대부터 조선 후기에 이르기까지 널리 행해져 왔음을 짐작하게 한다. 즉, 원래 공을 차는 축국(蹴鞠)을 우리말 음을 붙여 조선 초기에는 〈뎌기〉라고 했다가, 18세기 이후 〈져기〉 또는 〈적이〉를 거쳐 〈제기〉로 바뀌었다는 견해이다. 물론 놀이방법도 처음에는 공을 차올리는 것에서 시작하여, 오늘날 보이는 어린이들의 〈제기차기〉로 변했으리라는 설이다. 실제 고구려, 백제, 신라 세 나라 모두 축국을 즐겼다는 기록이 확인되며, 특히 신라의 축국 기록에서 확인되는 놀이의 형태는 현재의 제기차기 방식과 유사한 것으로 짐작된다.

공차기 방식이나 제기차기 방식의 축국은 왕실에서 민간에 이르기까지 놀이문화로 그 당시 성행하였고, 축국은 고려 때에 이르러 돼지 방광으로 만든 기구(氣毬)라고 불리는 공기공을 사용하기에 이른다. 그러나 고려 때까지 비교적 다양한 계층의 놀이였던 축국은 조선시대에 들어와 변화를 맞이하게 된다. 조선시대는 성리학 이념의 확산으로 인해 놀이가 곧 잡희(雜戱)로 인식되면서 축국은 아동들의 놀이로 굳어졌다. 그런데 공을 구하기가 어렵게 되자 새로운 놀이도구인 엽전제기가 출현하게 된다. 중종 22년(1527년) 최세진(崔世珍)이 편찬한 〈훈몽자회(訓蒙字會)〉에 '건(鞬毛, 피모)'을 '뎌기 건'이라 풀이하면서, 소아(小兒)들이 차는 것으로 민간에서는 '척건자'라 부른다.'라고 설명한다. 종래 죽방울이라고 불리던 공(毬) 이외에 별도로 건(毽), 건자(毽子), 척건자(踢毽毛子) 같은 새로운 제기가 출현한 것이다. 특히 '척건자'는 무거운 물체 위에 종이나 털을 엮어 만든 어린이용 제기였다. 그 결과 축국이라고 불리는 제기차기는 공을 이용한 방식과 '척건자'를 이용한 방식 두 가지 형태로 발전해 나갔다.

제기차기는 조선시대에 아동들의 놀이로 크게 유행하였다. 실제로 조선시대 재상을 지낸 이항복이 어린시절에 씨름과 축국을 좋아했다는 기록은 이를 잘 증명한다. 제기차기가 어린이들의 놀이로 발전한 사실은 19세기에 편찬된 〈아희원람(兒戲原覽)〉에서 축국 곧 제기를 아동들의 놀이로 소개한 데에서도 잘 알 수 있다. 제기차기는 어디에서나 아무 때나 가능했으나 주로 겨울에서 봄 사이에 즐기는 놀이로 더 발전하였다. 추운 날씨에 집 밖에서 공을 차면서 땀을 내고 체력을 기르며 건강도 유지한 것이다. 이미 신라 때 김춘추와 김유신이 정월 오기일(午忌日, 대보름)에 축국을 한 것도 그 같은 이유에서였던 것 같다. 그래서인지 제기차기는 조선 후기에는 아예 겨울철 세시풍속으로 정착하였다. 19세기 중엽에 편찬된 〈동국세시기(東國歲時記)〉에는 그 같은 사실을 잘 말해 준다. 당시 공기공에 꿩 깃을 꽂아 만들었다고 해서 이를 축치구(蹴雉毬)라고 불렀다.

조선 후기에는 청년들이 내기 축국을 자주 한 것으로 확인된다. 그러다 보니 아예 엽전제기가 만들어졌다. 소위 돈제기라고 불리는 엽전제기는 내기 축국에 좋은 수단이자 상품이었던 셈이다. 제기차기가 전국적으로 발달한 탓으로 그 칭호도 매우 많았다. 순조 때 편찬된 〈재물보(才物譜)〉에는 축국이 농주, 답국, 척국, 백타, 건자, 행두, 축융, 원사, 척구, 원정 따위로 다양하게 나타난다. 축국이 얼마나 성행했는지를 잘 보여주는 대목이다.

민간에서 성행한 제기차기는 근대 이후에도 여전히 계속되었다. 특히 제기차기는 석전(石戰)과 함께 구한말 서양의 선교사들이 가장 신기해 한 풍경 가운데 하나였다. 그러다가 서양의 근대식 축구가 도입되면서 공을 이용한 제기차기 형식의 축국은 점차 사라져 가고, 그 결과 돈제기만 남게 되는 것이다. 오늘날 한국에서 제기라고 하면 엽전제기를 생각하는 이유도 그 때문이다. 엽전제기는 오늘날 전국적으로 제기차기라 부르지만, 평안도에서는 테기차기, 체기차기, 전라도에서는 재기차기, 제주도에서는 쪽기차기 라고도 한다.

물론, 위의 견해와 아주 다른 견해도 있다. 나현성은 그의 책 〈한국체육사〉(서울대학교 사범대학 체육연구실, 1963)에서 '축국과 제기차기는 전혀 다르다'고 주장하고 있다. 삼국시대에 행해진 축국은 오늘날의 축구와 같은 스포츠적인 구희(球戱)와 더 유사하다는 주장을 하였으며, 다른 책 〈한국민속대관〉(고려대학교 민족문화연구소, 1982)에서는 앞의 주장과 마찬가지로 '축국이 제기차기로 변형되었다고 보기는 어렵고, 오히려 어린이들이 질경이풀이나 우산풀을 차고 노는 순수한 놀이인 '풀 제기차기'에서 비롯된 듯 하다'고 주장한다.

(2) 제기 만들기

제기는 시대에 따라 만드는 방법이 달라져 왔다. 근래에 가장 많이 이용한 방법은 구멍이 뚫린 옛날 엽전이나 그와 비슷한 쇠붙이에다 한지나 얇은 미농지, 천 따위로 싸거나 그 두 끝을 한 구멍의 같은 방향으로 꿰어서 그 끝을 갈래갈래 찢어서 만들었고, 7~8cm 정도의 술이 달리게 만든다. 또는 헝겊에 흙이나 마른 말똥 등을 싸서 잡아매고 꿩의 꽁지깃을 꽂아 만들기도 하였다. 또 종이 대신에 색실이나 털실로 술을 만들기도 하였다. 오늘날은 비닐로 된 제기를 구입해서 많이 사용하는 실정이다.

① 한지 제기

질기고 얇은 한지(꽃종이, 창호지 등)을 접어서 엽전을 싸고, 종이의 양끝을 엽전 구멍에 꿴다. 그 다음 종이를 잘게 찢어, 각 오리를 손으로 비벼서 술처럼 만든다.

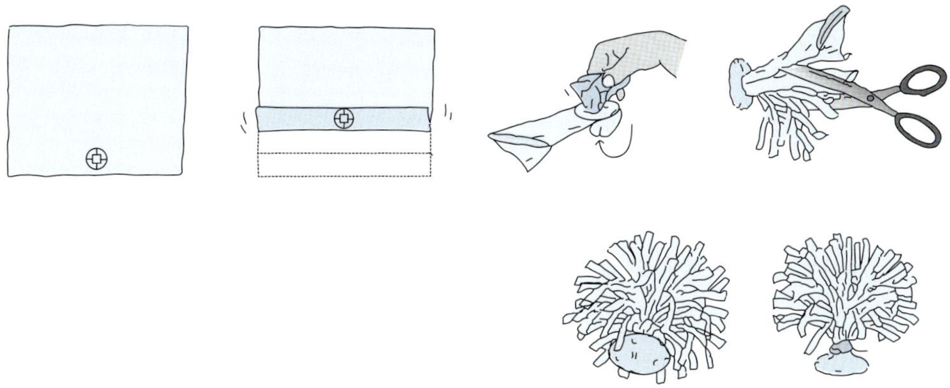

② 천제기

손바닥 만한 천으로 엽전이나 그와 비슷한 크기의 쇳조각을 싸고, 중심에 닭털을 여러 개 꽂아 술을 만든다. 닭털이 빠지지 않게 실로 잘 동여맨다. 제기에 새 깃이나 색실오리, 창호지 등으로 술을 만드는 것은 발로 차올린 제기가 똑바로 떨어져서 발에 잘 닿도록 하기 위한 것이다.

③ 비닐제기

적당한 크기의 비닐을 펴서 가운데에 동전을 넣고 둘둘 만다. 그리고 동전이 빠지지 않도록 머리 부분을 실이나 고무줄로 동여매고, 가위로 잘라 술을 만든다.

(3) 제기차기 놀이 방법

제기 차는 방법에는 발 들고차기, 양발차기, 외발차기, 뒷발차기 등이 있다. 발 들고차기는 한쪽 발을 땅에 대지 않고 공중에서만 계속 발 안쪽 측면만으로 차기 때문에 헐랭이, 헐렁이, 헐렁차기, 개칙구라고도 한다. 양발차기는 제기를 양쪽 발로 번갈아 차는 방법이며, 외발차기(멘제기)는 제기를 한쪽 발로만 차는 방법이다. 뒷발차기는 가장 어려운 방법으로 제기를 뒤로 차올리는 방법이다. 그러나 최근에는 보통 발등의 바깥쪽을 이용하는 것으로 통용되었다(저자의 견해

; 이 방법은 치마를 입은 여성들을 위해서 편리하게 고안된 방법이 아닌가 생각된다). 제기차기는 두 사람 이상 여럿이 개인별 내기도 할 수 있고, 편을 갈라 할 수도 있는데 제기를 정해진 방법으로 많이 차는 쪽이 이긴다.

즉, 한 번 차고 땅을 딛고 또 차고 땅을 딛는 제기차기를 땅강아지, 맨제기, 땅지기 등의 명칭이 사용되고 있고, 두 발을 번갈아가며 차는 것을 양발차기, 어지자지, 땅을 딛지 않고 계속 차는 것을 헐랭이, 들지기, 개칙구 등의 명칭을 사용한다. 이 밖에 고급 기술로 한번 차서 제기를 입에 물었다가 다시 차고 다시 무는 (　　　　　), 자신의 키보다 넘게 올려 차는 (　　　　　), 차서 머리 위에 얹었다가 떨어뜨려 다시 차는 (　　　　)도 있다.

〈땅강아지〉

〈헐랭이〉

〈양발차기〉

앞의 여러 방법 중에 어느 한 가지만을 미리 정해 차기도 하고, 삼세가지라고 하여 위의 세 가지를 모두 차서 합계를 내어 승부를 짓기도 한다. 잘 차는 사람은 한 가지만으로 몇 백까지 차는데, 차올린 제기를 머리 위나 어깨로 받아서 한참씩 다리를 쉬거나 발 안쪽과 바깥쪽은 물론이고 발등과 발뒤축 또는 무릎으로 차는 재주를 부리기도 한다. 진 쪽에서는 종들이기라는 벌칙을 받는다. 종들이기는 진 사람이 상대의 서너 걸음 앞에서 제기를 발 앞부리에 던지면, 이긴 사람은 이것을 앞으로 멀리 차낸다. 진 쪽이 그것을 손으로 잡지 못하면 몇 번이고 반복해서 들여 주어야 하며, 이긴 쪽에서는 찬 제기를 잡히거나 헛발질을 하면 죽는데, 이때 진 쪽은 종의 입장에서 벗어나게 된다.

6) 산가지 놀이

(1) 산가지 놀이의 정의와 유래

현재 사용하는 아라비아 숫자와는 달리 한문으로 된 숫자는 계산용이 아닌 기록이 목적이었다. 그러므로 계산을 위해서 별도의 계산 기구가 필요한 것은 당연했으며, 우리나라에서도 중국의 예를 본받아 공적으로 산가지[산목(算木), 산대, 산책(算策)]를 계산기로 사용하였다. 처음(삼국시대에 중국으로부터 전래되어 조선중기까지)에는 주로 관(官)을 중심으로 하여, 관료 조직의 내부 또는 사대부 층의 엘리트 사회에서만 사용했었는데 그 이유는, 조선 중기까지는 조직적인 계산 능력이 필요할 정도의 상업 활동을 할 집단은 오직 관료 체제의 내부나 극소수의 지배계층뿐이었기 때문이다.

그러나 조선 후기에 민간 상업이 발달하면서 일반 대중들도 이를 널리 사용했다. 주로 나무로 만들었으나 쇠붙이, 상아, 옥 등으로 제작하기도 했다. 크기는 조선 후기의 산서인 〈습산진벌(習算津筏)〉등의 기록에서는 지금의 것처럼 7.7cm 정도로 규격화되어 있으며(실제 사용에 있어서는 이를 꼭 지키지 않았다), 산가지의 용기로는 주머니와 통이 많이 사용되었다. 산가지는 고대 중국에서 처음 사용된 것으로 전국시대의 화폐에서 발견할 수 있으며, 중국의 〈도덕경(道德經)〉에는 '수를 잘하는 사람은 산가지를 사용하지 않는다.'라는 기록이 남아 있다. 산가지는 일본과 우리나라에 전파되어 널리 사용되었지만 주판의 등장과 함께 점차 사라졌다.

산가지로 수를 나타내는 방법으로는 고대중국의 것을 충실히 따랐으며, 〈손자산경(孫子算經)〉이라는 책에 나온 문구(일은 세로, 십은 가로, 백은 서고, 천은 눕고, 천과 십은 서로 우러러 보고, 만과 백은 서로 마주 대한다)대로 이루어졌다. 산가지의 배열은 한 자리수와 10자리수가 서로 혼동되지 않게, 세로와 가로로 구별하여 번갈아 놓고, 이하 100의 자리의 수를 혼동하지 않도록 세로와 가로로 구별하면서 놓고, 이하 100의 자리와 만의 자리는 세로, 1000의 자리와 10만 자리 등은 가로가 되도록 세로와 가로를 번갈아 가면서 바꾼다. 산가지의 수 표시를 그대로 옮겨 쓴 것이 이른바 '주식숫자(籌式數字)'(산가지의 배열을 그대로 표시했지만 약간 다른 점이 있었다)이다.

이러한, 주식숫자에서는 각 숫자 사이에 간격을 두지 않고 꼭 붙여서 써야 하고, 빈자리는 'O' 으로 나타내야 하며, 음수는 마지막 자리의 숫자에 빗금을 그어야했다. (물론 산가지의 제도, 즉 공식 규격이 정해져 있었지만 이러한 규격은 딱히 지켜진 것이 아닌, 그저 형식상의 규격일 뿐이었다)

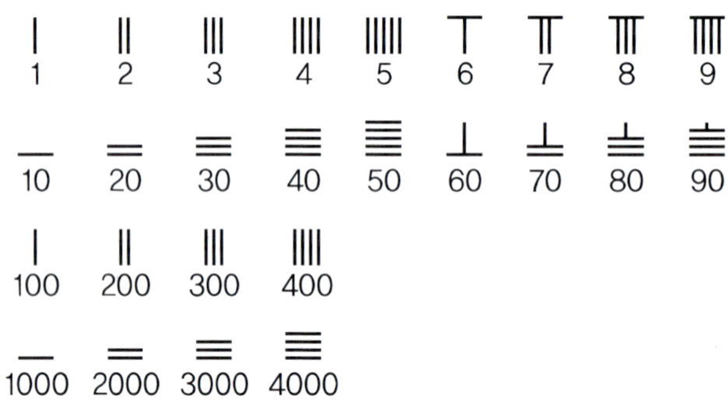

〈숫자를 산가지로 나타내는 방법〉

즉, 산가지란 수를 세기 위한 특별한 도구가 없었던 때에 수효를 세기 위하여 수숫대, 싸리, 나무개비 등을 매끈하고 짧게 깎아 사용하던 가는대를 말하며, 이러한 산가지를 계산 도구로 사용하다가 점차 어린이들의 놀이 기구로 바뀐 것이 아닌가 생각된다. 이 놀이는 지방에 따라서 산가지, 산대, 수가비, 수대라고도 하며, 근래에는 산가지 대신 성냥개비를 가지고 이 놀이를 하였으므로 성냥개비놀이라고도 한다. 이 놀이는 현재는 때와 장소에 구애받지 않아 어린이뿐만 아니라 어른들도 즐길 수 있다.

(2) 산가지 놀이 방법

놀이 방법에는 산가지 떼어내기, 산가지 따기, 형태 바꾸기, 산가지 들기, 삼각형 없애기, 쌍 만들기 등이 있다.

① 산가지 떼어내기

이 놀이는 누구나 즐길 수 있는 간단한 놀이이다. 놀이순서는 먼저 산가지를 왼손에 한줌 쥐고 바닥에 세운 뒤 오른손으로 산가지 한 개를 집는다. 오른손에 쥔 산가지 끝으로 왼손의 산가지 가운데 하나를 눌러 세우고 동시에 왼손을 놓아 나머지 산가지들이 흩어지게 한다. 그리고 오른손 산가지로 이들을 하나씩 떼어내는데, 이때 다른 산가지를 건드리지 않아야 한다. 따라서 왼손에 쥐었던 산가지들은 될수록 멀리 그리고 뿔뿔이 흩어지게 해야 많은 가지를 얻을 수 있다. 이 놀이는 두 사람 또는 여럿이 편을 갈라 즐길 수 있다. 이것은 매우 단순해 보이지만 다른 가지를 건드리지 않고 하나하나 떼어내기 위해서는 매우 섬세한 주의와 관찰이 필요하며, 극도의 섬세한 손놀림이 요구된다.

② 산가지 따(먹)기

이 놀이는 아래 그림처럼 산가지를 늘어놓고 윷을 던져서 그 수에 따라 산가지를 가져가는 놀이이다. 그러나 만약 윷가락에 해당되는 산가지가 없을 때는 가지고 있는 산가지를 물어넣어야 하며, 산가지가 없으면 빚을 지게 된다. 이 놀이는 일정한 횟수를 마친 뒤에, 가지고 있는 산가지 숫자로 승패를 결정한다.

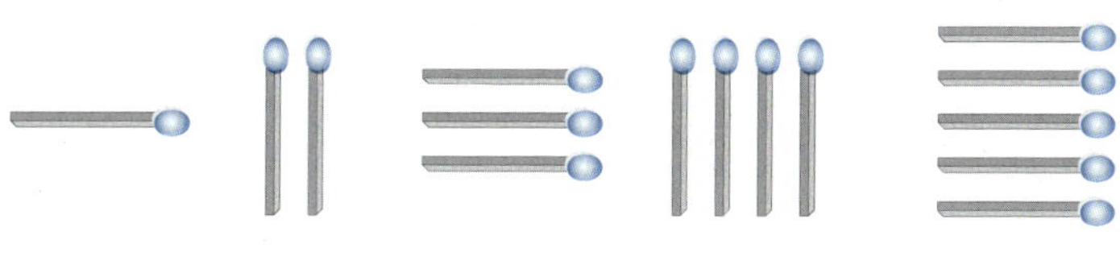

③ 산가지 형태 바꾸기

산가지로 어떤 형태를 만든 뒤 몇 개의 산가지를 움직여 방향이나 모양을 바꾸도록 하는 놀이이다. 예를 들면 11개의 산가지로 집을 만든 다음 산가지 한 개를 옮겨서 집의 방향이 달라지게 하는 것이다. 이 밖에 이 놀이와 같은 종류로는 물고기의 헤엄쳐가는 방향 바꾸기, 나비(제비)의 날아가는 방향 바꾸기, 쓰레기통 안의 쓰레기를 밖으로 나가게 하기 등이 있다.

④ 산가지 (많이) 들기

산가지 한 개로 여러 개의 산가지를 드는 놀이이다. 드는 방법은 바닥에 놓인 한 개의 산가지 위에 20여 개의 산가지를 엇갈려서 나란히 걸어 놓고 마지막 한 개는 그 교차점에 놓는다. 그런 다음 밑에 놓은 산가지를 가만히 들어 올리면 나머지도 모두 따라 올라온다.

⑤ 산가지 삼각형 없애기

형태 바꾸기와 비슷한 놀이이나 이것은 산수문제로 풀어야 한다는 점에서 차이가 있다. 9개의 산가지로 3개의 삼각형을 나란히 만들어놓고 산가지 두 개를 옮겨 삼각형 세 개를 모두 없애는 것이다.

⑥ 산가지 쌍(짝) 만들기

산가지 열 개를 한 개씩 옆으로 늘어놓고, 산가지 하나가 산가지 두 개를 건너서 한 쌍을 이루는 방법으로 다섯 쌍을 만드는 놀이이다.

⑦ 산가지 모양 만들기

이 놀이는 한 사람이 술래가 되어 술래가 말하는 모양을 빠르고, 정확하게 만드는 사람이 이기는 놀이이다. 단순한 산가지이지만 어린이들은 산가지로 집도 만들고, 나무도 만들고 글자도 만들 수 있을 것이다.

⑧ 산가지 높이 쌓기

우물 정자 또는 삼각형 등 어떤 모양을 쌓을지 정한 뒤, 두세 명이 함께 머리를 맞대고 높이 쌓아 올리는 놀이이다.

〈산가지-높이쌓기〉

⑨ 산가지 도형 만들기

주어진 도형에서 산가지 두개를 더하여 아홉 개의 정사각형을 만들거나, 주어진 도형에서 산가지 네 개, 또는 여덟 개를 없애서 같은 크기의 정사각형 다섯 개를 만들어 보거나, 주어진 도형에서 산가지 6개를 움직여서 평행사변형을 만들어 보는 놀이이다.

⑩ 산가지 산수놀이

산가지로 만든 등식인데 모두 등식이 성립되지 않는 산수 문제를, 각 식에서 주어진 숫자의 산가지를 움직여서 등식이 성립하도록 만들어 보는 놀이이다.

⑪ 산가지 기타놀이

오늘날 산가지놀이는 산가지 대신 성냥개비를 사용하기도 하는데, 성냥개비 놀이에는 산가지로 할 수 없는 놀이가 몇 가지 더 있다. 예를 들면, 성냥개비 6개로 가을 '추(秋)'자 만들기 놀이인데, 즉 성냥개비 5개로 벼 화(禾)자를 만든 뒤 남은 성냥개비 1개에 불을 붙여 불 화(火)자를 만드는 것이다. 이러한 산가지 놀이(성냥개비놀이)는 어린이가 사물을 깊이 생각할 수 있는 능력을 길러주고 역학적인 기초관념을 심어주는 데 큰 도움이 되는 놀이이다.

7) 딱지놀이

(1) 딱지치기의 정의와 유래

농촌 지역에 주로 겨울철에 나무껍질이나 두꺼운 종이를 오리거나 여러 가지 방법으로 접어 만든 딱지를 땅바닥에 놓고 다른 딱지로 그 위나 옆을 쳐서 땅바닥의 딱지가 뒤집히거나 일정한 선 밖으로 나가면 따먹는 남자아이들의 놀이로 전국적인 분포를 보이는 놀이이다. 지역에 따라 때기치기, 양기치기, 땅지치기, 때기치기, 빠치치기, 표치기 등이라고도 한다. 딱지의 종류에는 두꺼운 종이로 접어 만든 것과 무늬나 그림이 인쇄된 종이를 오려낸 것 등이 있다.

종이가 귀했던 옛날에는 접는 딱지보다 두꺼운 책 표지나 닥종이를 여러 겹 붙여 깔았던 재래식 장판을 새로 하기 위해 뜯어낼 때 사각형으로 오려서 만든 딱지를 가지고 놀았는데, 종이가 점차 널리 보급된 일제시대 말기(약 1940년대)부터 각지게 접어서 다양하게 만든 딱지를 가지고 놀았다. 그러다가 해방이 되고 한국 전쟁(6.25전쟁)을 치른 후 두껍고 질긴 종이가 나오면서, 오리는 딱지는 거의 사라지고 접는 딱지가 보편화되면서 전국적으로 빠르게 확산되어 아이들의 대표 놀잇감이 된다. 처음에는 '조선딱지'라 하여 사다리꼴로 접었는데 흔히 '방석딱지'라고 하는 사각형으로 접는 방식이 보급되면서 '조선딱지'는 자취를

감추게 되었다. 딱지는 1960~80년대에 전성기를 맞다가 이후 종이가 흔해지면서 점차 사라졌다가 최근에는 문구점에서 인쇄되어 파는 딱지가 보급되면서 다시 살아나고 있다. 물론 문구점에서 파는 계급이나 만화 등이 인쇄된 사각형, 원형 딱지(동그란 딱지)와는 다른 것이다.

문화재관리국(文化財官吏局)에 의해 조사된 〈한국민속종합조사보고서(韓國民俗綜合調査報告書)〉에는 여러 지역에서 행해지던 딱지치기의 다양한 방법과 이름이 보고되고 있다(남자 아이들이 종이를 가지고 여러 가지 모양을 만들어 〈중략〉 딱지(표)를 일정한 장소에 고정시켜 놓고 자기 표를 가지고 상대방 표에다 발을 대고 탁 쳐서 발 옆에 있는 상대방의 표가 뒤집어 지면~ 〈이하 생략〉). 영동, 영서 지방에서는 표치기로 소개하고 있으며 바람치기 방법도 소개하고 있다. 경기 지방에서는 오늘날 흔히 하는 방식의 놀이가 소개되고 있으며 충청남도 지방에서는 놀이 재료로 '종이(紙)의 단단한 것을 직경 5cm 정도 둥글게 오리거나 사각형으로 오려서 하는데 재료가 좋아야 유리하다'고 소개하고 있다.

(2) 딱지 접는 방법

한 장으로 접는 방법과 두 장으로 접는 방법 그리고 조선딱지라 이름붙은 사다리꼴 딱지 접는 방법 등이 있다.

① 한 장으로 접는 방법(일자 접기)

가로와 세로의 비율이 5:1이 되는 종이를 1장 준비한다. 보통 장방형의 종이를 여러 번 접고 접어 대강 비율을 맞추면 된다. 오른 편에서 두 번째 칸을 대각선으로 접은 다음 접은 부분을 세 번째 칸에 올려 접는다. 그 다음 처음의 오른 편 첫 번째 칸을 접은 부분이 위로 오도록 대각선으로 접고 접은 부분을 위로 올려 접는다. 왼편에서 2번째 칸을 대각선으로 접어 마찬가지로 중앙으로 접는다. 맨 왼편의 사각형 부분을 대각선으로 접은 다음 접은 부분을 틈 사이로 끼워 넣으면 딱지가 완성된다.

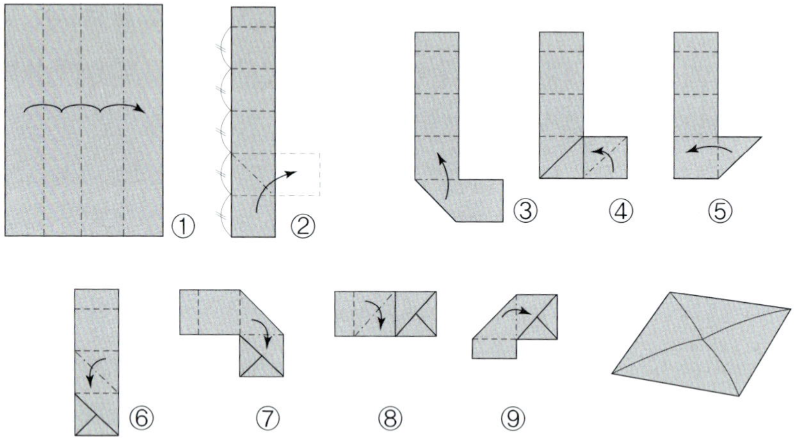

② 두 장으로 접는 방법(십자 접기)

가로와 세로의 비율이 3:1이 되는 종이 2장을 준비한다. 2장을 서로 교차하여 올려놓고 네 귀퉁이 중 한 귀를 접는데 교차된 종이 중 밑에 놓인 종이쪽부터 접기 시작한다. 대각선으로 접은 부분을 겹쳐진 곳으로 올려 접은 다음 같은 방법으로 차례로 접어 마지막에 접은 틈 사이로 끼우면 완성된다.

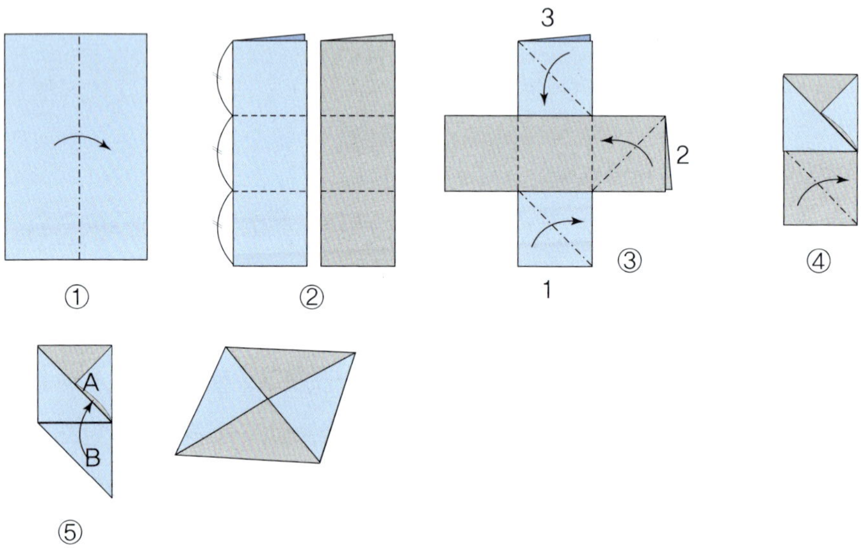

③ 옛날 딱지(조선딱지) 접는 방법

사각 장방형의 종이를 준비하고 종이 상단부를 가로 세로 같은 길이만큼 대각선으로 접는다. 그 다음 접힌 부분의 왼쪽 끝을 오른쪽 끝부분과 겹치게 다시 접는다. 아래쪽 나머지 종이의 절반을 접어 삼각형으로 접힌 부분의 밑변과 닿도록 한다. 같은 방법으로 다시 절반을 접는다. 접은 종이의 아래쪽 양 모서리를 접은 다음 상변의 모서리를 양귀와 하변의 접힌 부분 사이로 끼워 넣으면 사다리꼴 딱지가 완성된다.

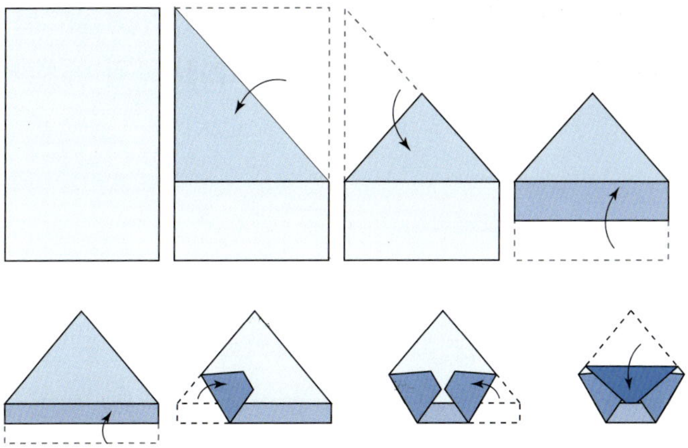

(3) 딱지치기 놀이 방법

① 넘겨먹기(뒤집기)

놀이할 사람을 정한 다음 가위바위보로 순서를 정하여 진 사람이 딱지를 바닥에 내려놓는다. 이때 딱지와 바닥이 잘 밀착될 수 있는 곳을 찾아 놓아야 잘 넘어가지 않는다. 이긴 사람은 엄지와 나머지 손가락 사이의 손바닥에 가볍게 딱지를 쥐고 바닥에 있는 딱지를 힘껏 내려치는데 치는 방법은 보통 세 가지가 있다. 첫 번째 방법은 배꼽치기라 하여 위에서 아래로 딱지를 내리 치는 방법이고, 두 번째 방법은 딱지 바로 옆에 발을 대고 치는 발대기가 있다. 보통 딱지가 두꺼우면 배꼽치기를 하고, 얇으면 발대기를 한다.

발대기를 할 때 딱지 전체 면으로 넘기지 않고, 딱지 끝 면만 사용할 때에는 칼치기라고 부르기도 한다. 내려치는 딱지의 바람에 의해 바닥의 딱지가 뒤집히게 하는 방법을 바람치기라고 하는데, 딱지가 잘 넘어가도록 하기 위해 두 번째 방법처럼 바닥의 딱지 옆에 발을 대고 실시하기도 하며, 딱지가 바닥에 닿는 순간 재빨리 옷소매와 손을 안쪽으로 휘저으며 바람을 일으키는 꼼수를 부리기도 한다.

처음 정하기에 따라 바닥의 딱지 밑으로 들어가면 딱지를 따먹히는 규칙을 정할수도 있으며, 딱지치기를 하여 바닥의 딱지가 뒤집히지 않으면 내려친 딱지를 그대로 두고 처음에 진 사람이 바닥에 있는 딱지를 주워 이전과 같은 방식으로 반복하게 된다.

② 밀어내기(쳐내기)

밀어내기는 일정한 구역을 정한 다음 자기의 딱지로 상대의 딱지를 쳐서 그 구역 밖으로 밀어내면 먹는 방법이다. 넘겨먹기와 함께 가장 널리 행해졌던 방법이다. 먼저 땅이 매끈하고 토질이 좋은 마당이나 공터에 직경 1~2m 정도의 원을 그리고 가위바위보로 누가 먼저 공격할 것인가를 정한다. 즉 진 사람은 딱지 한 개를 원의 가운데에 놓고 이긴 사람은 자기의 딱지로 상대의 딱지를 쳐 원 밖으로 밀어낸다. 이때 상대의 딱지가 원 밖으로 밀려나면 그 딱지는 쳐낸 사람이 따게 된다. 단 자신의 딱지는 원 안에 있고 상대방의 딱지만 쳐 내야 한다. 만일 상대방과 자신의 딱지가 모두 나가면 '무효'가 되고 상대방에게 칠 기회를 넘겨준다. 또한 상대의 딱지를 쳤는데 오히려 자신의 딱지가 원 밖으로 나가면 '빵'이라 해서 그 딱지는 상대에게 주어야 한다. 원이 크기 때문에 한 번에 밀어내기가 어렵고 보통 2~3회에 걸쳐 밀어낸다.

③ 날려 먹기(날리기)

한 손으로 딱지를 잡고 앞으로 날려서 더 멀리 날아간 사람이 상대로부터 딱지 한 개를 얻는 방법이다. 여러 명이 할 경우 가장 멀리 날린 사람이 나머지 사람들의 딱지를 모두 갖는다. 날려 먹기에도 요령이 있어야 한다. 아무리 세게 날려도 딱지가 멀리 날아가지 않고 바로 앞에 떨어지므로 딱지를 던질 때는 한쪽 모서리를 잡고 어깨의 힘을 이용하여 옆으로 던지면 빙글빙글 돌면서 멀리 날아간다. 거리를 재는 기준은 딱지를 던진 곳에서 직선거리를 기준으로 한다.

④ 벽치기

별도로 순서를 정하지 않고 한 사람씩 나와서 자기 딱지를 벽에 힘껏 때린다. 이때 벽에서 가장 멀리 튀어 나간 딱지가 나머지 딱지를 모두 따먹는 방법이다.

⑤ 삼각형 치기

삼각형 안에 있는 상대편의 딱지를 멀리서 금을 긋고 자기 딱지를 던져 쳐서 밖으로 내보내야 하는 방법이다.

〈딱지놀이〉

※ 남자어린이들은 여자어린이들보다 대체적으로 소유욕이 강하다고 한다. 그래서 치기, 먹기 등 다른 사람의 것을 빼앗아 오는 놀이를 더 좋아한다. 딱지치기를 비롯하여 구슬치기, 동그란 딱지 따먹기, 돈치기 등이 그것이다. 당시 놀이는 사회구조를 재생산하는 데 기여하기도 한다. 남녀구분이 분명하던 봉건시대에는 남자와 여자가 하는 놀이가 확실하게 구분되어 있어, 만약 이를 어기고 여자아이가 제기차기를 한다거나 연날리기를 할 경우 용납하지 않았다. 그러나 요즘은 더 이상 남녀를 구분하지 않는 사회가 되어서 남자가 고무줄을 한다거나, 여자가 말타기를 하는 모습을 어렵지 않게 볼 수 있다.

(4) 동그란 딱지놀이

우리가 흔히 딱지라고 부르는 종류는 동그란 딱지와 네모난 딱지 두 가지다. 동그란 딱지와 네모난 딱지는 그 모양과 놀이방법 등에 있어 차이점이 있다. 일단 동그란 딱지는 수(手)제작이 불가능하다. 그래서 돈을 주고 구입해야 했다. 공장에서 대량생산을 한 덕분에 크기가 거의 일정하다. 다만 가끔 기념품격인 왕 딱지가 나오긴 했지만 그런 딱지는 놀이에 껴주진 않는다. 쇠구슬을 구슬치기에 안 끼워주던 이치와 비슷한 것이라고 볼 수 있다. 그리고 동그란 딱지를 이용해 놀이를 할 땐 '딱지 먹기'라는 표현을 사용한다. 반면, 네모난 딱지는 100% 가내수공업을 통해 수제작되었다. 다품종 소량생산방식으로 제작되었기 때문에 재질과 크기가 두께가 제각각이었다. 네모난 딱지를 이용해 놀이를 할 땐 '딱지치기'라는 표현을 사용한다.

예전엔, 동그란 딱지는 구멍가게라고 불리던 작은 식료품가게에서 팔기도 했지만, 주 판매처는 역시 학교 앞 문방구였다. 주문진에 가면 가게마다 걸려 있는 오징어마냥, 학교문방구 입구엔 어김없이 주렁주렁 딱지가 걸려 있었다. 두꺼운 도화지에 만화나 아동용 영화의 장면들이 인쇄되어 있었던 동그란 딱지, 당시 선풍적인 인기를 누리던 우뢰매의 에스퍼맨이나 로봇 태권V가 인쇄되어 있는 딱지는 여자 친구 빼고는 다 공유한다는 당시의 어린이들에게 양보 못 할 보물이었다. 딱지는 가져 노는 재미도 있었지만, 어느 정도 잘라져 있는 모양을 따라

뜰을 때의 '토도독'하는 소리와 그 손맛 또한 색다른 재미였다. 그렇게 딱지를 다 떼서 한손에 움켜쥐면 누구나 마음이 부자가 되는 것이었다.

구분	동그란 딱지	네모난 딱지
모양		
구입처		
제작 방법		
크기 및 두께		
재질		
놀이방법		
주된 표현법	딱지먹기	딱지치기

① 붙여먹기(벽치기, 접 붙이기)

가위바위보에서 진 사람부터 건물의 담장이나 벽에서 딱지를 떨어뜨려 먼저 떨어진 딱지 위로 자기 딱지가 올라가면 나머지 딱지를 모두 갖는데, 성공하면 계속하고 실패하면 자기 딱지를 둔 채 다음 사람에게 기회가 넘어간다.

② 날려먹기

땅바닥에 금을 그어놓고 그 선 앞에서 서서, 딱지 한 장을 새끼 손가락에 걸고는 손가락의 반동으로 날리게 되는데, 가장 멀리 날아간 사람이 다른 사람의 딱지를 모두 갖게 되는 방법이다. 이 방법 말고도 왼손 주먹을 쥐고 그 위에 딱지 한 장을 올려놓은 뒤, 오른 손가락 중지를 구부렸다가 튕겨서 날리는 방법도 있다.

③ 손바닥으로 쳐서 넘겨먹기

손바닥 가운데를 오목하게 만든 후에, 딱지 위를 쳐서, 퍽 소리와 함께 딱지를 넘기는 방법이다(이 놀이를 오래 하거나, 요령이 없이 놀이를 하다가는 손바닥이 시퍼

렇게 멍이 드는 경우가 많았다).

④ 침 칠해먹기

아주 단순하고, 특별한 기술이 없어도 가능한 방법이나, 비위생적인 놀이 방법이다(물론 당시 어린이들은 그렇게 생각하진 않았다). 검지에 침을 묻혀 바닥에 있는 딱지에 갖다 대어서, 넘겨먹는 놀이이다.

⑤ 파먹기(파파먹기)

파먹기는 2~4명 정도의 인원이 하기에 적당하다. 너무 많으면 가위바위보로 승패가 결정나버려 싱겁고, 너무 적으면 배당률이 적어 섭섭하다. 놀이 방법은 매우 간단하다. 우선 한 사람당 낼 딱지 수를 정한다. 그리고 그 딱지를 전부 포개어 높게 쌓는다. 그리고 가위바위보를 해 이긴 순서대로 딱지 가까이에서 입으로 '파' 소리를 내며 바람을 불어 딱지를 뒤집는다. 이때 뒤집어진 딱지의 숫자만큼 자신이 가질 몫이다. 그리고 남아 있는 딱지를 다음 순번이 같은 방법으로 뒤집는다. 그렇게 모든 딱지가 뒤집어져 배당이 될 때까지 계속 진행하는 방법이다.

⑥ 반으로 접어 넘겨 먹기

상대편의 딱지를 반으로 접은 자신의 딱지 위에 올려놓은 후, 넘겨지면 먹는 단순한 방법이다. 이 놀이를 계속하다보면, 딱지의 수명이 오래가지 못하는 단점이 있었다.

⑦ 접기와 가기(베팅)

'접기'란 카드게임이나 화투놀이 같은 게임에서 카드를 섞는 방법과 같다. '가기'는 주어진 규칙놀이에 따라 이긴 사람에게 가기(베팅)를 한 만큼 딱지를 물어주는 방법이다.

- 별높, 별낮

별이 많은(적은) 딱지를 가진 사람이 상대 딱지를 따먹는 가장 일반적인 방법이다. '뺑돌이'란 가장자리 전체에 별이 둘러진 것을 말하는데 '별높'의 규칙인 경우 무조건 '뺑돌이'가 나오면 이겼다고 보면 된다. 단 '뺑돌이'가 두 명 이상 나오면 실제로 그 별의 숫자는 모두 세어 별이 더 많은 사람이 딱지를 먹는다. '차례'란 딱지에 그려져 있는 별이 한 개 차이가 나면, 어느 한쪽이 많거나 적어도 먹을 수 없는 것을 말하는데 별 한 개 차이로 지면 그만큼 서운하므로 미리 '차례'를 적용해야 할지를 정해 두기도 한다.

- 글높, 글낮

글씨의 수가 많고 적음에 따라 승부를 가리는 놀이 방법이다.

- 수높, 수낮

숫자의 높고 낮음에 따라 승부를 가리는 놀이 방법이다. 예를 들면 딱지 속 글씨 속에 갑이 '이런'이라고 적혀 있고, 을이 '천벌을 받을'이라고 적혀있다면, 갑은 이→2, 을은 천→1000이 되는 것이다.

- 전쟁(싸움)높, 전쟁(싸움)낮

딱지 속 그림을 보고, 누가 전쟁(싸움)을 잘 할 것인가, 서열을 매겨 겨루는 놀이이다.

8) 굴렁쇠 놀이

(1) 굴렁쇠 굴리기의 정의와 유래

옛 사람들은 곡식이나 술 등을 둥근 통에 넣어 보관하거나 운반하기도 하였다. 그런데 둥근 통을 운반하기 위해서는 특별한 기술이 필요했으며, 이러한 기술을 배우는 방법으로 놀이가 유래되었을 것으로 전해지고 있다. 즉 당시 사용하였던 술통이나 곡식을 담는 통, 똥 장군(똥이나 오줌을 담아두었던 통) 등의 테를 굴리면서부터 놀이는 시작된 것으로 추정된다. 지금은 길거리에선 그 모습을 찾아보기 힘들고, 지난 1988년 서울 올림픽 때 굴렁쇠 굴리기를 선보여 옛날을 회상하는 계기를 마련해 주었으며,(당시 굴렁쇠를 굴리던 그 작은 소년(윤태웅)은 1981년 9월 30일 독일 바덴바덴에서 서울올림픽 개최가 확정되던 날 태어난 인연으로 서울올림픽 개막식 때 굴렁쇠 소년이 되었고, 그 후 경기대 체육학과, 해병대에서 군 복무를 마친 것으로 알려져 있다) 최근엔 초등학교 재량활동 시간 활용을 통해 많이 접하곤 한다.

굴렁쇠 굴리기는 자전거 바퀴처럼 홈이 있는 둥근 굴레를 길이 50cm 정도의 가늘고 탄력성이 있는 막대(굴렁대)를 이용해 굴리는 놀이이다. 구부레 굴리기, 도롱테 굴리기라고도 했던 이 놀이는 처음에는 통에 감았던 재질이 나무 테(솔뿌리 청대, 싸릿대, 아카시아나무, 대나무, 칡 등)를 이용하다가, 차츰 쇠로 된 테를 사용하게 되었고 우리나라에 자전거, 손수레가 들어온 뒤로는 자전거 바퀴나 수레바퀴를 주로 많이 이용하였다. 테의 경우, 대나무 테는 오랫동안 사용할 수 없기 때문에 굵은 철사로 만들기도 하였고, 작은 수레바퀴나 양철을 재활용하여 사용하기도 하였으며 장구테(원철, 링)를 사용해서 굴릴 수도 있었다.

최초의 문헌기록은 무라야마 지준(村山智順, 1891~1968)이 지은 〈조선의 향토오락〉(조선총독부, 1941)(오늘날의 민속학 개념으로 볼 때, 민간신앙, 민속예술, 세시풍속, 구비전승을 망라하고 있으며, 제시된 놀이명의 총 항목 수는 6,400여 종에 이른다)에 경기도 개성지방의 놀이 가운데 하나로, 어린이들이 수시로 이 놀이를 하였다고 기록하고 있으며, 그밖에 '삼동청소년회(1989년 설립)'에서는 우리나라 놀이를 모은 〈한국의 전통놀이, 1997〉에 그 놀이방법과 기술이 자세하게 언급되고 있는데 1961~1981년에 조사된 〈한국민속 종합조사보고서〉에 전혀 언급되지 않은 것으로 보아, 일반적으로 널리 행해졌던 놀이는 아닌 것으로 추정(이는 당시 사회경제 형편으로 볼 때 놀이 기구의 제작이나 구입이 쉽지는 않았음)된다.

(2) 굴렁쇠 굴리기의 놀이 방법

편한 손으로 굴렁대를 잡고 다른 손으로 굴렁쇠(굴레)를 잡는다. 그런 후 굴렁대를 적당히 기울여 고리(V자나 ㄷ자 등) 부분을 굴렁쇠에 가져다 댄다. 굴렁대에서 굴렁쇠가 떠나지 않도록 일정한 힘으로 천천히 밀고 간다. 굴렁쇠를 굴리다 굴렁쇠가 넘어지면 다시 실시하거나, 대기하고 있는 다음 친구한테 굴렁쇠와 굴렁대를 넘겨준다.

자전거 바퀴처럼 홈이 있는 굴렁쇠(굴레)를 굴릴 경우엔 길이 50cm 정도의 가늘고 탄력성이 있는 굴렁대가 좋으며(탄력성 있는 대나무를 사용하기도 함), 홈이 없는 통 굴렁쇠(굴레)를 굴릴 경우 굴렁대(또는 대나무)에 굵은 철사로 고리(V자나 ㄷ자 등) 부분을 만들어 끼워 돌리면 좋다.

굴렁쇠 놀이는 기구를 가지고 달리기를 함으로써 조정력과 지구력을 길러주고 오랫동안 굴렁쇠(굴레)를 바라보며 굴려야 하므로 집중력도 기를 수 있다. 또, 몸을 좌우로 움직여서 굴렁쇠를 굴리므로 몸의 유연성과 균형 감각을 키워 준다. 그러나 굴렁대를 굴렁쇠의 윗부분에 대어 돌리면 몸이 굴렁쇠에 쓸려 다칠 위험이 있으니 바퀴 밑에서 3분의 1쯤 되는 곳에 굴렁대를 대야 한다. 또, 출발 시에는 적당한 세기로 밀면서 굴려야 하고 차가 다니는 길이나 사람이 많이 다니는 곳에서는 하지 않아야 한다. 굴렁쇠가 넘어질 때는 손으로 잡지 말고 굴렁대를 굴렁쇠에 끼워서 드는 것이 좋다.

예전에는 '둥글둥글 굴렁쇠야, 굴러굴러 어디 가니?'하는 노래를 부르며 즐겁게 흥을 돋우면서 놀이를 즐겼다고 한다. 우리도 몸도 마음도 건강하게 하는 전래놀이 굴렁쇠 굴리기를 하면서 즐거운 노래도 불러보면 어떨까?

(3) 굴렁쇠 굴리기의 놀이 실제

굴렁쇠 놀이는 크게 두 가지로 나뉘는데, 규칙에 따른 분류와 굴리는 방법에 따른 분류로 나눌 수 있다.

① 규칙에 따른 분류

- 릴레이식 : 릴레이식 놀이는 먼저 목표를 정해 놓고 빨리 달려 돌아오는 쪽이 이기는 경기이며, 양편으로 나뉘어 릴레이식으로 계속 반복하여 최종 주자가 먼저 도착하는 팀이 이기게 된다.
- 전차 놀이식 : 전차놀이는 일정한 곡선 등 여러 가지 선을 그어 놓고 쓰러뜨리지 않고 곡선대로 굴레를 굴리는 방법으로 주로 개인 경기에서 많이 이용된다.

② 굴리는 방법에 따른 분류

- 앞으로 굴리기
- 옆으로 굴리기
- 구르는 속도를 변화시켜 굴리기
- 여러 사람이 협동하여 구르기

(4) 굴렁쇠 놀이의 여러 종류

굴렁쇠 놀이의 대표적인 놀이로 굴렁쇠 굴리기를 앞에서 소개를 하였다. 이외에 굴렁쇠 돌리기, 굴렁쇠 부딪치기, 굴렁쇠 넘어가기, 굴렁쇠 건너가기, 굴렁쇠 통과하기 등의 다양한 놀이 방법이 있다.

〈굴렁쇠 놀이〉

9) 투호놀이

(1) 투호놀이의 정의와 유래

투호놀이는 마음을 다스리는 놀이이며, 화살을 활로 쏘는 것이 아니라 손으로 던지는 놀이이다. 청동으로 만들고 병의 양쪽에 귀가 달린 투호병을 넓은 뜰이나 대청 등에 갖다 놓고 일정한 거리에서 편을 나누어 병 속에 화살을 던져 넣는 놀이인데, 두 편이 청, 홍색의 화살을 가지고 어느 편이 더 많은 화살을 병 속에 던져 넣느냐에 따라 승부를 가리는 놀이이다.

조선시대에는 주로 궁중이나 고관들의 기로연(耆老宴)때 여흥으로 이 놀이를 벌였다고 한다(왕이 경회루에서 직접 즐겼다는 기록이 있으며, 명성 황후는 상궁들과 더불어 투호를 즐겼다고 하며, 〈조선왕족실록〉에는 이에 대한 기록이 적지 않게 등장한다). 본래는 중국 한나라 이전부터 시작되어 당나라 때 성행하였던 것인데(오경의 하나인 『예기(禮記)』에 투호법이 등장할 정도로 아주 오래된 놀이였음), 〈북사(北史)〉의 〈백제전〉과 〈신당서(新唐書)〉의 〈고구려전〉에 이것에 대한 기록이 있는 것으로 미루어 보아, 우리나라에는 삼국시대에 이미 전파되었음을 짐작할 수 있다.

투호는 단순한 오락이 아니었다. 무엇보다도 이미 오래된 예법을 실천하는 수단으로 주인과 손님이 술자리를 베푼 자리에서 재예(才藝)를 강론하는 예로써 권장되고 장려되었다. 활쏘기가 덕을 함양하는 수단으로 권장되었던 것과 마찬가지로 투호 역시 마음을 다스리는 데 필요한 수단이었다. 성종(成宗) 10년에는 투호의(投壺儀)를 제정하고 권장하면서, 궁중행사의 하나로 관례화되어 갔다. 그 결과 매년 3월 3일이나 9월 9일에 기로연(耆老宴)과 기영회(耆英會)에서는 투호를 시행하게 하였다. 또한 궁중에서 투호를 행할 때에 낙양춘(洛陽春)과 같은 아악을 연주하기도 하였다. 투호는 서울의 왕실과 양반관료층 내에서 뿐 아니라, 지방의 향교를 중심으로도 행해졌다. 다산(茶山) 정약용(丁若鏞)의 〈목민심서(牧

民心書)〉에 투호가 흥학(興學)의 일환으로 향사(鄕射)와 더불어 권장되었다고 밝힌 점은 이를 잘 말해 준다.

투호는 고구려, 백제 때 궁중과 상류사회 사람들이 즐겼으며, 고려와 조선시대에도 마찬가지여서 주로 궁중과 조정의 고관들이 잔치 때에 여흥으로 많이 즐겼다. 또한 남자들도 많이 놀았지만, 함부로 바깥출입을 할 수 없었던 양반 부녀자들이 집안에서 많이 즐겼다. 그러나 애석하게도 당시 투호는 궁중이나 양반사회에서만 성행하여 서민들에까지는 퍼지지 않았고(예의를 많이 갖추고 노는 놀이여서 서민들이 접하기가 힘들었음), 최근까지만 해도 잘 전승되지 않았던 놀이 가운데 하나였다. 그렇기 때문에 놀이 기구를 보기도 힘들었으며, 놀이 방법을 아는 사람도 찾아보기 어려웠고, 각종 문헌에 나오는 자료를 통해서만 놀이 방법을 알 수 있었다. 그러나 최근 10～20여 년간의 많은 전승노력으로 인해, 투호놀이는 가족이나 친척 또는 남녀노소 누구나 즐길 수 있으며, 장소나 계절에 관계없이 폭넓게 즐기는 놀이로 바뀌었다.

(2) 투호놀이의 방법

투호를 가지고 노는 방식은 다양하지만, 원리는 너무나 간단하다. 화살 12개를 화살 길이의 약 2.5배쯤 되는 거리에서 던져 병에 집어넣으면 된다. 금메달을 놓고 겨루는 경쟁이 아니니, 성적이 좋지 않다 해서 부끄러워할 것도 아니다.

놀이기구인 투호병은 그 종류만 해도 수십 종인데, 사마광(司馬光)의 〈투호격범(投壺格範)〉에는 다음과 같이 투호 놀이기구에 대한 설명과 놀이 방법이 설명되어 있는데, 투호병은 입지름이 3치(한 치는 한 자의 10분의 1을 뜻하며, 미터법으로 약 3.03cm에 해당한다)이고, 귀(耳)의 입지름은 1치이며 높이는 1자(10치에 해당한다. 약 30.3cm에 해당한다)이다. 병 속은 팥으로 채우며(병 속을 팥으로 채워 무게중심을 아래로 하여 화살에 부딪치거나 병속에 들어올 때 넘어지지 않게 하며, 동시에 화살이 튀어나가는 것을 방지한 것에서 균형은 물론 작용과 반작용의 원리를 이용하였음을 알 수 있음), 병은 던지는 이의 앉을 자리에서 2살 반쯤 되는 거리에 놓고, 살은 12개를 사용하며 그 길이는 2자 4치이다.

또한, 이 놀이는 실수하지 않고 병에 던져 꽂힌 것을 상(上)으로 삼는데, 먼저 1백 20을 채우는 쪽이 이긴다고 되어 있다. 노는 방법은 병구멍과 귀구멍 속에 던져 넣어 살의 꽂힘에 따라 점수가 정해진다(화살을 던질 때 직선으로 던지면 잘 들어가지 않고, 포물선으로 던지면 잘 들어감). 던지는 이의 거리는 병에서 2살 반(약 6자) 가량 떨어진 거리이며, 한 사람이 12개의 살을 가지고 승부를 다툰다. 이때 던지는 사람은 양쪽 어깨에 균형을 취해야 하고, 어깨가 기울어지지 않게 주의해야만(균형의 원리와 집중력의 원리가 적용됨) 살을 정확하게 던질 수 있다. 물론 화살이 운동하는 데는 힘과 공기 저항 같은 여러 가지가 작용하지만, 힘이 같고 공기 저항을 무시했을 때는 던지는 각도에 따라 움직이는 거리가 달라진다. 재미있는 것은 서로 다른 각도의 합이 90°일 경우, 즉 30°로 던질 때와 60°로 던졌을 때 떨어지는 거리가 같다는 것이다.

출처 : 네이버지식백과

〈투호놀이〉

그리하여 이기는 것을 현(賢), 지는 것을 불승(不勝)이라 하고, 한번을 1호(1경이라고도 함)라 하며, 그 점수의 많고 적음에 따라 헌배(獻杯), 벌배(罰杯) 등이 행해진다. 이렇듯 투호놀이 속에는 던지는 각도, 거리측정능력, 어깨의 균형, 사물을 보는 집중력, 직선이 아닌 포물선 등 여러 원리가 적용됨을 알 수 있다.

(3) 투호놀이 놀잇감 만들기

준비물은 모둠별로 분유통(또는 깡통) 3개, 나무젓가락 10개, 고무찰흙 2봉지와 물감을 준비한다. 먼저 분유통 3개를 두꺼운 테이프로 옆으로 나란히 붙여 투호통을 만든 후, 나무젓가락의 끝에 고무찰흙을 붙인다(이 때, 고무 찰흙이 너무 크지 않게 한다). 젓가락에 물감으로 색칠을 하면 좀 더 예쁜 투호를 만들 수 있다(참고로 3개의 분유통을 예쁘게 꾸민 후, 각각 점수를 달리해서 놀이를 하면 더 재미있다).

10) 공기놀이

(1) 공기놀이의 정의와 유래

다섯 개나 네 개의 밤톨만한 작고 둥근 돌을 가지고 방안, 마루, 맨땅 등에서 던지고 잡거나 줍거나 놓는 등의 여러 가지 재주를 겨루는 놀이로 오래 전부터 전국적으로 널리 행해졌으며 우리나라의 경우 주로 여자 어린이들이 즐기던 놀이였다. 현재 단지 몇몇 서적이나 그림 등에서 이 놀이의 기원을 추측할 수 있다.

우리나라의 경우 5세기 후반의 것으로 추정되는 고구려 수산리 고분벽화의 서쪽 벽에 다섯 개의 공기를 가지고 올려 던지면서 재주를 부리는 모습이 실감나게 그려져 있다. 또한 5세기 중엽에 조성된 장천 1호 고분벽화에도 일곱 개의 동그란 공기를 차례차례 공중에 올려 던지고서 내려오는 것을 날랜 동작으로 잡기 위해 서 있는 모습이 보이는 것으로 보아 놀이 방법과 형식이 공기놀이와 유사한 것이 아닌가 추정하고 있다. 벽화가 조성된 시기가 고구려이므로 이 놀이는 최소한 삼국시대부터 했다고 보여 지며 벽화에 그려진 그림은 주술적인 목적으로 그려진 것이 아닌가 싶다.

처음에는 점치는 도구로 사용되다가 나중에는 놀이로 변하는 것은 주사위와 같은 맥락으로 파악되며, 우리나라에 공기에 대한 구체적인 기록은 조선시대(19세기 초)에 이규경(李圭景)이 지은 〈오주연문장전산고(五洲衍文長箋散稿)〉에 나타난다. '우리나라 아이들이 둥근 돌알을 가지고 노는 놀이가 있어 공기(供碁)라고 한다. 둥근 돌알을 공중에 던져 손바닥으로 받고 이미 받은 것을 솥발형태로 만드는 것을 솥발공기(鼎足供碁)라고 한다'고 구체적으로 기록하고 있다. 여기서 솥발공기라는 것은 '솥걸기'(안동), '솥단지걸기'(전북), '봉걸기'(상주)라는 솜씨로 지금까지 이어지고 있다.

또한 작은 돌 다섯 개를 가지고 여러 가지 다양한 형태로 노는 것을 보고 〈해

동죽지(海東竹枝)〉(1925)를 지은 최영년(崔永年)은 '오조룡'(五爪龍 ; 발톱이 5개 있는 용)이 구슬을 어르는 듯하다. 이것을 또한 오란희(五卵戲)라고 이름 붙였다. 또 일본의 〈조선의 향토오락〉에는 이 놀이를 석유(石遊)라 기록하고 있다. 그밖에 여러 풍속도에 공기하는 모습이 기록된 것으로 보아 흔히 하던 놀이로 보여지며 아직도 주변에서 흔하게 볼 수 있는 놀이 가운데 하나이다.

공기놀이를 경북에서는 '짜게받기', '짜구받기', '자새쫓기'라고 하고, 의성 탐리에서는 남다르게 '빤돌이'라고 한다. 경남은 보통 '살구', '살구받기'라고 하며, 마산은 '꼼받기', 합천은 '깔래', 청도는 '찰개', 산청은 '짜개받기', 영일은 '짜구' 또는 '봉구', 전남에는 '닷짝거리'라고 하고, 전남 벌교는 '독뱉기', 순천은 '독잡기', 전북 남원, 임실은 '공구뱉기', '독뱉기', '독줏어먹기', 김제는 '독줍기', 고창은 '독짓기', 부안은 '독살이', 군산 옥구 대야는 '알독치기', 경남의 일부지역은 '조새받기'라는 말을 썼다. 평안도 지방에는 '조개질', '조아질'(평북 정주(定州)출생인 백석은 '여우난골족'이란 시에서 공기를 '조아질'이라고 했다), 서도지방에는 '좌돌리기', '자갈채기', '자갈집기', '조알채기', '조알잡기'라고 하며 다른 지방에서는 '자세잡기', '공개놀이', '공기잡기', '공기줍기', '돌놀이' 등 다양하게 불렸으나 가장 일반화된 명칭은 '공기놀이'이고 이 이름이 가장 널리 쓰이며 한자어로 '공기(控碁)', '석유(石遊)'라고 한다.

(2) 공기놀이의 방법

놀이방법도 지방에 따라 조금씩 달랐는데 이는 그 지역의 특성을 반영한 것이다. 공기놀이는 앞서서도 살펴보았듯이 미국뿐만 아니라 이란, 일본 등 여러 나라에서 공통적으로 발견되는 놀이이다. 그러나 놀이방법은 우리나라가 다른 나라보다 훨씬 다양하게 발달되어 있으며, 까부리, 알낳기, 솥뚜껑 등 우리나라에는 100여 가지의 놀이형태로 다양하게 파생되어 왔으며 대체로 놀이에 사용하는 공깃돌의 수량을 기준으로 크게 2가지로 나눌 수 있다. 그 하나는 네 알 또는 다섯 알의 공깃돌을 가지고 여러 가지 손재주를 부리면서 내기하는 것으로 나이먹기(동수내기, 동내기, 꼬장) 등으로 불리고, 다른 하나는 많은 수의 공깃돌을 놓고 서로 많이 차지하기 내기를 하는 것으로 많은 공기라 한다. 네 알 또는 다섯 알을 가지고 노는 종목과 방법도 많으며 지방에 따라 각기 다르다. 보통 다섯 알을 가지고 한 알 집기, 두 알 집기, 세 알 집기, 네 알 집기, 다섯 알 손등 위에 두고 뒤집는 등의 순서로 노는 방법이 일반적으로 널리 행해지며, 손등 위에 올려놓고 뒤집기에 성공한 알의 수로 승부를 결정한다.

(3) 공기놀이(나이먹기)의 기본 기술

① 알 뿌리기와 놓기

보통 한 손에 쥔 공깃돌 다섯 알을 바닥에 뿌리는 방법과 공깃돌 한 알을 위로 던지면서 나머지 4알을 바닥에 뿌린 후 진행하는 방법 등이 있다. 즉, 다 놓기, 한 알 던져 받으면서 다 놓기, 한 알 던져 받으면서 나누어 놓기, 한 알 던져 받으면서 때려 놓기, 손위로 던져 놓기 등 상당히 다양하다.

② 한 알 집기(초 집기)

다섯 알을 던져서 흩어 놓고 이 중에 한 알을 집은 다음 던져 올리고 바닥에 있는 한 알을 잡은 다음 내려오는 한 알을 받는다. 같은 방법으로 바닥에 있는 것을 하나 씩 차례로 받으면 이 놀이의 형태가 끝난다.

③ 두 알 집기

한 알을 공중에 올려놓고 바닥에 있는 돌을 두 알씩 두 번 집어 받는다.

④ 세 알 집기

위의 방법과 같으며, 한 알을 공중에 올려놓고 바닥에 있는 돌을 세 알을 받고 다음번에 남은 한 알을 받는다.

⑤ 네 알 집기

공깃돌을 손 안에 모두 쥐고 한 알을 위로 올린 뒤 네 알을 땅에 놓고 한 알을 받은 뒤 다시 위로 한 알을 올려서 네 알을 집어 받아낸다.

'집기'의 방법은 다양한데, '끌어 집기'는 공기를 집을 때 살짝 끌어와 집는 솜씨이고, '굴려 집기'는 굴려낸 다음 집는 솜씨이다. '떼어 집기'는 공기알이 붙어 있을 때, 그것을 분리해서 떼어내는 솜씨이다. '쓸어 집기'는 직선으로 쓰는 경우와 곡선으로 쓰는 경우로 나눌 수 있다. 또한 빠르기와 솜씨에 따라 '천천히 쓸기', '확 쓸기', '천천히 쓸다가 확 쓸기', '한 번에 여러 차례 쓸기'로 나눌 수 있다.

'집기' 가운데 '비벼 집기'가 있는데 땅에 있는 알을 집을 때 그냥 집지 않고 땅에 좌우로 몇 번을 비비고 집는 솜씨이다. '찍어 집기'는 지역에 따라 '콩콩' 이란 말을 사용한다. 두 알이 떨어져 있으면 '쓸어 집기' 대신 '찍어 집기'를 할 수 있다.

⑥ 꺾기

다섯 알을 모두 위로 던져 손등으로 받아 다시 위로 올린 뒤 공중에서 잡아채는 방식을 말한다.

흔히 '꺾기'라고 하는데 '꺾기'는 지역마다 다르게 부른다. '꺾기'(서울), '채기'(광주), '돈'(강릉), '덥치기'(마산), '재'(부산), '올라'(금산), '채기'(대야), '채밴기'(임실), '텀치기'(전남), '꺼꿀로 한급'(제주), '손등 올려 나꿔채기'(평양)으로 불렀다.

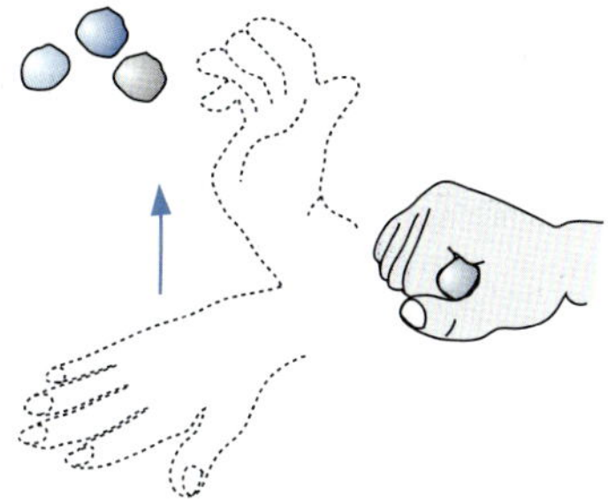

꺾기 전에 땅을 한번 치고 잡는 것을 '땅 꺾기', 손뼉 치고 꺾는 것을 '손뼉', 두 손을 감아 돌리고 꺾는 것을 '물레방아', 앞으로 꺾지 않고 옆으로 꺾는 것을 '제비'라고 한다. 이 외 어려운 채기로는 '내려 올려 채기'와 '올려 내려 채기'가 있다. 이것은 연수를 두 배나 네 배를 쳐준다. '내려 올려 꺾기'는 '아래위받기', '올려 치기', '곱치기', '엇꺾기', '쓰리랑 치기', '아리랑 꺾기' 등으로 부른다. '올려 내려 꺾기'는 '내려 올려 꺾기'보다 어렵다. 그래서 연수를 네 배를 쳐주며, '손뼉치고 땅치고 내려 올려 꺾기'는 정말로 어렵고도 기이한 솜씨이다.

⑦ 끝내기(동나기, 나이먹기)

요즘에 흔히 하는 끝내기 방법으로 먼저 50동 또는 100동을 내기로 정하고 한 알 집기 → 두 알 집기 → 세 알 집기 → 네 알 집기 → 꺾기를 반복한다. 꺾기에서 받은 돌의 수를 '동'(나이)이라고 하는데 계속 더해서 정한 동(나이)까지 먼저 내면 이기게 된다.

(4) 공기놀이(나이먹기)의 고급 기술

① 공기

한 알 집기부터 네 알 집기까지 실시할 때 각 과정이 끝날 때마다 공기를 해야 한다. 공기란 반드시 다섯 알을 쥐고 각 수의 알만큼을 조금 올렸다가 그것을 도로 잡는 것을 말한다.

② 살기(까부리, 최근엔 천재공기라고 일컫는 지역도 있다)

'초 살기'는 '초 집기'와 같이 벌이어 놓고 한 알을 올리고 한 알을 채어 잡으면서 받는다. 또 두 알을 올리고 한 알을 잡으면서 받는다. 세 알을 올리고 한 알을 잡으면서 받고 공기를 하면 '초 살기'가 끝난다. 다음 '두 살기'는 '두 집기' 때와 같이 벌이어 놓고 한 알을 올리고 두 알을 잡으면서 받으며, 또 세 알을 올리고 두 알을 잡으면서 받고 공기를 하면 '두 살기'가 끝난다. '세 살기'와 '막 살기'도 이런 식으로 한다. 이렇게 하여 '살기'가 전체가 끝이 난다.

③ 알 낳기(알 올리기, 알 놓기, 알내기)

공기알을 주워서 새가 절벽에 붙어 있는 둥우리 안에 알을 낳는 시늉으로 왼손을 가슴에 갖다 댄다. 공기 한 알을 던지고 다른 공기를 쥐고 왼손에 놓고(넣고) 떨어지는 공기를 받는다.

④ 알 품기

가장 다양한 모습을 보여주는 솜씨이다. '알품기'는 다음 몇 가지 유형으로 나눌 수 있다. 이 유형이 한 공기놀이 속에서 잇달아 나오기도 하고, 그 가운데 하나만 하고 다음 차례로 넘어가기도 한다.

- 손 안에 품기형
  새가 알을 품는 시늉으로 왼손을 땅바닥에 놓고 공기 한 알을 던져 올리고 그것을 받기 전에 다른 공기알을 주워서 왼손 아래로 집어넣는다.
- 손가락 사이로 넣기형
  '넣기형'은 두 가지가 있는데 손가락을 세우고 그 사이로 넣는 경우와 엄지와 검지로 동그란 테를 만들어 그 안에 빠트리는 경우가 있다. 첫 번째 경우는 왼손 검지와 중지를 세우고 그 사이로 집어넣는다.
- 손가락 사이에 끼우기형
  이 유형도 두 가지가 있다. 첫 번째는 '손가락 사이에 끼고 흔들다가 놓기형'인데, 예안에서는 '안 빠주키'라고 하고 끼운 것을 들어 올려 그대로 흔들어도 빠지지 않아야 한다. 다음은 이것을 그대로 땅에 놓으면 초승달 모양으로 네 알이 놓아지는데, 이것을 모아 집는 것을 '밭 두룩'이라고 한다. 두 번째로 '손가락 사이에 끼고 흔들다가 손바닥 번갈아 뒤집으며 빼기형'이다. 이거 한 단계 앞의 것이라고 볼 수 있는 것도 있는데, 먼저 왼손가락 사이에 네 알을 끼고 남은 공기를 던져 받으면서 오른손 손바닥으로 땅을 치고 왼 손에 있는 알들을 한 알씩 밑으로 떨어뜨려 오른손으로 빼는 솜씨이다.

한 알 품기 - 왼손 새끼5/●/4/●/3/●/2/●/1(엄지)
두 알 품기 - 왼손 새끼5/ /4/●●/3/ /2/●●/1(엄지)
세 알 품기 - 왼손 새끼5/ /4/●●●/3/ /2/●/1(엄지)

⑤ 알 넘기

왼손 날을 땅에 닿게 세우고 왼손 뒤로 오른손을 넣어 왼손 앞에서 공깃돌을 던져 받으면서, 나머지를 왼손 너머로 하나씩 넘기는 솜씨이다.

⑥ 알 내리기

둥우리에서 새끼 새를 꺼내는 모습처럼 왼손을 가슴에 갖다 댄 후 그 안의 공기 알을 꺼내어 바닥에 내려놓는 기술이다. '알 낳기'의 반대형이라고 보면 된다.

⑦ 알 까기

솜씨가 두 가지로 다른데 전라도는 보통 엄지와 검지에 공기 두 알을 쥐고 한 알은 던지고 나머지 한 알로 땅에 있는 알을 찍고, 경상북도에서는 보통 엄지와 검지로 한 알을 잡고 새끼손가락을 구부려 그 안에 한 알을 또 끼고 공기를 던져 받으면서 그것으로 찍기를 한다.

⑧ 닭구 둥지리

네 알을 땅에 던지고 나머지 하나의 공기(엄지공기)를 던져 받으면서 한 알씩 옮겨 네 모서리를 만들어 조그맣게 사각형을 만든다. 그리고 손에 있는 공기 한 알을 던져 가운데 놓는다. 이것이 둥우리 뚜껑이다.

⑨ 불 피우기(불 때기)

왼 손 엄지와 검지로 화로를 만든다. 그런 후 공기 한 알을 던져 올리고 그것을 받기 전에 '장작돌(공기알)'을 하나씩 화로로 굴려놓는다.

⑩ 알 까먹기(알 바꿔치기)

공기 알 다섯 개를 바닥에 흩어 놓고 그 중 하나를 골라 집어 공중으로 던져 올리면서 바닥에 있는 돌 하나를 집은 후, 내려오는 공기알을 받는다. 손바닥에 쥔 공기알 두 개 중 하나를 공중으로 던져 올리면서 바닥에 있는 공기알 하나를 엄지와 검지로 집어 올림과 동시에 손바닥에 쥐고 있는 공기알을 땅에 떨어뜨린 후, 떨어지는 공기알을 받는다.

⑪ 방충(방충이, 기둥박기)

'뙤기', '튀기'라고도 한다. 다섯 알 중에서 두 알을 젖혀놓고 세 알을 오른손에 쥐며 한 알을 올리고 두 알을 제각기 놓은 후, 그 올린 알을 잡는다. 다시 손에 쥔 한 알을 올리고 먼저 갈라놓았던 두 알에서 한 알을 튀겨 다른 공기알을 맞힌 후, 올린 알을 잡는다.

(5) 공기놀이의 다른 방법

① 많은 공기(모듬 공기)

서로 돌을 많이 차지하기 위해 내기를 하는 놀이방법도 있는데, 그것은 '많은 공기'라고 한다. 수십 개의 공깃돌을 모아 쥐고 던져 올려서 먼저 그 중 한 알만을 잡는다. 그리고 이 한 알을 던져 올리고 땅바닥의 돌을 몇 개씩이든 잡을 수 있는 만큼 쓸어 잡으면서 떨어지는 한 알을 잡지 못하면 실격이 된다. 그렇게 해서 많이 잡은 사람이 이긴다.

② 코끼리 공기

양손을 서로 오른쪽 그림처럼 잡고, 양손 검지로 코끼리 코를 만든 후 알 뿌리기, 집기, 꺾기 등을 실시하는 놀이 방법이다. 어린 연령의 아동들이 놀기에 적합하다.

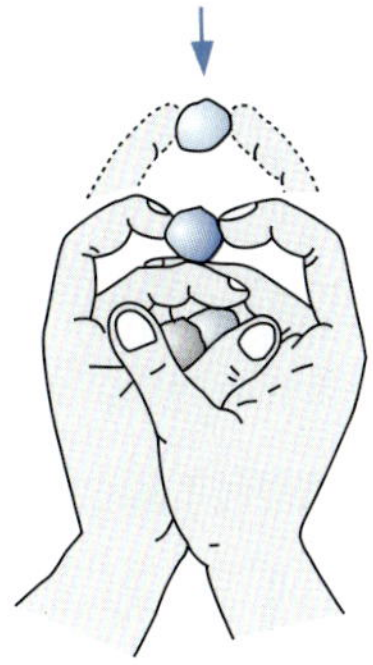

③ 헛 공기(바보공기)

던진 공깃돌을 잡으면 안 되며 던진 공깃돌이 땅에 떨어지기 전에 바닥에 있는 공깃돌을 집으면 된다. 또한 던진 공깃돌이 바닥에 있는 다른 공깃돌을 건드리면 안 된다.

④ 서커스 공기

예를 들면 공깃돌 한 알을 위로 던져서 바닥에 있는 공깃돌 한 알을 집고, 던진 공깃돌은 왼 손으로 받는 형식이다. 즉 '꺽기'도 공깃돌을 던져서 오른쪽 손 등위에 올린 후 던져서 왼손으로 받는다.

⑤ 왼손 공기

보통 공기와 놀이의 모든 방법은 같으나 왼손으로 공깃돌을 가지고 논다.

11) 팽이놀이

(1) 팽이치기의 정의와 유래

팽이치기란 팽이를 채로 쳐서 돌리며 노는 놀이로, 나무로 깎은 팽이를 얼음 위나 단단한 흙 위에서 돌리는 놀이이다. 우리나라 문헌에 나타난 이 놀이의 기록을 보면 조선조 숙종 때 쓰여진 〈역어유해(譯語類解)〉에 '핑이 돌린다'로 되어 있고, 또 영조 말에 간행된 〈한청문감(漢淸文鑑)〉의 〈기예부〉에는 '핑이'로 기록되어 있음을 본다. 이들 문헌에 의하면 최소한 17세기말에서 18세기말까지도 '핑이'로 명칭이 통용되고 있었음을 알 수가 있다.

또한 현존하고 있는 각 지역의 명칭을 살펴보면, 팽이(서울, 경기, 충청), 뺑이(경남), 핑딩(경북), 뺑돌이, 뺑오리(전남), 뺑이(전북), 도래기(제주)라 불리고 있다(韓國民俗綜合調査報告書, 文化財管理局, 1969~1981). 이 밖에 패이, 팽돌이, 빽생이, 봉애, 포애, 세리라고도 한다(조선의 민속놀이, 북한의 민속한 연구실, 1964).

이들 명칭은 '팽', '뺑', '핑' 이라는 음은 도는 모양의 의태어 내지 의성어에 명사형 접미사 '이'가 붙어 된 말이란 것을 알 수 있다. 이로 미루어 보아 옛날 말 '핑이'도 오늘의 여러 명칭과 동일한 뜻을 지내고 있다는 것을 알 수 있으며, 이 '핑이'가 '팽이'로 된 것이다.

한편 우리나라의 팽이는 일본에 전파되어 '고미도구리(古未都玖利)', '구(狗)', '고려(高麗)', '독락(獨樂)' 등의 명칭으로 기록되어 있는데, 일반적으로는 '고려'라는 호칭이 많다. 이는 팽이가 고려(우리나라 옛 나라 중 하나), 즉 우리나라에서 전파되었음을 말해 주고 있는 것이며, 그렇기 때문에 이의 한자어 명칭을 훈독(訓讀)할 때는 모두가 '고려'의 훈독인 '고마'로 읽혀지고 있는 것이다.

우리나라에 이 놀이가 언제부터 시작되었는지 정확히 알 수가 없으나, 720년(신라 성덕왕 19년)에 쓰여진 일본에서 가장 오래된 역사책인 〈일본서기(日本書紀)〉에 일본의 팽이가 우리나라에서 전래되었다는 기록이 있는 것으로 보아 삼국시대에 이미 널리 유행하였을 것으로 추측된다.

(2) 팽이의 종류

말팽이(잘 돌고 오래 돈다고 해서 붙여진 이름이며, 채 막대가 말꼬리를 닮았다고 해서 붙여진 이름이라는 설도 있다)는 보통 몸통을 채로 후려쳐 가면서 돌리는데, 채

막대의 길이는 50cm 쯤으로 끝에는 명주실이나 노끈, 질긴 가죽, 광목, 무명, 실, 닥나무 속껍질을 꼰 것을 잡아맨다. 끈의 끝 부분은 실오라기가 약간 풀려서 너슬거려야 팽이에 닿는 부분이 넓어져서 오래 돌아간다(말팽이 중 '참팽이'는 소나무를 낫으로 깎아서 만들어 치곤했는데 팽이치기 하면 통상적으로 치던 표준팽이며 팽이싸움도 많이 하나 잘 돌아가는 맛에 한참씩 치곤했다).

출처 : 네이버지식백과

채를 쓰지 않고 돌리는 바가지팽이, 상수리팽이, 뺑오리 같은 것들도 있다. 바가지팽이는 어린이 손바닥만한 바가지 조각 한가운데에 구멍을 뚫고 끝을 뾰족하게 깎은 나무심을 박는다. 이것은 나무심을 두 손바닥 사이에 끼워 힘껏 비비면서 놓거나 한손의 엄지와 검지로 비벼서 돌린다. 상수리팽이(도토리팽이)는 상수리(도토리)나무의 열매에 대나무살을 깎아 박아서 팽이로 삼아 노는 것이고, 뺑오리(손으로 돌리는 일반적인 팽이를 일컫는 말)는 팽이의 몸통 위쪽에 역시 나무심을 박고 위쪽을 두 손가락으로 비벼서 돌리는 팽이이다.

이 밖에 구멍 뚫린 엽전에 수숫대의 윗 매듭을 꺾어서 꽂은 엽전팽이는 그 끝에 성냥개비 머리를 꽂아 만들거나 수숫대 대신 나무의 끝만 뾰족하게 깎아 만든 것도 있다. 또 팽이의 위아래 양쪽을 뾰족하게 깎아서 아무 쪽으로나 돌릴 수 있게 만든 것을 장구팽이(고구마팽이, 우리 어릴 때는 좀 상스럽긴 하나 좆팽이)라고 불렀다. 양쪽이 다 돌 수 있게 한 양쪽팽이인데, 비스듬하게 뉘여 놓고 팽이채를 힘차게 뿌리쳐야 비슬 비슬 돌기 시작하는데, 이때부터는 쉼없이 채찍을 두들겨야 하지, 그렇게 하지 않으면 곧장 쓰러지고 만다. 물론 팽이가 탄력을 받아 힘차게 돌기만 하면 다른 팽이보다 유난히 잘 도는 장점이 있었다. 돌리는 옆면에 숫자나 글자를 넣어 각이 지게 한 각팽이(일명 주사위팽이라고도 한다), 팽이 허리를 잘록하게 파고 이에 채 끈을 감아서 힘차게 내던져서 돌게만든 것을 줄팽이(앉은뱅이팽이)라고 한다. 줄팽이는 처음엔 소나무로 깎아서 만들어 돌렸는데 최근엔 문방구 등에서 플라스틱으로 만들어 판매를 하기 시작했으며, 팽이줄 위에서 가지고 놀기도 하지만 바닥에 표시를 해놓고 그 곳에 던져넣기 놀이를 많이 하였던 팽이였다.

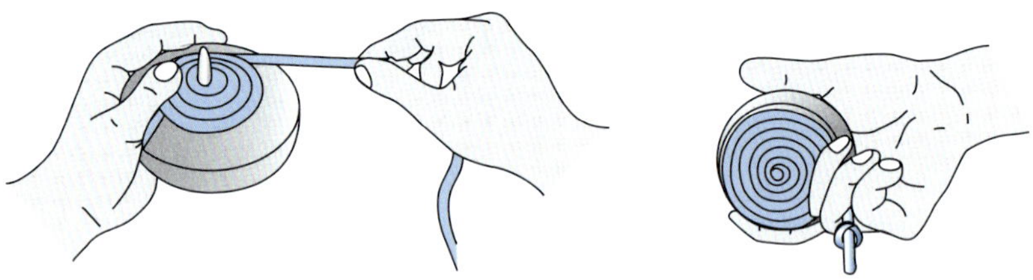

쇠팽이는 겉을 쇠 너트를 이용해 만든 변칙팽이인데 트럭바퀴를 죄던 너트를 이용해 만들었다. 예전 6.25전쟁 후엔 더러 트럭바퀴에 조이던 너트를 구하기 쉬웠고 흔했기 때문에 많이 만들었었는데, 속에 나무꼭지만 박아 넣고 꼭지엔 작은 쇠구슬을 박으면 기막히게 잘 도는 팽이였다. 관성을 받아 돌기시작하면 제일 오래 돌던 팽이이기도 하였으나, 현재 재료를 구하기 어렵고 '쇠팽이'끼리 싸우다보면 자칫 부상당하기 쉬웠고 맞부딪히면 서로가 잘 죽어서 별로 재미가 없었다고 한다.

실팽이는 단추, 댓조각, 병뚜껑을 납작하게 펴서 팽이를 만드는데, 단추는 큰 것이 좋으며, 댓조각은 길이 8cm, 넓이 2.5cm 정도가 적당하다. 병뚜껑을 사용할 경우 납작하게 펴서 가장자리를 톱니바퀴처럼 만든 다음, 가운데에 실 구멍을 두 개 낸다. 그리고 약 80cm 정도의 튼튼한 실을 두 구멍에 끼우고 묶고선 양쪽 손으로 실을 늦추어 잡고 한 방향으로 몇 바퀴를 돌려서 실을 감은 다음, 당겼다 늦추었다 하면 윙윙 소리를 내며 돌아간다. 탄력을 받아 돌아가고 있는 톱니바퀴 모양의 병뚜껑 실팽이에 종이를 갖다 대면 종이가 잘려 나가기도 한다.

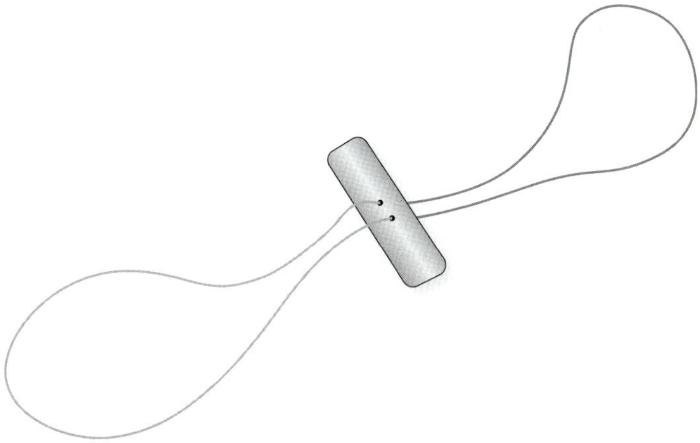

(3) 팽이치기 놀이 방법

말팽이를 돌리는 방법에 있어서도, 이를 경쟁적으로 하는 놀이를 팽이싸움이라고 하는데 '오래 돌리기', '멀리 치기', '빨리 돌아오기', '부딪쳐 돌아오기', '찌게 돌리기' 등이 있다. 오래 돌리기는 일정한 시간 동안 팽이를 힘껏 돌린 뒤에 어느 쪽이 더 오래 도는가를 따지는 방법이고, 멀리 치기는 미리 그어놓은 줄에 팽이를 세웠다가 신호에 따라 자기의 팽이를 힘껏 쳐서 상대방보다 멀리 가면서도 오래 도는 쪽이 이기는 방법이다. 빨리 돌아오기는 출발점에서 어느 지점까지 팽이를 누가 빨리 몰고 돌아 오느냐 하는 것이고, 부딪쳐 돌아오기는 팽이를 몰고 가서 어느 지점에 놓인 장애물에 힘껏 부딪치게 하였다가 되돌아와 오래도록 도는 쪽이 승리하는 방법이다. 찌게 돌리기는 팽이를 한동안 돌린 뒤,

채로 팽이를 상대 팽이의 몸통에 번갈아 가며 밀어 부딪치게 하여 오래도록 도는 쪽이 승리하는 방법이다.

12) 승경도놀이

(1) 승경도 놀이의 정의와 유래

승경도(陞卿圖) 놀이는 조선시대 양반자제들이 즐겨 놀던 놀이로 '종경도(從卿圖)', '승정도(陞政圖)', '종정도(從政圖)'라고도 하는데, 어느 것이나 '벼슬살이를 하는 도표', '조정문무사판(朝廷文武仕版)'이라는 뜻에서 온 것이다. 승경도는 조선시대의 수많은 관직의 등급과 상호관계를 놀이를 통해 익히며 벼슬에 오르는 포부를 키워주었는데(조선시대의 관리의 총수는 중앙과 지방을 합해 3천8백 명을 넘지 않았지만 등급이 많고 칭호와 상호관계가 매우 복잡하였다), 주로 서울 중심의 상류계급의 젊은이들이나 부녀자들 사이에 행해진 정초의 실내놀이였다(원래는 계절에 상관없이 즐겼던 놀이였으나, 일반적으로 정월에 많이 하였다. 일부에서는 승경도의 승부를 통해 일 년의 운세를 점치기도 하였다). 성현이 지은 〈용재총화(慵齋叢話)〉에 하륜(1347 ~ 1416)이 창안했다는 기록이 있다.

승가(僧家)에 성불도(成佛圖)가 있으니 지옥(地獄)으로부터 대각(大覺)에 이르기까지 그 사이 제천제계(諸天諸界)가 무려 수십여 처요, 윤목 육면(六面)에 나무아미타불(南無阿彌陀佛) 여섯 자를 써서 던짐을 따라 옮기며 혹은 올라가고 혹은 내려와서 승부를 정한다. 정승(政丞) 하륜이 종정도를 만들어 구품(九品)으로부터 일품(一品)에 이르기까지 벼슬[관직(官爵)]의 차례가 쓰여 있는데, 윤목(나무로 만든 주사위) 육면에 덕(德)·재(才)·근(勤)·감(堪)·연(軟)·빈(貧)의 여섯 자를 새겨 굴려서, 덕(德)과 재(才)면 올라가고 연(軟)과 빈(貧)이 나오면 그만두는 것처럼 마치 벼슬길과 같았다.

이상을 살펴보면 하륜은 불교에서 행했던 성불도(成佛圖)를 기초로 조선의 관직체계를 반영하여 승경도를 만들었음을 짐작해 볼 수 있다. 한편 이유원(李裕元)은 〈임하필기(林下筆記)〉에서 승경도가 중국 당대(唐代)에 제작된 〈투자선격(骰子選格)〉(혈격(穴骼)을 가지고 쌍쌍이 짝을 지어 놀이를 한다. 번갈아 가며 판 위에 던져서 숫자의 많고 적은 것을 가지고 관직에 나아가는 차등을 정한다. 숫자가 많으면 귀하게 되고 숫자가 적으면 천하게 된다. 그래서 하급 관리가 되고 만 자도 있고 귀하게 장상(將相)이 되는 자도 있다 하였다. 일명 백관탁(百官鐸)이라고도 하는데, 명나라 예홍보(倪鴻寶, 예원로(倪元璐))가 만들었다 하나 당나라 이래로 이미 있어 왔다)에 기원을 두고 있다고 기록했다. 이상의 기록을 종합해 보면 조선 초기 관료제의 정비가 이루어지면서 기존의 말판놀이를 응용해 하륜이 우리식의 놀이판으로 제작한 것으로 볼 수 있다.

옛날의 입신출세는 관위(官位)에 따라서 결정되었으므로 많은 수학(修學)하는 젊은이들에게는 관운이 좋아 승진하는 것은 상류층의 꿈이고, 부녀자들은 아버지나 남편, 형제들이 높은 자리에 올라가기를 희망하였던 것이다. 이러한 욕구를 연초에 미리 점치고 바라는 놀이가 승경도놀이인 것이다. 이것은 두 사람 이상 많은 사람들이 한꺼번에 같이 놀 수 있는 놀이였다.

(2) 승경도 놀이 방법

횡으로는 10행, 종으로 14행으로 만드는데 이를 확대하거나 축소하기도 한다. 관직을 적은 도면에는 지금과는 달리 조선시대의 직위인 유학(幼學)에서부터 영의정(領議政), 봉조하(奉朝賀), 사궤장(賜廓杖)에 이르는 모든 내외 관직이 적혀 있으며 최악의 사약(賜藥)까지 그려져 있는데 윷이나 주사위를 던져 그 숫자에 따라 승진하게 된다.

관운이 순조로우면 순탄하게 중앙에서 승진하지만 잘못하면 파직이 되어 유학으로 되돌아가 재출발을 하거나 변방으로 쫓겨나 중앙으로 들어오지 못하고 사약을 받고 마는 수가 있으니 관운이 실감나게 짜여진 놀이이다.

승경도의 크기는 일정하지 않지만, 보통 길이 1.5m, 너비 1m 정도이다. 전체 면적의 3/4에는 300여 개의 칸을 만들어 관직명을 쓰고 남은 공간에는 놀이의 규칙을 적는다. 도표의 외곽에는 이른바 외직인 8도의 감사, 병사, 수사, 중요 고을의 수령을 배치하며, 중앙부의 첫 꼭대기에는 정일품(正一品), 그 다음에 종일품(從一品)을 늘어놓고, 맨 밑에 종구품(從九品)이 오게 된다. 경우에 따라서는 모든 관직을 다 써넣지 않고, 도표 크기에 따라서 중요 관직을 적당히 배치한다.

놀이기구는 승경도와 숫자 윤목(일종의 주사위로 길이 한 뼘 두께 3cm의 나무를 5면 사용하였는데, 초창기엔 6면도 사용하였다)이 나도록 깎아 만들고 각 모서리에 1에서 5까지의 눈금을 새기고 이를 굴려 나온 눈금에 따라 승경도를 진행한다(윤목 대신 또는 윷을 사용하는 경우도 있다). 각 색의 말이 있어야 하며, 놀이 인원은 보통 4명에서 8명까지가 적당하다. 두 패로 갈라서 순서에 따라 윤목을 두 번 굴려(첫 번째는 문과, 무과, 은일, 남행, 군졸 등 말의 색을 정하고, 두 번째는 각 출신별 시험을 결정하여 벼슬살이 시작점을 찾는다) 출신을 정한 다음, 말을 굴려서 누가 가장 빨리 높은 자리(문과출신은 영의정, 무과출신은 도원수)에 오르느냐에 따라 승패가 결정된다.

중간에 벌칙에 해당하는 파직(罷職)이나 사약을 받는 경우도 있으며, 일부 벼슬에 따라서는 혜택 혹은 제한을 두는 규칙이 적용되어 긴장감을 더한다. 이 놀이를 통해서 사대부가의 남자아이는 어릴 때부터 수많은 관직의 등급과 칭호, 그리고 상호관계를 익힐 수 있다. 그리하여 미래의 자아상을 미리 그려보고, 포부를 기르게 함으로써 학습동기를 유발하는 놀이라고 볼 수 있다.

〈종경도, 기산풍속도첩 중에서〉

13) 쌍륙

(1) 쌍륙의 정의와 유래

쌍륙이란 쌍륙판(가로 80cm, 세로 40cm 크기의 나무로 만든 판)에 두 사람이 각자의 말(7cm 높이의 기둥으로 된 것) 15개씩을 진열하여 놓고, 2개의 주사위(采)를 죽통에 넣고 흔들어서 빼내 그 나온 수만큼 돌을 전진시켜 상대편의 말을 다 빼내고 적진에 먼저 들어가면 승리하게 된다. 이를 한자로는 쌍륙(雙六) 또는 쌍륙(雙陸)으로 표기하며, 다듬은 나무(말)을 쥐고 논다고 하여 악삭(握槊)으로 쓰는 일도 있으며, 십이기(十二基), 육채(六采)라고도 한다. 주사위가 모두 6이 나와야 이길 확률이 높으므로 보통 쌍륙이라고 부르게 되었다.

이 놀이는 일반 서민들 사이에는 행하여지지 않았던 것이므로 오늘날에는 노는 것을 볼 수 없게 되었으나, 조선조 말기까지만 해도 궁중에서나 사대부 등 남녀 간에 행하여졌고, 특히 중류이상 가정의 부녀자들이 즐긴 놀이였다.

쌍륙의 기원을 〈오잡저(五雜著)〉, 〈삼재도회(三才圖會)〉 등의 중국서에서 보면 서역의 유희 가운데 하나로 나타난다. 즉, 이 놀이는 원래 호국(胡國, 당나라 때에는 중앙아시아의 소그디아나(Sogdiana)의 여러 나라를 일컬었고, 그 주민들을 胡人이라고 불렀는데, 한나라 때에는 주로 흉노의 별명으로 사용되었고, 후한 때에는 그 의미가 확대되어 중국의 서쪽에 살고 있던 티벳족을 비롯해서 중앙아시아, 서아시아의 인도까지도 호국이라 부르게 되었다)의 놀이로서, 호왕(胡王)의 동생이 죄를 지어 옥에 들어가 참형에 처하게 되었다. 이때 홀로 쌍륙놀이를 하며 왕을 풍자한 것이 그 기원이라는 견해가 있으며, 또 하나는 그 기원이 인도라는 설도 있는데 열반경(涅槃經)에 있는 파(바)라새(波羅塞)의 戱(희, 놀이)가 쌍륙과 동일한 것이라 보는 견해가 그것이다. 즉 동쪽으론 중국, 한국을 거쳐 일본으로 전해졌고, 서쪽으론 중동지방을 거쳐 유럽, 아프리카 지역까지 전파되었다.

가장 오래된 쌍륙 형태의 놀이가 발견된 것은 바빌로니아의 아브라함 성지로 B.C 3,000년경에 제작된 놀이판이 출토되었다. 그 이후로 나일 강변의 피라미드, 고대 그리스, 그리고 로마제국 시대의 여러 유적 및 폼페이 시의 여러 가정의 정원에서 쌍륙판을 발굴하였으나 아직 정확한 쌍륙의 발생지를 밝힐 수는 없다. 위의 두 가지 견해(서역의 유희, 인도의 유희)도 일종의 설일 뿐인 것이다.

이런 쌍륙은 한 무제(漢 武帝)때, 서역 개척 후에 중국에 전래된 놀이 가운데 하나로 생각되며, 이런 놀이는 육조 시대를 지나고 수당 시대에 가장 성행하였던 것이다. 이 쌍륙은 일찍 우리나라에 들어왔던 것으로 보인다. 〈북사(北史)〉의 〈동이전(東夷傳)〉 〈백제국지부(百濟國之部)〉를 보면 백제에는 투호(投壺)와 저포(樗捕)와 롱주(弄珠)와 악삭(雙六) 등의 잡희가 있다고 하였다. 이로 보아, 우리나

라에는 삼국시대에 들어와 백제에서 유행하였으며, 다시 일본에 전해져서 '스고로쿠(すごろく, 주사위 놀이의 일종)'가 되었다는 설이 있다. 서양에서는 백개먼(backgammon)이라고 보통 부른다.

쌍륙의 내용 개략에 대하여서는 중국 송나라 때의 학자 홍준의 〈쌍륙부(雙六譜)〉에 그 기록이 보이거니와, 우리나라 최초의 백과사전적 책인 〈지봉유설(之峯類說)〉을 비롯한 조선 영조때 실학자 이익의 글을 정리한 〈성호사설(星湖僿說)〉, 〈청장관전서(靑莊館全書)〉, 〈재물보(才物譜)〉, 〈조선왕조실록(朝鮮王朝實錄)〉, 〈조선부(朝鮮賦)〉, 심수경(沈守慶, 1516～1599)의 수필집 〈견한잡록(遣閑雜錄)〉('우리나라 풍습에 바둑, 장기, 쌍륙을 잡기(雜技)라고 부른다. 바둑알은 바닷물에 씻겨 반질반질하게 된 검은 돌과 흰 조개껍데기를 쓰고, 장기의 말은 나무로 차, 포, 마, 상, 사, 졸 등의 말을 깎아 글자를 새기고 색을 칠해 쓴다. 쌍륙은 흑백의 말을 나무로 깎아 뼈로 만들어 쓴다'라고 기록됨) 등에 나와 있다. 즉 쌍륙(雙六)은 지금 거의 잊혔지만 조선 중기에는 바둑, 장기와 어깨를 견줄만한 놀이였다. 다만, 장기와 바둑은 주로 남성들의 놀이인데 반해, 쌍륙은 여성들도 즐기는 놀이였다. 김시습(1435～1493)이 매월당집(梅月堂集)에 '쌍륙'이라는 시를 지었으며, 고려시대 이규보(1168~1241)의 문집인 〈동국이상국집〉에도 시 '쌍륙'(문을 닫고 손의 옷을 끌어당겨 만류하고閉閤留賓手挽衫 빚은 술을 살며시 잔질하니 쪽처럼 푸르구나細斟家醞綠如藍 한가히 옥 말판을 가져다가 쌍륙놀이하고閑呼玉局爭雙六 취하여 비파를 잡고 열세 줄을 희롱하네醉把朱絃弄十三)이 보인다. 이런 것을 미루어 이 놀이가 널리 보급되었음을 짐작할 수 있다. 실제로, 집안에 갇혀 살아야 했던 조선조의 상류층 부인네들에게 있어서 쌍륙은 몇 가지 안 되는 실내놀이 중의 하나였던 것이다. 이 놀이는 연중 어느 때나 할 수 있지만 대체로 정초에 많이 놀았으며 한가위나 겨울철의 한가한 시간에 즐기기도 하였다. 놀이의 방법은 지역에 따라 다르며 쓰는 말도 일정하지 않았다. 이에 이 책에서는 보편적으로 사용되는 참쌍륙놀이를 소개하고자 한다.

(2) 쌍륙의 놀이 방법

놀이의 말은 주사위의 數目(수목, 주사위가 가리키는 숫자)에 따라 행마하는 것인데, 쌍륙(즉 여섯), 여섯의 두 수목이 나면 반드시 이긴다 하여 쌍륙(雙六)이라고 하였다. 쌍륙의 다른 이름인 악삭(握槊)에서 삭(槊)은 판(局)을 이르는 말이고, 이두로는 상륙(象陸)이라 쓰기도 한다. 즉 '깎고 다듬은 나무 말을 쥐고 논다'라는 뜻이다.

이 놀이에는 말판과 말 여러 개 그리고 주사위 두개가 필요하다. 주사위를 투자(投子)라고도 하는데 상아나 다른 동물의 뼈를, 변마다 길이가 1cm쯤 되게 6면체로 깎고, 여섯 면에 점을 한 개에서 여섯 개까지 새겼다. 말은 흑백 두 가지 말로서, 나무로 만든 것이 대부분이고 뼈로 만든 것도 있으나 희귀하다.

이 놀이는 윷처럼 두 사람이 하거나 여럿이 편을 갈라 하기도 한다. 놀이하는 방법을 보면 먼저 말판에 그려진 대로 각각 15개씩 말을 배치한다. 그런 후 말 진행방향을 숙지한 후, 말을 이동하면 된다.

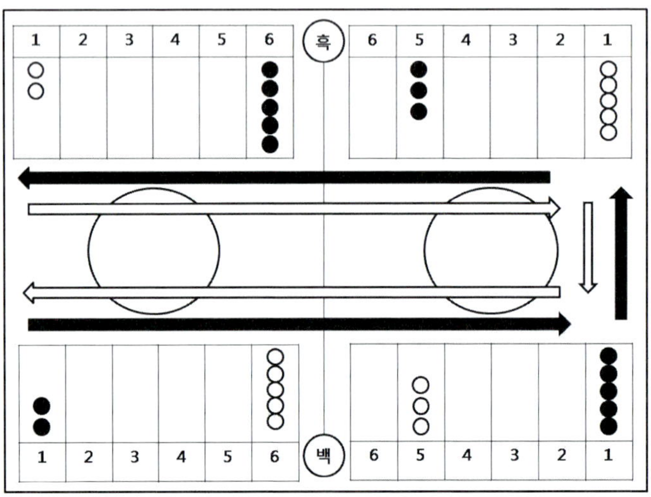

〈쌍륙 놀이판과 말 이동 방향〉

① 말 놓기

- 주사위가 3과 1이 나오면, 말 하나는 한 자리를 나가게 하고, 다른 말 하나는 세 자리로 나아가게 할 수 있다. 또는 두 개 숫자를 합친 네 자리를 나아가게 할 수 있다(다만 본인 말이 두 개나 세 개가 겹쳐 세워져 있을 때, 어느 것을 움직여도 상관없다).
- 자기편 말이 한자리에 한 개만 서 있는 곳에 상대편 말이 떨어지는 경우가 있는데, 이럴 때 잡힌 말은 판 밖으로 나가야 한다(물론, 상대편의 말이 두 개 이상 있을 경우에는 들어갈 수 없다. 그때 들어온 말은 쌍륙판에서 나가게 되어 있다).
- 놀이를 하다 잡힌 말은 시작점으로 돌아가서 시작하여야 하며, 반드시 잡힌 말부터 움직여야 한다(윷에서는 상대방의 말을 잡으면 윷을 한 번 더 던질 수 있지만, 쌍륙에서는 그렇게 하지 않는다).
- 본인의 말 한 개만 전진해 나가지 말고 두 개 이상 겹쳐 전진해 나가는 것이 유리하다(단, 한 밭에는 다섯 개까지만 세울 수 있다).
- 서로가 집을 지을 곳(집결 장소, 자기편 안육)에, 자기 말을 일단 먼저 다 넣으면 1차적으로 성공한 것이다.
- 상대편의 말이 두 개 이상인 경우엔 잡을 수 없지만, 상대의 말 두 개를 한 번에 잡는 방법은 말 두개를 한꺼번에 쓰면서인데, 그것은 던진 주사위의 숫자가 모두 같을 때(1·1, 2·2, 3·3, 4·4, 5·5, 6·6)이다.

② 말 빼기

- 자기 편 집결장소(안육)에 자기 말이 다 모이면 말 빼기를 시작한다(말 빼기를 실시하다가 상대편에게 말이 잡힐 경우, 말 빼기를 중단하고 다시 자신의 집에 집결하여야 한다. 즉 말 놓기를 다시 진행한다).
- 말 빼기는 주사위 숫자에 해당되는 안에 있는 말만 뺄 수 있다(즉, 주사위 숫자에 해당하는 말이 없으면 뺄 수 없으며, 쌍으로 숫자가 나올 경우 그 쌍의 숫자 이하에 해당하는 말을 뺄 수 있다).

• 자기 편 집결장소(안육)에서 자기 말을 모두 빼면 승리한다.

던지는 주사위의 숫자가 같아야 좋은 것은 물론이고, 나온 수를 유리하게 이용하기 위해서는 어느 말을 먼저 옮기는가 하는 판단을 옳게 내려야 한다. 즉, 주사위의 숫자에 따라 승부에 유리한 요행수도 있지만 주사위 숫자에 따라 어떤 말을 어떻게 쓸 것인가 하는 판단 역시, 승부에 중요한 변수로 작용한다.

〈쌍륙놀이〉

14) 유객주

(1) 유객주 정의와 유래

유객주(留客珠)는 말 그대로 '손님을 머무르게 하는 구슬'이란 뜻에서 알 수 있듯이 집이나 관청 등에 찾아온 손님을 주인이 기다리게 할 경우, 손님을 기다리게 하는 곳이 미안하여 다과와 함께 내놓았던 심심풀이 노리개였다.

유객주 놀이의 정확한 기원과 유래는 알려지지 않고 있으나 중국에서 아주 오래 전에 처음 만들어져 전 세계에 전파되었을 것으로 추측하고 있다. 이 놀이에 대하여 조선시대 백과사전 격인 〈성호사설(星湖僿說)〉이란 책을 보면 조조의 아들 조식이 만들어 아내에게 주었다는 기록이 있는데, 그 이전부터 우리나라에 전해 내려오고 있음을 알 수 있다. 이 놀이를 통하여 우리가 알 수 있는 것은 우리 조상들의 섬세한 마음 씀씀이를 느낄 수 있고 넉넉한 마음의 여유를 엿볼 수 있다. 이 놀이는 하나의 문제를 해결하는 데 필요한 논리적인 사고 능력과 인내심을 키워 주는 교육적인 놀이 기구이기도 하다. 놀이의 내용은 한 쪽 끈의 고리에 있는 구슬을 다른 쪽의 끈의 고리로 옮기면서 노는 놀이이다.

(2) 유객주 놀이 방법

① 준비물

- 길이 15~25cm가량의 두꺼운 합판이나 골판지(둥그런 모양의 막대기)
- 직경 3cm정도의 구슬이나 고리 2개
- 60cm가량의 끈

② 만드는 방법

막대기의 양쪽 끝에 끈을 끼울 수 있도록 작은 구멍을 뚫는다. 막대기 가운데에는 끈 네 줄이 넉넉히 드나들 수 있을 만큼 큰 구멍을 뚫는다. 끈에 구슬(또는 고리)을 끼우고 막대기에 끼운다. 이때 막대기 양쪽 끝에 끼운 끈은 고정시킨다.

③ 놀이의 방법

한쪽 편의 구슬을 다른 한쪽으로 옮기면 되는데 그것이 말처럼 쉽지 않다. 다음의 방법은 하나의 정석인데 구슬을 옮기고 나서 다시 다른 방향으로 보내고자 할 때도 다음의 방법을 쓸 수 있다.

- 막대기의 가운데 있는 매듭을 손가락으로 잡아당겨 구슬이 지나갈 수 있을 정도로 넓힌다.
- 넓혀진 통로를 따라 구슬을 오른쪽으로 통과시켜 보낸다.
- 막대기의 가운데 구멍에 있는 두 줄을 함께 잡아당기면 그 구멍에서 두 개의 매듭이 따라 나온다.
- 이 두 매듭을 통해 구슬을 오른쪽으로 보낸다.
- 막대기의 가운데 구멍 뒤쪽으로 보면 안으로 네 줄이 들어가 있다. 이 네 줄을 한꺼번에 잡아당기면 매듭이 따라 나온다.
- 이 매듭을 통해 구슬을 오른쪽으로 보내면 된다.

(3) 유객주의 교육적 효과

작은 구멍으로 큰 구슬이 통과할 수 없을 것 같지만 매듭을 당기고 빼고 넓히다보면 나름대로 해결의 실마리를 찾을 수 있다. 그러나 생각보다 쉽지 않기에 계속 사고하고 다양한 방법을 모색해야 한다. 그러는 사이에 논리적인 사고능력이 길러지게 되고 창의력이 개발되며 끈기를 갖고 하는 사이에 인내심도 길러지게 된다.

어려운 과정과 노력을 통해 문제를 해결했을 때의 기쁨은 과정이 어려울 수록 배가된다. 특히 이 놀이는 많은 노력이 필요하고 드디어 해결했을 때의 기쁨과 성취감은 다른 놀이와 비교할 수 없을 것이다. 놀이도구에 '유객(留客)'이 앞머리에 들어가는 유객주, 유객환, 유객판(칠교) 등은 모두 손님을 위한 놀이도구이다. 이런 것들은 여럿이 할 수도 있지만 혼자서도 놀 수 있는 놀이도구들이기도 하다. 이런 도구들은 서양으로 전래되어 훌륭한 교육도구로 활용되고 아직도 널리 행해졌지만 우리나라의 경우에는 거의 사라져 버렸다. 교육적 가치를 제대로 살피지 못한 결과라 여겨진다. 따라서 기존의 놀이도구를 분석하고 다양한 형태로 변화시켜 현대화시킬 필요가 있다고 여겨진다.

15) 풀꽃놀이

(1) 풀꽃놀이의 의의와 어린이의 세계

오늘날 많은 어린이들은 도시에서 살고 있어 자연과 접할 기회가 별로 없을 뿐 아니라 상품으로 만들어진 장난감이나 놀이기구가 범람하고 있어 자연 속에서 꽃과 풀을 이용한 놀이와 또 꽃과 풀로 만들어진 장난감이 어떤 것이 있었는지 알지 못한다.

한국의 옛 어린이들은 대부분 상품으로 만들어진 장난감이나 놀이기구를 모르고 자랐다. 장난감이나 놀이기구 자체가 별로 만들어지지 않았을 뿐만 아니라, 비록 그러한 것이 더러 있었다 할지라도 가난한 농촌 살림에 그것을 입수하기란 그리 쉽지 않았다. 그러나 장난감이나 놀이기구가 없었다 해도 옛 아이들은 얼마든지 즐거울 수 있었다. 그들이 뛰노는 산과 들은 장난감이나 놀이의 보고였기 때문이다. 자연 속에서 무한정으로 있는 꽃과 풀에 그들의 손이 닿으면 모두가 훌륭한 장난감으로 변할 수 있었던 것이다. 그리고 옛날 어린이들은 꽃과 풀로 장난감을 만드는 솜씨가 뛰어났었다.

우리의 조상들은 어린 시절 꽃과 풀로 온갖 장난감을 만들었고 많은 놀이 방식을 창안해 냈다. 그들이 스스로 만든 장난감이나 놀이기구를 가지고 뛰어놀던 산과 들은 그들의 순박한 감정의 요람이었고 동화와 같은 그들만의 독자적인 세계가 그 속에 전개되었다. 그리고 그것은 그들 어린이의 귀중한 생활사의 일부였던 것이다. 꽃과 풀로 만들어진 장난감이나 또 꽃과 풀을 이용한 놀이에는 이름 모를 어린이들이 쌓아올린 문화의 숨결이 스며 있는 것이다.

어린이들은 이러한 놀이를 통해서 꽃과 풀의 이름을 알게 되었다. 또 꽃과 나무의 줄기나 잎의 모양을 알게 되고 꽃의 모양이나 색깔과 그 피는 시기를 알게 된다. 어떤 식물은 응달에서 자라고 어떤 식물은 양달을 좋아하며 깊은 산골에서 자라는 것은 어떤 것이고 들판이나 집 근처에서 자라는 것은 어떤 것이며 물가에서 자라는 것은 무엇이라는 것을 익히게 된다. 또 어떤 풀은 먹을 수 있고 어떤 풀은 독이 있어 사람과 가축에게 해를 끼친다는 것을 알게 되는 것이다. 어린이들은 자연 속에서 스스로 만든 장난감 놀이를 통해서 자신도 모르게 식물학을 공부하게 된 것이고 자연 생태계의 원리를 터득해 나갔던 것이다. 그리고 그것은 먼 훗날 어른이 되어서 즐거웠던 고향의 추억으로 길이 남게 되는 것이다.

오늘날의 어린이들은 산이나 들판에서 꽃과 풀을 놀잇감으로 하여 놀 수 있는 기회를 갖기 어렵게 되었다. 그 이유에 대해서 도시에 사는 사람들은 우리 주변에서 자연이 사라졌기 때문이라고 할 것이다. 그러나 산이나 들판에 나와서 놀지 않는 것은 도시에서만의 현상이 아니다. 풍부한 자연에 둘러싸인 시골의 어린이들도 마찬가지이다. 그것은 어린이들이 숙제나 과외학습에 매달리느라 너무 바쁘다 보니 도저히 바깥에서 놀 여유가 없는데다 가까스로 여유시간이 생긴다 할지라도 텔레비전이나 게임기, 컴퓨터 등에 열중하여 바깥에 관심이 돌려지지 않기 때문이다. 또한 부모가 자연에 대한 흥미를 잃었으므로 일상생활 속에서 어린이들과 같이 풀꽃놀이를 즐기거나 자연을 가까이하지 않기 때문이기도 하다.

어린이들은 결코 자연 속에서 노는 것을 싫어하지 않는다. 어린이들은 자연 속에서 놀 때 무엇보다도 즐거워하고 활기에 차 있다. 그 속에서 건전한 정서가 싹트고 자연은 그들의 연구와 창조의 장소가 될 수 있는 것이다. 지금은 거의 사라져 버렸지만 옛날의 어린이들이 산과 들에서 꽃과 풀로 어떤 장난감을 만들었으며 또 어떤 놀잇감으로 어떤 놀이를 어떻게 하고 놀았는지 살펴보기로 하자.

(2) 풀꽃놀이의 교육적 가치

① 창의력을 증진시킨다

어린이들은 풀꽃놀이를 하고, 자신만의 풀각시 인형극을 창조하는 활동 속에서 창의력을 키워나간다. 이때 어린이들은 다각적인 탐색을 할 수 있고, 여러 신기한 경험을 맛볼 수 있기 때문에 풀꽃놀이에 많은 관심과 호기심을 가지고, 적극적인 행동으로 변화하게 된다. 또 어린이들은 무궁무진한 상상력을 발휘함으로 인해, 풀각시 인형을 진짜로 여겨 상상하고 설정하면서 창의력과 사고능력이 향상된다.

② 사회성이 발달한다

인간은 사회적 동물이며, 놀이는 사회적 기술들을 활용할 기회를 제공한다. 즉 놀이는 부적절감을 느끼지 않고 다른 사람들에게 접근할 수 있는 다리를 놓아주는 것이다. 평소 어린이들은 사랑을 나누고 싶은 강한 욕구를 가지고 있는데, 놀이 활동을 통해서 이러한 욕구를 충족시킬 수 있는 출구를 발견하게 되며, 혼자 노는 것보다 함께 노는 것이 보다 재미있다는 사실을 발견하게 된다. 그러므로 어린이들은 친구들과 함께 풀각시 인형을 가지고 다투기도 하고, 나누어 놀면서 협동하는 가운데 사회성을 발달시킨다. 이때 어린이들은 집단 속에서 어떻게 행동해야 하는지에 대해 배우게 되고, 함께 더불어 살아가는 지혜도 서서히 깨우치게 되고, 도덕적 기준이나 규칙, 성 역할 등 많은 사회적 학습을 하게 된다.

③ 정서가 발달한다

어린이들은 언어사용 능력이 제한되어 있기 때문에 자연스럽게 놀이를 통해 자신의 감정이나 생각을 나타낸다. 특히 놀이에서는 어린이들의 부정적인 정서가 정당한 구실로 표출될 수 있기 때문에 정신건강에 도움을 주게 된다. 예를 들어 A 어린이가 B 어린이를 좋아하는데 B 어린이는 C 어린이를 좋아한다고 하자. 이때 A 어린이는 C 어린이에 대한 질투심으로 일상생활 속에서 C 어린이를 때리거나 꼬집거나 하는 행동을 한다면 공격성을 가진 어린이로 평가되어서 꾸중을 듣게 된다. 따라서 질투심이 정화되지 못한다. 그러나 A 어린이는 풀꽃놀이 속에서는 풀각시가 되어 자신이 좋아하는 B 어린이와 사랑을 하고, 결혼도 해 보면서 C 어린이에 대한 적대적인 감정과 행동을 자연스럽게 표현할 수 있으므로 질투심이 정화된다.

④ 언어능력이 향상된다

놀이와 언어는 상호 강화의 관계에 있다. 즉 놀이는 언어 발달의 수단이 되며, 언어는 놀이 진행에 필수적인 매체의 역할을 한다. 어린이들은 놀이를 통해 끊임없이 언어 능력을 습득하고 연습하게 되며, 다양한 어휘를 배우고, 역할에 알맞은 적절한 언어를 사용한다. 또한 다른 어린이들과 상호작용하며 사회적 관계를 맺음으로써 점차 자기중심적인 언어에서 탈피하여 다른 어린이들의 말에 귀를 기울이며 이해하고, 서로 간의 의견을 교환하는 등 의사소통 능력을 기른다.

⑤ 신체활동이 증진된다

기본적으로 놀이를 하기 위해서는 손이나 팔, 다리 등의 신체적 움직임이 필요하다. 어린이들은 풀꽃놀이를 할 때 신체의 큰 근육과 작은 근육의 발달을 촉진·단련시키게 되고, 신체의 움직임에 대해서도 알게 된다. 이때 어린이들이 근육을 사용하면 할수록 신체적·정서적 즐거움과 해방감을 더욱 맛볼 수 있게 되고, 감각 운동적 기능의 발달도 이루어진다.

(3) 풀꽃놀이의 실제

① 풀싸움

주로 봄철에 아이들이 하는 놀이인데 초전(草戰), 초희(草戱), 교전희(草戰戱) 등으로 기록하고 있다. 주로 질경이(질긴 풀), 왕바랭이, 금방동사니(논밭의 잡초), 억새, 갈대 등의 풀줄기를 서로 걸어서 당기는 놀이이다.

질경이는 잘 끊어지지 않는 성질을 갖고 있다. 이는 질경이 줄기의 섬유질 때문인데 이를 이용해서 풀싸움을 할 수 있다. 어린이들에게 어느 것이 더 잘 끊어지지 않고 질긴 것인가를 먼저 가르쳐주기보다는 스스로 찾을 수 있도록 유도를 하자. 그런 과정에서 관찰력도 길러주고, 새로 돋아난 순과 이전에 돋아나서 오래되어 섬유질이 강하게 엉긴 것을 구별할 수 있는 능력을 길러 줄 수 있다. 그리고 섬유질에 따라서 풀줄기의 색깔도 다름을 비교 이해시킬 수 있을 것이다. 이런 과정으로 얻어진 결과들을 비교 도표로 만들어보면 쉽게 비교하는 개념을 발달시킬 수 있다.

② 나뭇잎싸움 = 나뭇잎을 이용한 점(占)

아까시나무의 잎은 잎줄기를 중심으로 양쪽으로 여러 개의 잎이 대칭으로 붙어 있는데, 이 잎줄기를 따서 두 사람이 각각 양쪽 잎을 마주 잡고 자기 쪽에서 보아 오른편에 나란히 붙어 있는 잎을 자기 몫으로 정한 다음 가위바위보를 해서 이긴 쪽이 자기 몫의 잎을 하나씩 뜯어서 줄여가는 놀이이다.

이 경우 손가락으로 잎을 퉁겨서 떨어뜨리는 방법을 쓰기도 하는데 요행히 두 개 또는 그 이상의 수를 떨어뜨리면 그만큼 유리하게 된다. 그리하여 잎을 모두 먼저 떨어뜨리는 쪽이 이기는 것이다.

아까시잎은 보통 19개인데, 처녀 총각이 잎 따기 하며 이긴 사람이 진 사람의 손목을 때리게 된다. 이때 연인이라면 손목을 잡는 계기가 되게 해 주었다.

이렇듯 잎사귀를 떼어내면서 놀기도 하였으나, 어린이가 나이가 한 살 두 살 더해감에 따라 조금씩 철이 들게 되고 또 막연히 이성에 대한 호기심 이상의 감정이 싹트기 시작하면, 내가 좋아하는 그 아이도 나를 좋아할까? 하고 점을 쳐서 그 마음을 알아내는 방법으로 잎점을 치기도 하였다.

이와 같이 점은 하나의 잎자루에 여러 개의 잎이 달린 나무나 풀잎으로도 할 수 있다. 예를 들면 아까시 나뭇잎이나 자귀나무(밤중에 잎이 접혀지기 때문에 자귀나무라고 불림)의 잎 등이다. 유의할 것은 잎의 수가 적은 것은 부적당하다는 것이다.

③ 풀 이름 맞히기(풀내기)

풀 이름을 알아 맞히며 시합을 하는 놀이가 있다. 이것을 풀내기 또는 풀싸움이라고 하는데 옛 문헌에는 투초(鬪草)라고 기록하고 있다. 고려 후기 학자 이곡(李穀)의 〈가정집〉, 〈첩박명〉이란 시에서는 투백초(鬪百草)라고 표현하고 있다.

풀내기 시합은 두 아이만 할 수도 있고, 여러 어린이가 각기 경쟁자가 되어 두 편을 나눠 하는 경우도 있다.

같은 종류의 풀은 두 번 뜯을 필요가 없다. 일정한 시간 내에 가능한 한 많은 종류의 풀을 뜯는 것이 유리하다. 또 자기편이 뜯어 모은 풀의 종류를 상대편이 모르도록 하고 가능한 한 상대편이 찾기 어려운 흔치 않은 풀을 뜯는 것이 유리하다.

■ 풀내기 시합의 방법

- 첫째 : 가장 일반적인 방법은 다음과 같다. 먼저 한쪽 편에서 풀을 한 가지 골라서 풀 이름을 말하면서 내놓으면 상대편은 같은 종류의 풀을 찾아 내놓아야 하는데 만약 내놓지 못하면 한 점을 지게 된다. 이때 풀을 내놓는 편에서는 반드시 풀의 이름을 정확하게 말해야 하고 만약 이름을 대지 못하면 무효가 된다.
- 둘째 : 한쪽이 풀을 내놓으면 상대방은 그 풀 이름을 대면서 같은 종류의 풀을 내놓아야 하는데 만약 같은 종류의 풀을 내놓지 못하거나 이름을 대지 못하면 한 점을 지게 된다. 그런데 풀을 먼저 내놓은 쪽이 상대방으로부터 풀 이름을 댈 것을 요구받고 이를 대답하지 못하게 되면 한꺼번에 두 점을 지게 되는 것이다. 따라서 이름을 모르는 풀을 내놓을 때에는 상당한 위험부담을 각오해야 하는 것이다.
- 셋째 : 가장 간단한 방법으로 수집한 풀을 하나씩 내어서 같은 것은 버리고 상대편에 없는 것은 남겨두었다가 남은 풀의 종류가 많은 편이 이기는 것이다. 이 방법은 아직 나이가 어려서 풀 이름을 잘 알지 못하는 꼬마들이 하는 것이다.

어린이들은 이와 같은 풀내기 놀이를 통하여 풀의 줄기나 잎의 형태, 색깔 등을 관찰하게 되고 또 이들 풀들이 그 종류별로 잘 자랄 수 있는 생태적 조건과 분포 상태 등을 알게 된다. 나아가 산나물로 먹을 수 있는 것, 약으로 쓸 수 있는 것, 독이 있는 것 등의 구분도 가능하다.

> 비 오느냐 우산나물 강남이냐 제비풀 / 군불이냐 장작나물 마셨느냐 취나물
> 취했느냐 곤드레 담 넘어야 넘나무 / 바느질 골무초 시집갔다 소박나물
> 간지럽네 오금풀 정 주듯이 찔금초
>
> – 김소운, 〈산나물타령〉, 한국구전민요집 –

칩다꺾어 고사리 나립꺾어 고사리 / 어영꾸부정 활나물 한푼두푼 돈나물
매끈매끈 기름나물 돌돌말어 고비나물 / 칭칭감어 감둘레 집어뜯어 꽃다지
쑥쑥뽑아 나생이 어영저역 말맹이 / 이개저개 치지기 진미백승 잣나물
만병통치 삽추나물 향기만구 시금치 / 사시장춘 대나물

– 임동권, 한국민요집 –

④ 풀각시 놀이

풀각시 놀이는 특별한 놀이기구가 없던 옛날, 봄철이면 어디서나 행해졌던 어린 아이들의 인형놀이였다.

따뜻한 봄날 쑥쑥 자란 풀을 뽑아 계집아이의 댕기머리처럼 머리카락을 쫑쫑 땋고, 나뭇가지로 비녀도 만들어 꽂고, 못 쓰는 헝겊 조각을 기워 저고리와 치마도 만들어 입혀 세상에 하나뿐인 인형을 만들었다.

요즘엔 인형이 제품으로 생산되기 때문에 이렇게 만드는 일은 별로 없지만 옛날엔 손수 인형을 만들어야 했다. 풀각시 놀음이라는 이름은 각시(색시=인형=꼭두)를 만드는 주된 재료가 풀이기 때문에 붙여진 것인데, 무릇(외떡잎식물 백합목 백합과의 여러해살이풀)의 둥근 뿌리 비늘을 벗겨낸 후에 실로 잡아매어 끝을 땋아 가느다란 나무를 꽂고 몸통을 만드는 것이 그 좋은 예이다.

이 풀각시 놀이에 대해 최초로 기록한 1849년 홍석모가 지은 〈동국세시기(東國歲時記)〉에는 다음과 같이 전하고 있다.

아가씨들이 푸른 풀을 뜯어다가 머리채를 만들고 나무를 깎아 그것을 붙인 다음 붉은 치마를 입히는데 이를 각시라 한다. 이부자리와 머리병풍을 쳐놓고 놀이하는 것을 각시놀이라 한다. 또 〈오주연문장전산고(五州衍文長箋散稿)〉의 〈자고희변증설〉에도 비슷한 기록이 있다. 다만 여기서는 보리잎과 수수깡으로 각시를 만들어 옷을 입히고 이불, 그릇, 솥(상수리 열매껍질)을 만들어 소꼽놀이를 하는데 이를 각시놀음이라 부른다고 하고 있다. 그리고 각시(閣시)는 소부(小婦)의 방언이라고 한다. 이러한 놀이는 중국에도 있는데 이를 자고놀이(紫姑戲)라고 부른다고 한다.

인형놀이는 누가 가르쳐주거나 전승되는 것이 아니라 아이들의 성장에 따른 자연스런 놀이라고 보면 좋을 것이다. 어린이들은 서너 살만 되도 베개나 인형을 가지고 놀이를 하는데 인형을 친구 삼기도 하고, 부모들을 흉내 내기도 한다. 그러면서 관찰력과 감정을 기르는 것이다.

오늘날의 '주디'나 '라라', '바비' 인형에 비하면 옛 풀각시는 초라하기 그지없다. 어린이들을 위한 인형이 셀 수 없이 많아진 요즘 풀각시 놀이가 어린이들에게 얼마나 큰 의미로 다가설 수 있을지 모르겠다. 그러나, 중요한 것은 놀잇감의 화려함이 아니다. 풍성한 놀잇감을 가지고 있는 요즘 아이들이 옛 풀각시 놀음에서 얻었던 교육효과와 교훈보다 더 큰 것을 얻고 있는지 곰곰이 생각해 볼 일이다.

⑤ 질경이풀 제기(무 제기)

길바닥에 자라는 질경이는 무척이나 생명력이 강하다. 질경이는 사람이 밟아주어야만 더 잘 자란다는 말이 나올 정도이다. 그래서 질경이는 아주 질기고 강한 식물이라는 뜻이 배어 있다. 질경이는 뿌리째 뽑아 제기의 대용으로 사용한다. 이 자연산 제기는 엽전에다 한지를 묶어서 만든 제기에 못지 않았다. 워낙 질기기 때문에 오랫동안 가지고 놀아도 풀어지지 않는다. 어쩌다 잘못 차서 잃어버려도 별로 아까울 것이 없다. 잃어버린 것보다 더 크고 멋진 것을 또 캐어 오면 되기 때문이다.

⑥ 풀잎, 나뭇잎 피리 불기

풀잎피리의 원리는 떨림(진동)에 있음을 먼저 이해시켜주기 위해 셀로판지를 이용해서 인지시켜준다. 강아지풀잎, 갈대 같은 외떡잎식물의 잎사귀를 가지고 양손의 엄지 끝에 끼우고 떨림을 이용해 불어본다.

또 나뭇잎을 두 개 겹치거나 한 개의 잎을 적당히 접어서 소리를 나게 할 수도 있다. 이를 초적이라고 한다. 특히 소질이 있는 아이들은 버들잎이나 아까시 나뭇잎처럼 약간 넓고 부드러운 것이면 어떤 풀이나 나뭇잎이라도 입술에 닿는 대로 소리를 낸다. 그러나 아무 잎이나 따서 사용해선 안 된다.

옻나무나 마취목과 같이 독성이 있는 식물은 말할 것도 없고 만져서 가시가 있거나 피부에 닿을 경우 자극이 있는 식물은 사용하지 않는 것이 좋다. 어린이들은 이러한 사실을 형들로부터 배우거나 스스로 터득하게 된다. 다른 예로 잔파를 불면 소리가 난다고도 한다.

⑦ 호드기 불기

3월이면 모든 나무와 풀의 성장이 왕성해져서 땅속에 있는 수분을 빨아 올리는 힘이 세어진다. 따라서 줄기와 껍질 사이의 수분 통로가 윤택해진다. 이것을 이용해서 물이 잘 오른 버드나무의 가지를 끊어 비틀면 껍질은 껍질대로 속은 속대로 겉돌게 된다. 이것을 원하는 적당한 길이로 잘라서 껍질이 찢어지지 않게 속을 빼어 버리고 껍질의 한쪽 끝 표피를 살짝 깎아 파란색이 도는 속껍질만 남겨둔다.

이로써 호드기(삘기)는 완성된다.

이 호드기는 그 굵기와 길이에 따라 소리가 다르다. 그 굵기가 굵을수록 저음이 나오고 짧고 가늘수록 청아한 고음이 나온다. 또 호드기의 중간에 통소처럼 여러 개의 구멍을 뚫어서 여러 가지 음을 내게 할 수도 있고 또 두 개의 호드기를 한꺼번에 불어 두 가지 음을 동시에 나게 할 수도 있다. 또 호드기를 양손으로 감싸고 손바닥으로 가렸다 폈다 함으로써 소리를 조절하여 구성진 가락을 낼 수도 있다.

이 호드기는 원시적인 취악기라고 할 수 있다. 호드기는 상당히 오래전부터 있었던 것으로 짐작된다. 〈동국세시기〉에는 "아이들이 버들가지를 꺾어 피리를 만들어 불었는데 이를 유생(柳笙)이라 한다"고 했다. 이 버들피리를 황해도에서는 홀뚜기, 호둘기, 평안도에서는 홀뚝이, 함경도에서는 횃대기, 경상도에서는 햇대기, 홀대기라고 불렀다.

지금도 향피리나 세피리에 쓰이는 떨림판은 버들피리의 껍질을 이용하기도 하고, 대금 같은 악기에도 떨림판으로 이용된다.

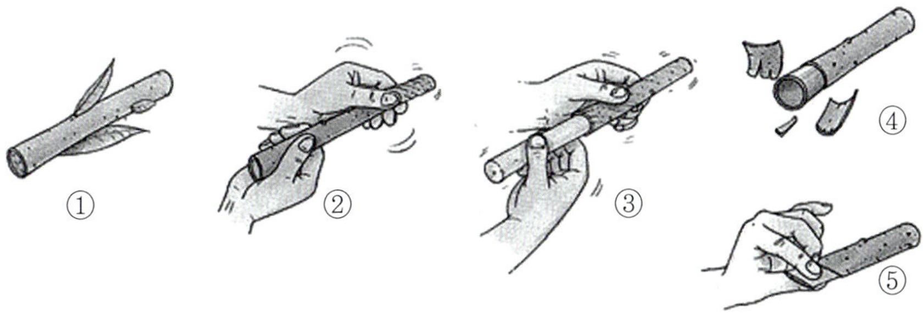

① ②

① ②

⑧ 깜부기 칠놀이

보리나 밀밭에 간혹 섞여 있는 깜부기는 얼굴에 검은 칠을 하는 데 이용된다. 깜부기 이삭을 뽑아서 한쪽을 손에 잡고 얼굴에 원하는 모양을 그리는 것이다. 어린이들이 서로 마주 서서 상대방의 얼굴에 그림을 그려주는 것이다. 깜부기로 그리는 모양 가운데 가장 간단한 것은 수염을 그리는 것이다. 팔(八)자로 수염을 그리고는 '에헴'하고 양반걸음을 걸으며 한껏 거드름을 피운다. 다음은 안경을 그리는 것이다. 눈 주위를 동그랗게 그리고 안경다리를 귀 쪽으로 연결시켜 그려놓고는 조금 떨어져서 보면 영락없이 안경을 낀 모습이 된다. 또 얼굴 전체를 새까맣게 칠해서 흑인을 만들기도 한다. 그러고는 서로의 달라진 얼굴 모습을 보고는 좋아라고 박수를 치며 웃어댄다.

이 깜부기 놀이를 마치고 나서 얼굴을 제대로 씻지 않아서 여기저기 검은 자국이 남거나 또는 옷에 검은 칠을 묻혀서 어머니에게 야단을 맞기도 했다.

⑨ 넝쿨 줄기를 이용한 놀이

■ 넝쿨 줄기 파마하기(아카시아, 호박잎 등)

아카시아 잎줄기로 머리를 치렁치렁 감아올렸다가 반나절 이상 지나서 풀면 멋진 파마가 된다.

■ 넝쿨 줄기 쌍꺼풀하기(쇠비름 줄기, 담쟁이 등)

넝쿨 잎줄기를 적당히 잘라 눈꺼풀 아래위로 잠시 붙여 버티다가 떼면 한동안 쌍꺼풀이 남아 있게 된다.

⑩ 꽃을 이용한 점(占)

반드시 잎에 한하지 않고 과꽃이나 국화꽃과 같이 꽃잎이 여러 개가 달린 꽃을 한 송이 꺾어서 한 손에 잡고 다른 손으로 한 개의 꽃잎을 잡고서 '좋아요' 또는 '싫어요'라고 묻고는 꽃잎을 따내기 시작한다. 다음에는 먼저와는 반대의 질문을 하면서 또 한 개의 꽃잎을 따낸다. 이와 같이 질문을 되풀이하며 꽃잎을 따 나간다. 결국에 마지막 꽃잎을 따내는 차례의 질문이 '좋아요'에 떨어지면 그 아이는 나를 좋아하는 것으로 점괘가 나온 것이고 반대로 '싫어요'라고 끝나면 그는 나에게 관심이 없는 것이다.

그런데 이 꽃점을 할 때에는 '싫어요'라는 말부터 시작하면 결과는 대개 '좋아요'로 끝나는 확률이 많다고 한다. 그것은 한 송이에 달려 있는 꽃잎의 수가 짝수일 확률이 80~90%나 되기 때문이라고 한다.

⑪ 강아지풀 꽃이삭 놀이

강아지풀은 줄기 끝에 초록색의 작은 꽃이 무수히 뭉쳐 원주상(圓柱狀)의 꽃이삭이 늘어진다. 그것이 강아지 꼬리를 닮았다고 해서 강아지풀이라고 한다. 이 꽃이삭을 꺾어 입을 벌려 혀를 내밀면서 "오 요요요－－" 하고 서로 강아지를 부르는 흉내를 내면서 노는 것이다.

또 강아지풀의 꽃이삭을 두 개로 쪼개어 가짜 수염을 만들어 코 밑에 멋있게 붙이고는 "에－헴" 한다.

강아지풀의 꽃이삭은 그 생김새도 그렇지만 잔털이 보송보송하여 손으로 만지면 언뜻 벌레 같다. 이것을 이용해서 장난을 한다. 강아지풀 꽃이삭을 뽑아 여자아이 뒤로 살금살금 걸어가서 목덜미를 문지르면 영락없이 벌레인 줄 알고 깜짝 놀라 소리 지르며 반사적으로 손이 목덜미로 가서 벌레를 털어 버리려고 한다. 그러나 벌레가 아닌 강아지풀임을 알고는 짓궂은 남자아이를 때리려고 달려들면 남자아이는 깔깔 웃으면서 도망을 친다.

⑫ 꽃싸움

■ 제비꽃 싸움

이른 봄 언덕 아지랑이가 퍼지기 시작하면 마른 풀 속에서 가련한 소녀처럼 머리 숙인 보랏빛 제비꽃이 핀다(실제 제비꽃의 종류가 다양하며 색깔도 다양하다). 제비꽃은 오랑캐꽃, 봉기풀, 씨름꽃(그리스 나라꽃)이라고도 부른다. 꽃싸움의 방식은 보랏빛 꽃송이가 달린 꽃자루를 뜯어 그 자루를 손가락으로 잡고 꽃망울을 서로 건 다음 양쪽에서 각각 잡아당겨 꽃송이가 끊겨서 떨어지는 쪽이 지는 것이다. 이 제비꽃의 꽃자루 끝에 달려 있는 꽃송이는 뿔이 돋쳐 나오고 오긋하게 갈고리처럼 생겼기 때문에 이 꽃꼭지를 서로 엇걸면 잘 빠지지 않고 당기면 약한 쪽의 꽃자루가 끊어지면서 그 꽃송이는 땅에 떨어지게 된다. 이와 같은 꽃씨름을 한다고 해서 씨름꽃이라는 이름이 붙여진 것이다.

■ 진달래꽃 싸움

봄이면 우리나라 산은 진달래꽃으로 붉게 물든다. 어린이들은 이 산 저 산을 헤매며 진달래꽃을 꺾는다. 꺾으면서 꽃잎을 따먹고 따먹으면서 또 꺾는다. 진달래꽃을 한 아름 꺾어 들고 입술이 파래져서 한데 모인 어린이들은 편을 갈라 꽃싸움을 벌인다.

이 진달래꽃 싸움은 또 부녀자들의 화전놀이에서 여흥으로 흔히 벌어지던 놀이이다. 진달래 꽃싸움의 방식은 진달래의 꽃술을 따서 두 사람이 각각 한 개의 꽃술을 가지고 꽃술대를 십자형으로 마주 엇걸어서 꽃술대의 양쪽 끝을 잡고 앞으로 당기면 어느 한 쪽의 꽃술대가 끊어진다. 이때에 끊어지는 쪽이 지게 되는 것이다.

꽃싸움에 사용하는 꽃술은 가능한 한 상처가 없고 질기게 생긴 것을 골라야 한다. 또 암술은 암술끼리 수술은 수술끼리 싸워야 한다. 그것은 한 송이의 진달래꽃 속에는 약간 흰색을 띤 여러 개의 수술과 붉은색을 띤 한 개의 암술이 있는데 암술대는 굵고 길며 질기기 때문에 암술대와 수술대를 서로 걸고 싸우게 되면 거의 암술이 이기기 때문이다.

⑬ 꽃 장신구 만들기

어린이들은 장신구를 만든다. 특히 여자아이들은 꽃으로 만든 장신구로 단장하고 어른들의 흉내를 낸다.

■ 토끼풀 꽃반지, 꽃팔찌 등

토끼풀의 꽃을 꽃자루를 붙인 채 따서 꽃자루를 두 줄기로 쪼개어 그 끝을 매어서 동그랗게 만든다. 그것을 손가락에 끼우면 예쁜 반지가 된다. 또 꽃자루를 길게 하여 손목시계를 만들기도 하고 꽃을 여러 개 이어서 꽃팔찌를 만들어 손목에 감기도 한다. 또 꽃목걸이를 만들어 목에 걸기도 하고 머리띠를 만들어 두르기도 한다.

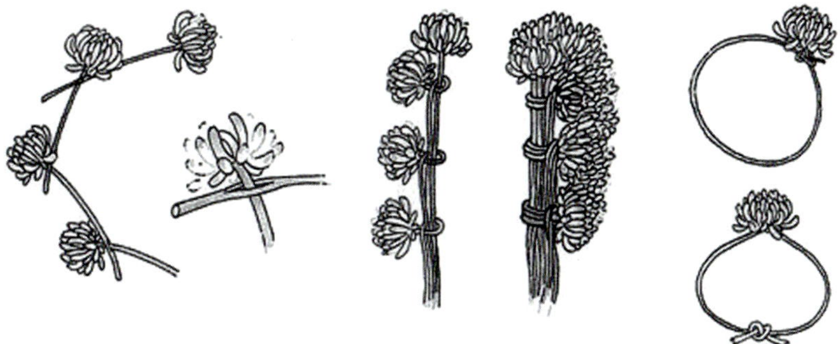

① ② ③

〈화관〉

〈목걸이〉

■ 분꽃 귀걸이

분꽃을 통째로 따서 귀걸이로 사용한다. 꽃는 위치나 방향에 따라 여러 가지 모양새를 낼 수 있고 또 색깔을 이것저것 선택할 수도 있다. 분꽃은 또 나팔 모양을 하고 있어 이를 입에 대고 부는 시늉을 내기도 한다.

■ 할미꽃 족두리

할미꽃의 꽃자루를 떼어버리고 노란 꽃술을 위로하고 자줏빛 꽃잎을 밑으로 말아 돌려서 조그마한 가시 같은 것으로 꽃잎을 고정시키면 화려하고 예쁜 꽃 족두리가 된다.

■ 진달래 화관과 꽃목걸이, 꽃방망이

진달래꽃잎을 따서 실에 꿰어 화관을 만들고 머리에 얹으면 대단히 예쁘고 화사하게 보인다. 또 기다랗게 목걸이를 만들어 목에 걸기도 한다. 또 꽃가지를 꺾어 묶어서 꽃방망이를 만들기도 하는데, 진달래 화관을 머리에 쓰고, 꽃목걸이를 목에 걸고서 꽃방망이를 양손에 들고 마을로 내려오는 아이들의 모습은 마치 개선장군처럼 의기양양했던 것이다.

■ 동백꽃 목걸이

동백은 봄의 시작을 장식하는 꽃이다. 동백꽃은 꽃송이가 통째로 떨어지는데 지면에 떨어진 꽃도 아름다운 모양을 만든다. 떨어진 꽃송이를 주워서 끈으로 꿰어 꽃목걸이를 만든다. 꽃송이의 방향을 하나씩 어긋나게 끼우거나 색깔이 다른 꽃을 배열하여 끼움으로써 여러 가지 모양과 색상의 꽃목걸이를 만들 수 있다.

■ 감꽃 목걸이

감꽃은 5월에 피어서 꽃잎이 붙은 채로 말라 버리는 것도 있지만 대부분의 꽃잎은 통째로 땅에 떨어진다. 이를 주워 묻은 흙을 입으로 후후 불어서 그대로 먹기도 한다.

이 감꽃은 실에 기다랗게 꿰어 꽃목걸이를 만들어 목에 걸기도 한다. 어린이는 이 꽃목걸이를 주렁주렁 여러 개 걸칠수록 마치 훈장을 많이 단 것처럼 의기양양해한다.

16) 전래놀이 현장 활용의 실제

(1) 윷놀이

활동명	윷놀이	대상연령	만 5세
주제	우리나라의 민속놀이	대상집단	대집단
교육적 가치	• 윷놀이를 통해 수를 세고 서열화하는 활동, 직접 윷을 제작하는 활동, 다양한 방법으로 윷놀이를 하는 활동을 실시하여 수 세기와 서열개념을 익힌다. • 협동심을 기르고 성취감을 통해 긍정적 자아 개념을 기르며 우리나라의 전통 문화에 대해 알아보고 우리의 명절과 전래놀이에 대한 이해와 관심을 도울 수 있다. • 윷놀이 활동과 연계하여 우리나라 전래놀이의 종류와 방법을 안다. • 윷놀이 활동과 연계하여 명절에 하는 일을 알고, 한복 입는 법을 익힌다.		
놀이방법	• '윷놀이 이야기' 동화로 유아에게 윷놀이의 의미와 유래를 알게 한다. • 윷놀이 활동의 규칙과 유의점을 설명한다. • 2팀으로 나누어 윷놀이 활동을 실시한다. • 유아들이 규칙과 질서를 잘 지킬 수 있도록 교사가 지도한다. • 활동을 마무리한다.		
놀이 환경구성	• 전래놀이와 관련된 사진, 그림 또는 전래놀이에 사용되는 도구들을 비치하여 아동들의 흥미를 유발시킨다. • 집에 있는 전래놀이 도구들을 가져와 친구들과 함께 나눠보도록 한다. 윷놀이와 관련된 동화, 동시, 노래가 담긴 책을 비치한다. 1. 실내에서 행해질 경우 • 교실 바닥에 말판을 깔고 말을 준비한다. • 윷을 준비하고 유아들이 차례로 던져보도록 한다. 2. 실외에서 행해질 경우 • 바닥에 말판을 날아가거나 움직이지 않도록 적절한 장소에 잘 준비한 후 말을 준비한다. • 윷을 준비하고 안전한 장소에 유아들이 던질 수 있도록 지도한다.		

<table>
<tr><th colspan="3">활동의 실제</th></tr>
<tr><th></th><th>I 수준</th><th>II수준</th></tr>
<tr><td>활동목표</td><td>• 대·소 근육을 발달시킨다.
• 수 세기와 서열개념을 익힌다.
• 긍정적인 자아 개념을 형성한다.
• 또래 친구와의 협동심을 기른다.
• 우리나라 전래놀이에 대해 이해한다.</td><td>• 대·소 근육을 발달시킨다.
• 수 세기와 서열개념을 익히고, 조합적 사고를 한다.
• 긍정적인 자아 개념을 형성한다.
• 또래 친구와의 협동심을 기른다.
• 우리나라 전래놀이의 종류와 활용 방법을 안다.</td></tr>
<tr><td>준비물</td><td colspan="2">하드보드지, 색지, 가위, 풀, 글루건, 아스테이지, 지점토, 나무젓가락, 물감, 골판지, 한지</td></tr>
<tr><td>제작방법</td><td colspan="2">① 윷 만들기 (총 4세트)
• 준비물 : 다 쓴 호일 속통 2개, 안 쓰는 파일 통 1개, 한지, 풀, 칼, 곡식 4가지, 스티커
<table>
<tr><td>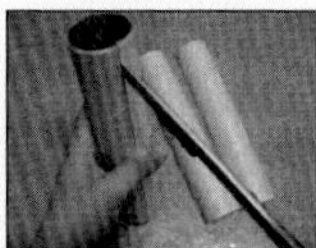</td><td>호일 속통 2개를 각각 반으로 자른다.</td></tr>
<tr><td>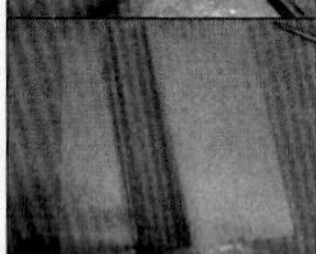</td><td>파일 통을 호일 속통 반으로 자른 부분에 맞게 자른다.</td></tr>
<tr><td>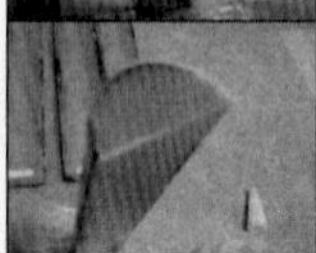</td><td>잘린 호일 통에다가 붙인다.
(단, 한 곳의 구멍은 남겨둔다)</td></tr>
<tr><td>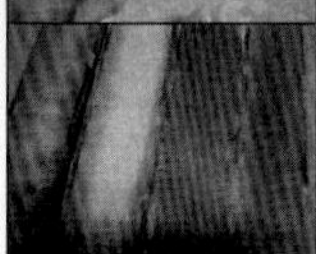</td><td>남겨둔 구멍으로 각각의 곡식들을 넣는다.</td></tr>
<tr><td>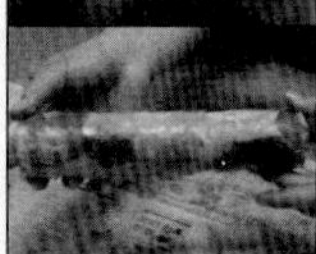</td><td>남은 구멍을 마저 붙이고, 풀을 발라서 찢어놓은 한지를 마구 붙인다.</td></tr>
<tr><td></td><td>마지막으로 스티커로 윷을 예쁘게 꾸며준다.</td></tr>
</table>
〈1세트〉</td></tr>
</table>

제작방법

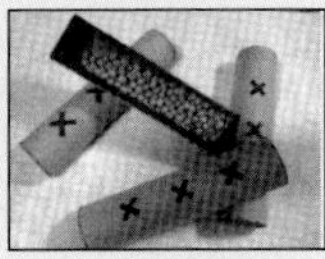

1세트와 만드는 방법은 같으며 단, 뒷부분을 투명하게 하여 곡식을 보이게 하였다.

〈2세트〉

골판지로 모양을 만들어 뒷부분을 색지로 덮었다.

〈3세트〉

여러 가지 색깔의 색지로 윷을 덮어씌웠다.

〈4세트〉

② 말 판

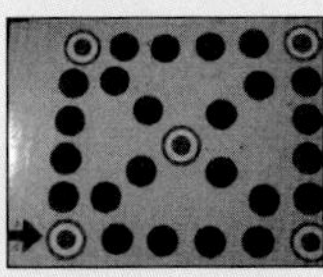

- 하드보드지에 색지를 잘라 정사각형 형태의 말판을 만든다.
- 말판을 꾸민 후 아스테이지를 씌워 마무리한다.

③ 말

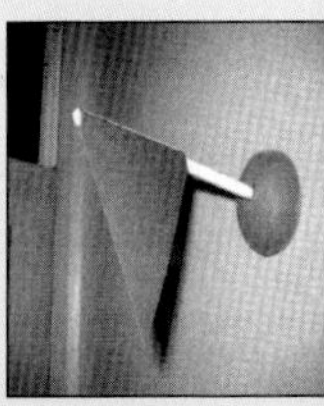

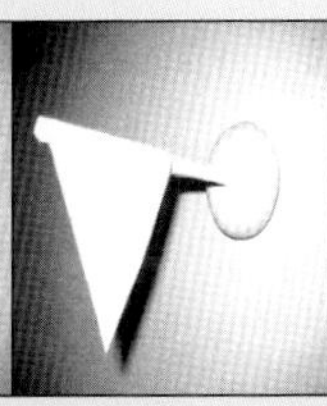

- 나무젓가락에 색지를 붙여서 깃발을 만든다.
- 지점토를 뭉쳐 깃발을 꽂는다.
- 청팀 지점토는 청색으로 색칠한다.

<table>
<tr><th></th><th></th><th>I 수준</th><th>II 수준</th></tr>
<tr><td rowspan="2">활동 방법</td><td>도입</td><td>• '윷놀이 이야기' 동화로 유아에게 윷놀이의 의미와 유래를 알게 한다.

- 윷놀이 이야기에 나오는 동물은 무엇이니?
- 동물들이 어떻게 사과를 나누어 가졌니?
- 왜 소의 이름을 따서 '윷놀이'라고 했을까?

• 윷놀이 이전 경험에 대해 이야기를 나눈다.
- 어린이들이 명절 때 또는 TV, 민속촌에서 윷놀이를 본 경험이 있거나 직접 해 본 경험을 바탕으로 교사가 먼저 자신의 경험을 이야기한다. 어린이들이 이야기한 경험을 여러 가지 표상활동으로 표현할 수 있도록 한다.</td><td>• '윷놀이 이야기' 동화로 유아에게 윷놀이의 의미와 유래를 알게 한다.

- 윷놀이 이야기에 나오는 동물은 무엇이니?
- 동물들이 어떻게 사과를 나누어 가졌니?
- 사과를 나누어 가진 방법은 괜찮은 생각이었니?
- 왜 소의 이름을 따서 '윷놀이'라고 했을까?
- 돼지가 넘어졌을 때, 다른 동물들과 소가 한 행동은 어떻게 달랐니?

• 윷놀이 이전 경험에 대해 이야기를 나눈다.
- 어린이들이 명절 때 또는 TV, 민속촌에서 윷놀이를 본 경험이 있거나 직접 해 본 경험을 바탕으로 교사가 먼저 자신의 경험을 이야기한다. 유아들이 이야기한 경험을 여러 가지 표상활동으로 표현할 수 있도록 한다.</td></tr>
<tr><td>전개</td><td>① 윷놀이의 규칙 확인하기
• 윷놀이 말판 알기
5칸으로 정사각형의 20칸과, 중앙을 정점으로 하는 X자형의 5칸 모두 29칸이라는 것을 알아본다.
• 윷놀이 말판 가는 수 알기
- 도 : 윷이 한 개 젖혀지는 것으로 한 칸 앞으로 갈 수 있다.
- 개 : 윷이 두 개 젖혀지는 것으로 두 칸 앞으로 갈 수 있다.
- 걸 : 윷이 세 개 젖혀지는 것으로 세 칸 앞으로 갈 수 있다.</td><td>① 윷놀이의 규칙 확인하기
• 윷놀이 말판 알기
5칸으로 정사각형의 20칸과, 중앙을 정점으로 하는 X자형의 5칸 모두 29칸이라는 것을 알아본다.
• 윷놀이 말판 가는 수 알기
- 도 : 윷이 한 개 젖혀지는 것으로 한 칸 앞으로 갈 수 있다.
- 개 : 윷이 두 개 젖혀지는 것으로 두 칸 앞으로 갈 수 있다.
- 걸 : 윷이 세 개 젖혀지는 것으로 세 칸 앞으로 갈 수 있다.</td></tr>
</table>

		I수준	II수준
활동 방법	전 개	- 윷 : 윷이 네 개 젖혀지는 것으로 4칸 앞으로 갈 수 있고 한 번 더 던질 수 있다. - 모 : 윷이 모두 엎어진 것으로 5칸 앞으로 갈 수 있고 한 번 더 던질 수 있다. - 앞에 가던 상대편 말을 잡으면 한 번 더 할 수 있다. 이렇게 하여 4개의 말이 상대편보다 먼저 말판을 돌아오는 편이 승리한다. ② 편 가르기 – 2팀으로 나눈다. ③ 윷놀이 시작(선 윷 정하기) - 두 팀의 대표가 가위바위보를 한다. - 네 개의 윷가락을 세워 잡고 앉은 키보다 높게 던진다. - 나온 수대로 말발을 간다. ④ 말 옮기기와 동 내기 - 윷가락을 던져 나온 수에 따라 말을 옮긴다. 즉 도가 나오면 1칸, 개는 2칸……. - Ⅰ수준 어린이는 교사가 말판을 움직이는 것을 도와 준다. - 말 하나가 돌아 나오면 "한 동" 냈다 하고 두 개, 세 개를 내면 "두 동", "석 동"을 냈다고 한다는 것을 어린이들에게 가르쳐 준다.	- 윷 : 윷이 네 개 젖혀지는 것으로 4칸 앞으로 갈 수 있고 한 번 더 던질 수 있다. - 모 : 윷이 모두 엎어진 것으로 5칸 앞으로 갈 수 있고 한 번 더 던질 수 있다. - 앞에 가던 상대편 말을 잡으면 한 번 더 할 수 있다. 이렇게 하여 4개의 말이 상대편보다 먼저 말판을 돌아오는 편이 승리한다. ② 편 가르기 – 2팀으로 나눈다. ③ 윷놀이 시작(선 윷 정하기) - 두 개의 윷가락을 던져 나오는 수가 많은 쪽이 먼저 시작을 한다. - 네 개의 윷가락을 세워 잡고 앉은 키보다 높게 던진다. - 나온 수대로 말발을 간다. ④ 말 옮기기와 동 내기 - 윷가락을 던져 나온 수에 따라 말을 옮긴다. 즉 도가 나오면 1칸, 개는 2칸……. - Ⅱ수준 유아는 윷을 던진 유아가 말판을 움직이도록 한다. - 말 하나가 돌아 나오면 "한 동" 냈다 하고 두 개, 세 개를 내면 "두 동", "석 동"을 냈다고 한다는 것을 어린이들에게 가르쳐 준다.
	마 무 리	• 어떤 팀이 이겼는지 승부를 내고 이긴 팀에게 박수를 쳐 주고 진 팀에게는 벌칙을 준다. • 화장실을 다녀온 후에 재활용 휴지심으로 윷가락 만들기를 해 본다.	• 어떤 팀이 이겼는지 승부를 내고 이긴 팀에게 박수를 쳐 주고 진 팀에게는 벌칙을 준다. • 화장실을 다녀온 후에 재활용 휴지심으로 윷가락 만들기를 해 본다.

<table>
<tr><td>유의점</td><td>• 여러 명이 활동할 수 있고 편평한 곳에서 놀이를 시작한다.
• 놀이 시작 전에 약속(차례 지키기, 윷이 뒤집어진 수만큼 말을 옮기기 등)을 정한다.
• 도/개/걸/윷/모 등의 이름을 강조하기보다는 놀이의 흐름이 이어지도록 하고, 부모님과 함께 하면서 어린이들끼리만 했을 때보다 더 심도 있는 윷놀이 경험을 제공한다.</td></tr>
<tr><td>참고자료
(동화)</td><td>〈윷놀이 이야기〉
새해 첫날 꿀꿀이 돼지는 빨간색 치마와 노란색 저고리를 입고 아버지, 어머니께 세배를 했습니다.

"새해 복 많이 받아라."

아버지, 어머니께서는 꿀꿀이에게 세뱃돈을 주시며 말씀하셨어요. 오늘 아침 어머니가 입으신 치마, 저고리는 다른 날보다 더 예뻐 보였어요.
아버지도 바지, 저고리, 조끼, 그리고 마고자를 입으신 모습이 더 멋있어 보였습니다.
꿀꿀이 돼지는 빨리빨리 서둘러서 마을 우물가로 갔어요. 마을 어른들께 세배를 가기 위해 친구들과 만나기로 약속했기 때문이에요.
그런데 친구들은 아직 아무도 나와 있지 않았어요.
해님과 새들만이 꿀꿀이를 반갑게 맞아 주었습니다.
꿀꿀이는 아주 기분이 좋았어요.
그때 개하고 양이 재미있게 노래를 부르며 왔습니다.

"라라라라라…… 꿀꿀아, 너도 멋있는 한복 입었구나!"

둘이 함께 꿀꿀이를 보며 말했어요.

"응, 어머니께서 만들어 주신 거야. 너희들은 색동옷을 입었구나. 참 색깔이 예쁘네!"

꿀꿀이는 어른처럼 말했어요.

"우리도 한복 입었어. 근사하지?"

소와 말이 뛰어오면서 말했어요.

"모두 모였지? 이제 세배하러 가자."
"그래, 빨리 가자."

돼지, 개, 양, 소, 말은 다 같이 마을의 어른께 세배하러 다녔습니다.</td></tr>
</table>

참고자료 (동화)

마을 어른들께서는 매우 기뻐하시면서 떡과 과일을 많이 주셨어요.
친구들 모두 배불리 먹었습니다.
세뱃돈 대신 주신 사과는 바구니에 담아 왔습니다.
그런데 꿀꿀이는 사과를 더 갖고 싶어서 한 가지 꾀를 생각해 냈어요.
꿀꿀이는 친구들에게 말했어요.

"얘들아, 내게 좋은 생각이 있어.

우리 달리기 경주를 하는 게 어때?
그래서 빨리 달린 친구가 사과를 많이 가져 가는 거야."

"그래, 그래, 달리기를 해서

첫째로 들어오면 사과 5개,
둘째로 들어오면 사과 4개,
셋째로 들어오면 사과 3개,
넷째로 들어오면 사과 2개,
다섯째로 들어오면 사과 1개를 갖기로 하자."

"야, 재미있겠다!"

소가 어른스럽게 말하자 모두들 좋아했어요.
소가 말한 대로 경주 규칙을 세웠습니다.
그리고 심판관으로는 동네에서 제일 어른이신 할어버지를 모시기로 결정했어요.
돼지, 개, 양, 소, 그리고 말은 시작하기 전에 각자 달리기 연습을 하느라고 야단이었어요.
이 소란한 소리를 들은 마을 어른들이 한 분씩 모이셨습니다.
숲속에서 늦잠을 자던 사자, 호랑이, 기린, 곰, 여우, 다람쥐, 토끼, 늑대, 코끼리, 고슴도치도 나와서 구경했습니다.

"자, 이제부터 시합을 시작하자."

심판관 할아버지께서 동물 선수들이 모이도록 소리치셨어요.

"준비……, 호루루!"

돼지, 개, 양, 소, 말은 열심히 달렸어요.
말은 '딸가닥딸가닥'
소는 '껑충껑충'
양은 '헐레벌떡'

참고자료
(동화)

개는 '쫄랑쫄랑'
모두 땀을 뻘뻘 흘리며 달렸습니다.
돼지는 '내가 일등을 해야지!' 하면서 '뒤뚱뒤뚱' 달렸어요.

"꿀꿀아, 잘해라!"
"멍멍아, 잘해라!"
"양아, 잘해라!"
"소야, 잘해라!"
"말아, 잘해라!"

모두들 신나게 응원해 주었어요.
돼지, 개, 양, 소, 말은 열심히 달렸습니다.
드디어 말이 첫째로 들어왔어요.
소가 둘째로 들어왔어요.
양이 셋째로 들어왔어요.
개가 넷째로 들어왔어요.

"아이쿠, 아야!"

돼지는 그만 돌부리에 걸려 넘어지고 말았어요.
1등을 하려고 막 달리다가 벌렁 자빠져 버렸지 뭐예요!
돼지는 일어나려고 애를 썼어요.
하지만 아무리 발버둥을 쳐도 일어날 수 없었어요.
발버둥을 치면 칠수록 속치마만 자꾸자꾸 보일 뿐이었어요.

"하하하하하, 하하하하하."

응원하던 숲 속의 동물들이 웃음을 터뜨렸습니다.

"허허허허허, 허허허허허."

어른들도 웃음을 참을 수가 없었어요.
그러나 소는 웃지 않았어요.
넘어진 돼지에게 재빨리 달려가 일으켜 주었어요.

"꿀꿀아, 괜찮니?"

소가 돼지를 도와주는 모습을 보고, 모두들 웃음을 멈추었습니다. 정말 꿀꿀이가 어디 다치지나 않았는지 걱정스러워서 조용히 바라보았습니다.

참고자료 (동화)

"응, 괜찮아. 다리를 좀 삔 것 같아. 나를 좀 도와주겠니?

난 끝까지 달릴 거야!"
돼지는 소에게 도움을 청했습니다.
절뚝절뚝하면서도 소의 도움을 받아 끝까지 달린 돼지에게 모두들 박수를 쳐 주었어요.

"말이 첫째, 소가 둘째, 양이 셋째, 개는 넷째, 돼지는 다섯째!"

심판관 할아버지께서 큰 소리로 발표하셨습니다.
그리고 규칙대로 사과를 나누어 주셨어요.
제일 마지막으로 들어온 돼지에게는 사과 하나를, 개에게는 사과 둘을, 양에게는 사과 셋을, 소에게는 사과 넷을, 그리고 첫째로 들어온 말에게는 사과 다섯 개를 주셨습니다.
어른들은 말, 소, 양, 개, 돼지가 열심히 뛰고, 또 규칙대로 사과를 받는 것을 보시고 퍽 기특하게 생각하셨습니다. 그래서 동물들이 서로 도우며 열심히 노는 것을 기억하기 위해 재미있는 놀이를 만드셨어요.
돼지는 '도'라 이름 붙여 한 칸을 가게 했습니다.
개는 그냥 '개'라고 이름을 붙여 두 칸을 가게 했습니다.
양을 '걸'이라고 이름 붙여 세 칸을 가게 했습니다.
소를 '윷'이라고 이름 붙여 네 칸을 가게 했습니다.
말을 '모'라고 이름 붙여 다섯 칸을 가게 했습니다.
놀이의 이름은 소의 이름을 따라 '윷놀이'라고 붙이셨어요.
그런데 사자가 고개를 갸우뚱거리며 뭔가를 계속 생각하고 있네요.
'왜 어른들께서 윷놀이라고 하셨을까?'
옆에 있던 코끼리는 그 이유를 아는 듯 고개를 끄덕끄덕하고 있었습니다.
왜 동물들의 경주를 '윷놀이'라고 했을까요?
사자는 아직도 그 이유를 모른대요.
지금도 윷놀이를 할 때는 윷가락을 4개 던져
'도'가 나오면 1칸, '개'가 나오면 2칸,
'걸'이 나오면 3칸, '윷'이 나오면 4칸,
그리고 '모'가 나오면 5칸을 앞으로 간답니다.

(2) 비석치기

■ I 수준

I수준	손을 이용한 비석치기
활동 목표	1. 우리나라 전래놀이인 비석치기를 익히고 직접 체험해 볼 수 있다. 2. 거리와 방향에 따라 힘을 조절하는 능력을 가질 수 있다. 3. 눈과 손의 협응력을 기를 수 있다.
준비물	그림카드 5장, 빈 음료수통 5개, 밀가루 풍선주머니 2개, 출발선 표시 2개
놀이 방법	◇ 전래 '비석치기' 놀이방법 ◇ ① 4~5m의 거리를 두고 바닥에 길게 두 줄을 긋는다. ② 10명 내외의 어린이가 편을 가르고 진 편은 줄 위에 각자 말을 세워놓고 이긴 편이 차례로 망(옮겨야 할 돌)을 옮겨 비석을 맞힌다. ③ 못 쓰러트리고 세워진 돌이 한 개라도 남아 있는데 던질 사람이 없으면 다른 편으로 넘어간다. ④ 순서가 다시 돌아오면 죽었던 단계부터 다시 시작하며 장님까지 먼저 끝낸 편이 이긴다. ◇ 응용 '손을 이용한 비석치기' 놀이방법 ◇ ① 두 명의 어린이가 풍선 주머니를 손으로 쥐고 가서 출발선 앞에 선다(출발선은 목표물과 2m 정도 떨어져 있다). ② 준비해 둔 그림카드를 하나 뽑는다. ③ 뽑은 카드에 적힌 글과 그림을 보고, 한 어린이는 그림카드만 있는 병 쪽으로, 다른 어린이는 글자카드만 있는 쪽으로 이동한다. ④ 뽑은 카드에 적힌 글과 그림을 찾아 각각 주머니를 던진다. ⑤ 그림카드를 쓰러뜨리지 못했을 경우, 다른 어린이에게 순서가 돌아간다. ⑥ 목표물을 맞히는 것이 익숙해지면 점차 출발선과 목표물과의 거리를 넓혀나가거나 그다음 단계로, 한 발을 든 상태로 주머니를 던져 목표물을 쓰러뜨리도록 한다.
유의점	① 주머니를 친구를 향해 던지거나 장난치지 않도록 주의한다. ② 한 명씩 하는 활동이므로 참여하는 어린이의 수가 많다면 목표물의 수를 늘려서 두 팀으로 나누어 진행할 수 있도록 한다. ③ 게임을 할 때 주머니를 던지는 어린이의 맞은편에 있으면 주머니에 맞을 수가 있으므로 어린이가 가지 않도록 주의한다.
교사의 역할	① 놀이 전 놀이규칙에 대하여 자세하게 알려준다. ② 전래바석치기의 방법과 응용된 비석치기 방법에 대해 알 수 있도록 한다. ③ 놀이를 하기 전에 교사가 충분한 시범을 보이고, 게임 중에는 순서와 규칙을 잘 지킬 수 있도록 지도한다. ④ 항상 안전에 신경을 쓰도록 한다.

■ II수준

II수준	신체를 이용한 비석치기
활동 목표	1. 신체의 각 부위를 이용해 놀이를 함으로써 신체조절 능력을 익힐 수 있다. 2. 지각과 운동을 협응하여 활동할 수 있다. 3. 대·소근육을 발달시킬 수 있다. 4. 우리나라 전통 문화에 대하여 익힐 수 있다.
준비물	글자 그림카드 5장, 전통악기 그림카드 5장, 그림카드의 단어 이름이 적힌 글자카드 5장, 빈 음료수통 10개, 풍선주머니 2개, 출발선 표시 2개, 팥주머니(망) 여러 개
놀이 방법	① 그림카드가 각각 한 장씩 붙어 있는 빈 음료수 병과, 그 그림카드의 이름이 붙어 있는 빈 음료수 병을 나란히 줄 세운다. (사전 교육으로 전통악기에 대하여 배웠으므로 전통악기 그림과 글자 카드를 붙임, 다른 수업 시간과 연계하여 다른 그림으로 대체할 수 있도록 깔깔이와 보슬이를 부착시켰다.) ② 두 편으로 나누어, 두 줄로 선다. ③ 두 명 중 대표 한 명이 나와 제시카드 중 하나를 뽑는다. ④ 교사가 뽑은 제시카드에 있는 전통악기 그림과 악기의 이름을 보여준다. ⑤ 팥주머니(망)를 발등에 올리고 두 어린이가 신호에 맞추어 동시에 앞으로 걸어 나간다. ⑥ 걸어가다가 출발선에 도착하면 멈춰선 다음, 그 자리에서 발을 올려 차서 팥주머니(망)로 목표물을 쓰러뜨린다. ⑦ 이때, 한 어린이는 제시카드에서 본 전통악기 그림카드가 붙어 있는 빈 음료수 병을 쓰러뜨리고, 다른 어린이는 제시카드에서 본 전통악기의 이름이 붙어 있는 빈 음료수 병을 쓰러뜨린다. ⑧ 두 어린이 중 제시된 카드와 같은 그림, 글자카드를 먼저 쓰러뜨린 어린이가 승리한다. ⑨ 만약 발등에 올린 팥 주머니(망)가 떨어졌을 경우 출발선으로 돌아가 다시 옮긴다. ⑩ 팥주머니(망)를 발등에 올려 옮기는 것이 익숙해지면 무릎 사이에 놓고 옮기거나 머리 위, 어깨 위, 배 위에 놓고 옮겨 목표물을 쓰러뜨리도록 한다. ⑪ 확장활동으로 팀을 나누어 목표물을 잘 쓰러뜨릴 수 있는 방법을 고안하도록 한 후, 각자의 팀에서 만들어낸 방법으로 팀 대항게임을 한다. ※ 팥주머니(망)을 옮길 때의 게임규칙 ① 던지기 : 선 채로 그냥 던지기, 한 발 뛰어 던지기와 두 발 뛰어 던지기, 세 발 뛰어 던지기 ② 뛰어 차기 : 망을 던져놓고 일정한 수만큼 뛴 다음 망을 차서 쓰러뜨리기

	③ 발치기(도둑발) : 발등 위에 망을 올려놓고 걸어가 쓰러뜨리기 ④ 걸음마치기(오줌싸개) : 무릎 사이에 망을 끼고 걸어가 쓰러뜨리기 ⑤ 배 사장 : 망을 배 위에 올려놓고 간다. 비석 가까이에서 망을 떨어뜨려 쓰러뜨리기 ⑥ 손등(비행기) : 팔을 쭉 펴고 손등 위에 망을 올려놓고 비행기 소리를 내며 뛰어가 망을 떨어뜨려 쓰러뜨리기 ⑦ 신문팔이 : 망을 겨드랑이에 끼우고 가서 쓰러뜨리기 ⑧ 어깨(장군) : 어깨 위에 망을 올려놓고 걸어가 쓰러뜨리기 ⑨ 목 : 어깨와 목 사이에 망을 끼워놓고 가서 쓰러뜨리기 ⑩ 턱 치기 : 턱과 목 사이에 망을 끼우고 걸어가서 쓰러뜨리기 ⑪ 머리(떡장수 인사) : 머리 위에 망을 올려놓고 가서 쓰러뜨리기 ⑫ 장님 : 눈을 감고 목표물을 쓰러뜨리기
유의점	① 팥주머니(망)를 친구를 향하여 던지거나 물어뜯지 않도록 한다. ② 게임의 특성상 편평한 땅 위에서 진행할 수 있도록 한다. ③ 발등에서 확장하여 다른 신체부위를 이용하여 게임을 할 때에는 어린이들의 게임진행속도(혹은 연령)에 맞추어 적절하게 확장해 나간다.
교사의 역할	① 놀이규칙에 대하여 자세하게 알려준다. ② 놀이를 하기 전 선생님이 항상 시범을 보여서, 목표물을 정확하게 맞추려면 신체를 어떻게 잘 이용할 것인지에 대해 확실하게 인지할 수 있도록 한다. ③ 각 어린이들의 놀이 진도가 다를 수 있으므로 한 명씩 꼼꼼하게 체크할 수 있도록 한다. ④ 놀이 중 소외되는 어린이 없이 모두를 놀이에 참여시킬 수 있도록 한다.

(3) 장님 인도하기

교육적 가치	1. 많은 어린이들이 함께 어울려 놀이를 함으로써 사회성을 발달시킬 수 있다. 2. 장님 인도하기놀이를 통해 장애에 대한 편견을 없앨 수 있다. 3. 어린이들이 서로 도와가며 놀이를 진행함으로써 협동심을 키울 수 있다. 4. 눈을 가리는 경험을 통해서 신체 기관의 중요성을 인식할 수 있다.
놀이지도 방법	1. 유아의 주위에는 다양한 신체적 특성을 지닌 이웃들이 있다는 것을 알려준다. 2. Ⅱ수준에서 서로 다른 소리를 구분할 수 있도록 악기의 특징적인 소리를 각각 실제로 들려주며 지도한다.
놀이환경 구성	1. 실외에서 눈을 가리고 하는 놀이이기 때문에 안정성의 측면에서 땅의 표면이 고른 곳을 선택하여 놀이를 실시하도록 한다. 2. 단순한 놀이에서 끝나지 않고 놀이를 끝낸 뒤 어린이들이 주변의 신체적 결함을 가진 이웃들을 도와 줄 수 있는 마음을 가질 수 있도록 지도한다.

활동의 실제		
	I 수준	II수준
학습목표	1. 협동심을 키운다. 2. 남을 도울 수 있다. 3. 주의 깊게 들을 수 있다.	1. 협동심을 키운다. 2. 주의 깊게 들을 수 있다. 3. 소리를 구분할 수 있다.
준비물	눈가리개, 바구니, 공	눈가리개, 국악기(장구, 북, 꽹과리, 징 등), 바구니, 공
놀이 방법	1. 팀을 나누고 세 명의 어린이를 뽑는다. 2. 한 명의 어린이가 눈을 가리고 공을 쥔다. 다른 한 명의 어린이는 눈을 가린 어린이의 손을 잡는다. 3. 또 다른 어린이는 적당한 거리에 서서 바구니를 들고 있는다. 4. 나머지 어린이들은 바구니를 든 어린이 주변에 일정한 간격을 두고 서서 장애물 역할을 한다. 5. 바구니를 든 어린이가 눈을 가린 어린이의 이름을 불러 바구니에 공을 넣을 수 있도록 유도하고 눈을 가린 어린이의 손을 잡은 어린이는 눈을 가린 어린이가 장애물을 피해 갈 수 있도록 도움을 준다. 6. 역할을 바꾸어 놀이를 한다.	1. 팀을 나누고 세 명의 어린이를 뽑는다. 2. 한 명의 어린이는 눈을 가리고 다른 한 명의 어린이는 국악기를 들고 눈을 가린 어린이의 길을 인도한다(이 때, 국악기 소리 구분을 위해 순서를 정해 국악기 소리를 낼 필요가 있다). 3. 또 다른 한 명의 어린이는 바구니를 들고 있는다. 4. 나머지 어린이들을 바구니를 든 어린이 주변에 일정한 간격을 두고 서서 장애물 역할을 한다. 5. 국악기를 든 어린이가 눈을 가린 어린이를 바구니 쪽으로 인도하고 바구니를 든 어린이는 일정 시간이 지나면 자리를 옮긴다. 6. 역할을 바꾸어 놀이를 한다.
유의점	1. 눈을 가리고 하는 게임이므로 눈 가리는 어린이를 비롯한 모든 어린이가 조심해서 게임을 하도록 미리 주의를 준다. 2. 눈을 가리고 하는 게임이기 때문에 그 위험성에 대해서 충분히 설명하고 게임 도중에 어린이들이 심한 장난을 치지 않도록 주의를 준다.	

(4) 풀각시 놀이

■ Ⅰ수준

<table>
<tr><td>주제</td><td>풀각시 놀이</td><td>대상연령</td><td>만 4세</td><td>활동 집단</td><td>대·소집단 활동</td></tr>
<tr><td>활동 목표</td><td colspan="5">•우리나라 전래놀이인 풀각시 놀이에 대해 알 수 있다.
•자신이 원하는 풀각시 인형을 꾸밀 수 있다.
•창의성을 발달시킬 수 있다.
•대·소근육을 발달시킨다.
•눈과 손의 협응력을 기를 수 있다.</td></tr>
<tr><td>준비물</td><td colspan="5">미완성된 풀각시 인형, 풀각시 인형, 한지, 가위, 풀, 고무줄, 나무젓가락
<table>
<tr><td></td><td></td><td>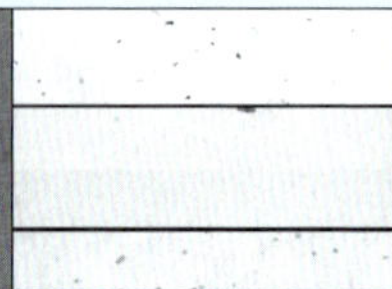</td><td>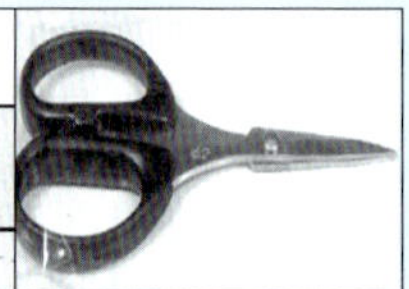</td></tr>
<tr><td>미완성된 풀각시 인형</td><td>풀각시 인형</td><td>한지</td><td>가위</td></tr>
<tr><td>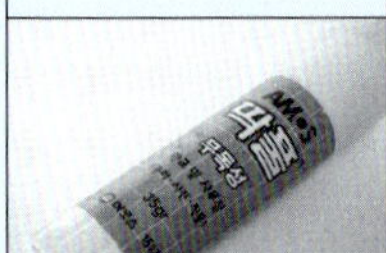</td><td>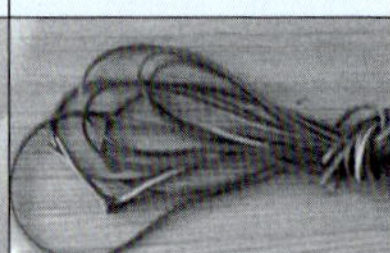</td><td>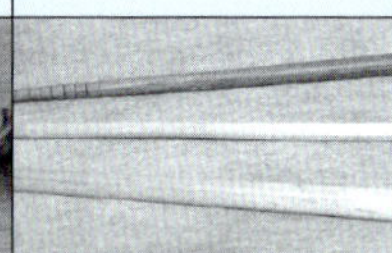</td><td></td></tr>
<tr><td>풀</td><td>고무줄</td><td>나무젓가락</td><td></td></tr>
</table></td></tr>
<tr><td>놀이 방법 (활동 내용)</td><td colspan="5">《도입》
• '각시 각시 풀각시' 동화를 개작하고, 뮤지컬을 보여준다.
- '각시 각시 풀각시' 뮤지컬이 어땠나요?
- 풀은 처음에 누구를 만났나요?
- 풀은 누구와 함께 소풍을 갔나요?
- 누가 풀을 예쁘게 꾸며 주었나요?
- 풀을 어떻게 꾸며 주었을까요?
- 풀각시는 어떻게 되었나요?

《전개》
• 풀각시 놀이에 대해 이야기를 나눈다.
- 풀각시 놀이는 어떤 놀이일까요?
- 왜 풀을 이용해서 인형을 만들까요?
• 어린이들에게 다양한 풀각시 인형을 보여준다.</td></tr>
</table>

놀이 방법 (활동 내용)	 풀각시 인형 • 어린이들이 직접 풀각시 인형의 옷을 꾸며본다. • 풀각시 인형놀이를 해 본다. 《마무리》 • 어린이들이 만든 풀각시 인형에 대한 이야기를 나눈다. - 풀각시 인형으로 놀이를 해 보니까 어떤 느낌이 들었나요? - 만들기 재료들을 적절하게 활용해서 풀각시 인형을 만들어 보았나요? - 풀각시 인형으로 어떤 역할을 맡았나요?
유의점	• 풀각시의 머리는 풀로 만들어졌기 때문에 센 힘을 가해서 만지지 않는다. • 풀각시의 머리 부분에 스프레이를 뿌려 풀이 썩지 않도록 한다. • 풀로 머리를 만들 때, 풀의 길이가 비슷한 것을 사용한다.
교사의 역할	• 어린이들이 인형을 꾸밀 때 너무 많은 간섭을 하지 않는다. • 어린이들이 어려워할 때 조금씩 도와준다. • 풀각시 인형을 꾸밀 때 재료를 가지고 싸우지 않도록 넉넉히 준비한다. • 풀각시 인형 막대로 어린이들끼리 찌르지 않도록 미리 주의를 준다.

■ II수준

<table>
<tr><td>주제</td><td>풀각시 놀이</td><td>대상연령</td><td>만 5세</td><td>활동 집단</td><td>대·소집단 활동</td></tr>
<tr><td>활동 목표</td><td colspan="5">•우리나라 전래놀이인 풀각시 놀이에 대해 알 수 있다.
•풀각시 인형을 만들 수 있다.
•대·소근육을 발달시킨다.
•눈과 손의 협응력을 기를 수 있다.
•색채 감각을 익힐 수 있다.</td></tr>
<tr><td>준비물</td><td colspan="5">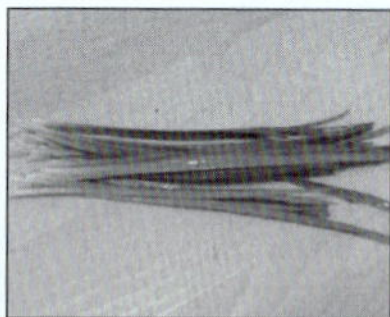
풀
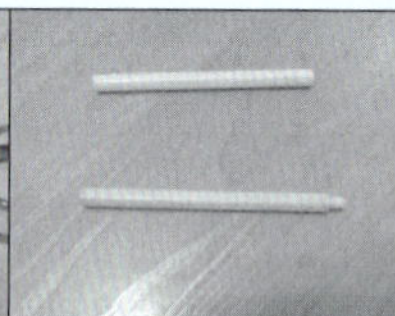
볼펜통

실
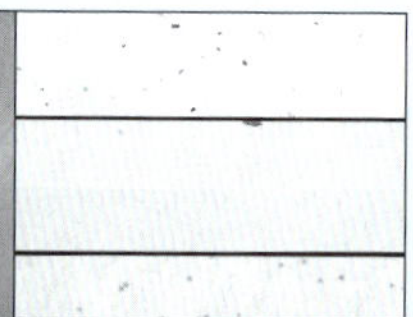
한지
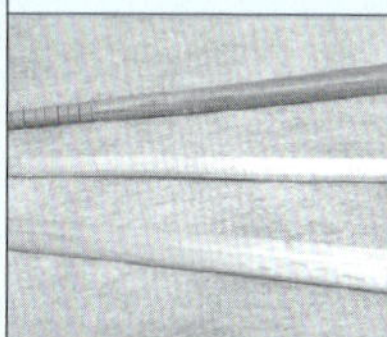
나무젓가락
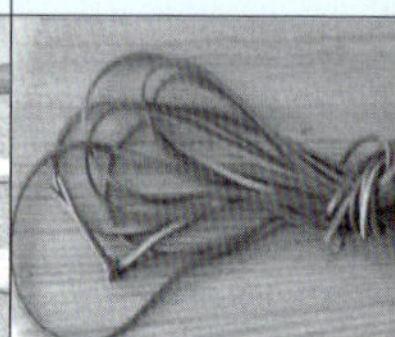
고무줄
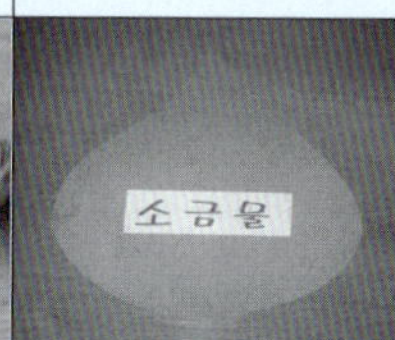

소금물

풀각시 인형

풀(각시풀), 볼펜통, 실, 한지, 나무젓가락, 고무줄, 소금물, 풀각시 인형</td></tr>
<tr><td>놀이 방법 (활동 내용)</td><td colspan="5">《도입》
• '각시 각시 풀각시' 뮤지컬을 어린이들과 함께 해 본다.
- '각시 각시 풀각시' 뮤지컬을 해 보니까 어땠나요?
- 뮤지컬을 하면서 직접 노래를 불렀는데 어땠어요?
- 친구들이 놀아 주지 않았을 때 풀각시의 마음이 어땠을까요?
- 벌과 민들레가 예뻐진 풀각시를 봤을 때 마음이 어땠을까요?

《전개》
• 풀각시 놀이에 대해 이야기를 나눈다.
- 풀각시 놀이란 무엇일까요?
- 왜 풀을 이용해서 인형을 만들까요?
- 풀각시 인형을 어떻게 만들까요?
- 풀각시 인형으로 무슨 놀이를 할 수 있을까요?
• 어린이들에게 완성된 풀각시 인형을 보여준다.</td></tr>
</table>

놀이 방법 (활동 내용)

풀각시 인형

• 유아들이 직접 풀각시 인형을 만들어본다.

	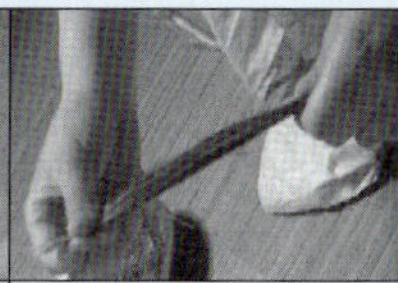	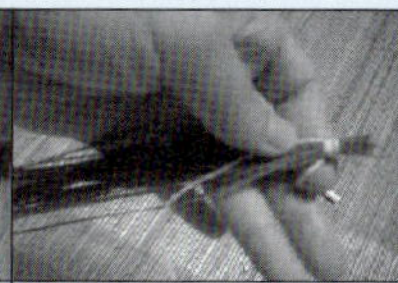	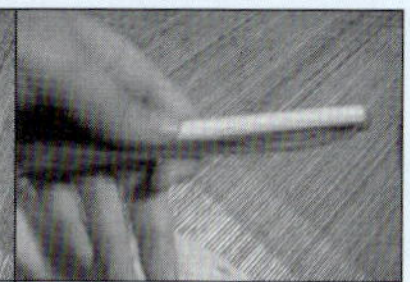
풀을 소금물에 담구어 놓는다.	30분 후에 소금물에서 꺼낸다.	풀의 길이를 맞추고 풀의 윗부분을 실로 고정시킨다.	다 쓴 볼펜통에 풀의 머리 부분을 넣는다.
			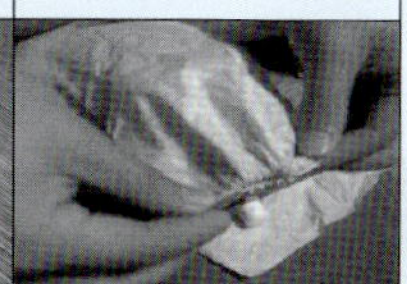
실로 볼펜통과 풀을 묶은 후 땋는다.	머리 모양을 만든다.	꽃을 이용하여 꾸민다.	한지로 치마를 만든 후 치마에 고무를 넣는다.
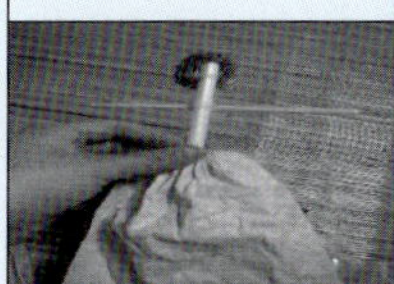	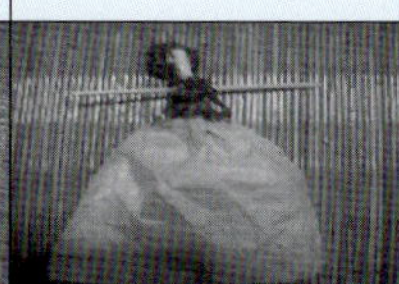	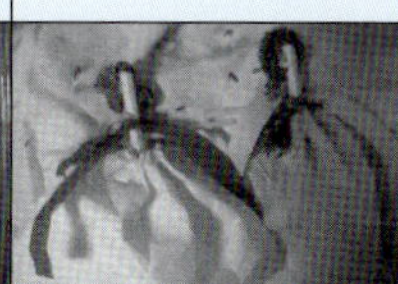	
치마를 입히고 나무 젓가락을 붙인다.	나머지 풀과 꽃을 이용해 목도리를 만들고 꾸민다.	풀각시 인형이 완성된다.	

• 풀각시 인형놀이를 해 본다.
• 다양한 역할놀이를 해 본다.

놀이 방법 (활동 내용)	〈〈마무리〉〉 • 어린이들이 만든 풀각시 인형에 대한 이야기를 나눈다. - 풀각시를 직접 만들어보니까 어땠어요? - 풀각시로 어떤 놀이를 해 보았나요? - 풀각시 인형으로 놀이를 해 보니까 어떤 느낌이 들었나요? - 만들기 재료들을 적절하게 활용해서 풀각시 인형을 만들어 보았나요? - 예뻐진 풀각시를 보니까 어때요?
유의점	• 풀로 머리를 만들 때, 풀의 길이가 비슷한 것을 사용한다. • 풀각시의 머리는 풀로 만들어졌기 때문에 센 힘을 가해서 만지지 않는다. • 물을 사용할 때 장난을 치지 않도록 한다.
교사의 역할	• 풀각시로 다양한 놀이를 해 볼 수 있도록 유도한다. • 어린이들이 풀각시 인형을 꾸밀 때, 다양한 색의 한지를 제공한다. • 어린이들이 어려워할 때 조금씩 도와준다. • 소금물이 눈에 들어가지 않도록 세심하게 관찰한다. • 물을 사용할 때 주의점을 어린이들과 미리 이야기한다.

참고문헌

경상북도 교육청(1997). 유치원 전통문화지도자료. 경상북도 교육청.

고려대학교 민족문화연구소(1982). 한국민속대관.

교육부(1999). 유아를 위한 전통문화 교육활동 지도자료-음률. 교육부.

권대원(2008). 유아교육과정. 양서원.

권동희(1985). 유아국악교육의 실태와 교육방향 모색. 영남대학교 대학원 석사학위논문.

권오성(1991). 한국전통음악 장단연구의 문제점. 한국음악연구.

권태룡(2002~2004). 폴라리스 2002년 8월호~2004년 10월호, (옛 이야기와 함께하는 국악동요편). 월간 폴라리스.

권태룡(2003). 유아국악교육의 이해와 실제. 한국아이국악협회.

권태룡(2004). 유아국악지도 중 효율적인 유아국악율동 지도방법. 유치원 1급 정교사 자격연수. 경상북도교육연수원.

권태룡(2005). 전통음악지도의 실제-전래·국악동요를 활용한 놀이와 율동. 유치원 1급 정교사 자격연수. 경상북도교육연수원.

권태룡(2005). 권태룡 전래동요 1집(바람아 바람아 불어라). 국제음반.

권태룡(2007). 권태룡 전래동요 2집(방구타령). 국제음반.

권태룡(2009). 유아국악교육. 유치원 교수 · 학습 지도 직무연수. 경상북도교육연수원.

기청(1994). 어화둥둥 두리둥둥 이야기 국악. 세광음악출판사.

김명순·조경자(1998). 유아를 위한 음악 교육의 이론과 실제. 다음세대.

김숙경(2006). 한국전통문화와 구전 전래놀이 노래. 동문사.

김우현(1995). 전통음악의 원리와 교육. 도서출판 한국음악교육연구회.

김정화(1999). 유아전래동요지도의 이론과 실제. 양서원.

김혜정(2007). 초등국악교육의 이해와 실제. 민속원.

나현성(1963). 한국체육사, 서울대학교 사범대학 체육연구실.

네이버 백과사전(2010). http://www.naver.com. 네이버.

류덕희 · 고성휘(1996). 한국동요발달사. 한성음악출판사.

무라야마 지준(1941). 조선의 향토오락. 조선총독부.

문공부 문화재관리국(1969~1981). 한국민속종합조사보고서.

문현정(2008). 효율적인 유아국악교육을 위한 교재연구. 원광대학교 대학원 석사학위논문.

박금애(1993). 국악의 미. (주)한국교육출판.

박형신 · 김영옥 · 김영연(2006). 국악요소의 이해 및 표현에 대한 유아의 발달적 특성 분석. 열린 유아교육 연구.

봉천놀이마당(1994). 민속 교육 자료집. 우리교육.

삼동청소년회(1997). 한국의 전통놀이. 삼동청소년회 출판사.

서한범(2004). 개정판 국악통론. 태림 출판사.

성현(1525). 용재총화(慵齋叢話). 중종 20.

송혜진(2002). 국악 이렇게 들어보세요. 다른 세상.

신기철 · 신용철(1991). 새 우리말 큰 사전. 삼성출판사.

신이행 · 김경준 · 김지남(1862). 역어유해(譯語類解). 숙종 8.

심우성(1996). 우리나라 민속놀이. 동문선

안재신(1996). 유아음악교육. 교육과학사.

이강숙(1985). 음악적 모국어를 위하여. 현음사.

이규경(1788~1863). 오주연문장전산고(五洲衍文長箋散稿) 60권 60책. 규장각도서.

이동욱(2002), 재미있는 칠교놀이. 놀이연구회 놂.

이상호(1999). 전래놀이 101가지. 사계절.

이상희(2004). 꽃으로 보는 우리문화. 넥서스.

이성재(1994). 재미있는 국악 길라잡이. 서울 미디어.

이철수(1999). 우리가 정말 알아야 할 우리놀이 백가지. 현음사.

이홍수(1992). 음악교육의 현대적 접근. 세광출판사.

임수정(1999). 한국의 장단학습을 위한 장구교본. 민속원.

전송배 · 모형오(2007). 유아국악교육. 양서원.

정병호(1986). 농악. 열화당.

정성자(2000). 교육현장에 필요한 어린이국악 작품집. 창지사.

조윤미(1998). 유아를 위한 전통음률활동자료. 한국 어린이 육영회.

최상수(1985). 한국 민속놀이의 연구. 성문각.

최세진(1527). 훈몽자회(訓蒙字會). 중종 22.

최한기(1875). 습산진벌(習算津筏). 高宗 12.

평양 : 과학백과사전 출판사(1981). 현대 조선말 사전. 과학백과사전 출판사.

홍석모(1849). 동국세시기(東國歲時記). 일제강점기 발행본의 영인본.

장훈(1863). 아희원람(兒戲原覽). 순조 3.

Campbell. P. S(1995). *Music in childhood* : From preschool through the elementary grades. schirmer books.

저자 약력

▶ 권태룡

우리나라 최초 유아국악교육 도입한 창시자
우리나라 최초 국악놀이교육 도입한 창시자
현) 한국아이국악협회 지도교수
현) 교육과학기술부 국악교육위원
현) 한국문화콘텐츠진흥원 평가위원
현) 한국어린이국악검증시험위원회 위원장
현) 대구광역시 무형문화재 7호 이수자

「저서 및 논문」

- 권태룡 전래동요 1집(바람아 바람아 불어라)
- 권태룡 전래동요 2집(방구타령)
- 권태룡 전래동요 3집(황새다리 물개똥)
- 권태룡 어린이정가 동시조창(童時調唱) 연구
- 국악체험 프로그램 운영을 통한 온몸으로 맛보는 신나는 국악마당

▶ 고영희

동국대학교 대학원 졸업(교육학 석사)
동국대학교 박사과정 수료(유아교육)
동의대학교 대학원 졸업(교육학 박사)
전) 동국대학교 유아교육과 객원교수
전) 경주 이화유치원 원장
현) 김해대학교 유아교육과 교수
현) 한국아이국악협회 전문위원

「저서 및 논문」

- 유아체육활동을 통한 유아 기초체력 및 친사회적 행동의 변화
- 신체활동 프로그램이 유아들의 기초체력에 미치는 효과
- 유아음악과 동작교육(저서)
- 유아음악 감상활동에 대한 교사의 인식과 실제수준에 대한 연구
- 유치원 교육과정에 따른 유아국악교육 프로그램 개발 및 적용

유아국악교육과 전래놀이

초판 1쇄 인쇄 / 2016년 12월 20일
초판 1쇄 발행 / 2016년 12월 28일

•

공저자 / 권 태 룡 · 고 영 희
발행인 / 이 중 수
발행처 / **동 문 사**

•

서울특별시 서대문구 홍제원 1길 12
(홍제동 137-8)
Tel : 02)736-3718(대), 736-3710, 3720
Fax : 02)736-3719
등록번호 : 제9-17호
등록일자 : 1974년 4월 27일
가격 : 17,000원

•

ISBN : 978-89-8251-880-5 (93370)
E-mail : dong736@naver.com
Homepage : www.dongmunsa.com